Als Manuskript
Abdruck und Benutzung
Streng ver

Bericht

über

Die Lage des Armenischen Volkes in der Türkei

von

Dr. Johannes Lepsius
Vorsitzender der Deutschen Orient-Mission
und der Deutsch-Armenischen-Gesellschaft

Tempelverlag
Potsdam
1916

Aus der altdeutschen Schrift umgeschrieben
von Vahriç Melkonyan

Impressum
Vahriç Melkonyan, Dr. Harutyun Melkonyan
Satz: Vahriç Melkonyan, Dr. Harutyun Melkonyan
Umschlag: Vahriç Melkonyan, Dr. Harutyun Melkonyan
Illustrationen: Vahriç Melkonyan, Dr. Harutyun Melkonyan
1 Neuauflage 2010
2 Neuauflage 2014
Schubertstraße 15, 59302 Oelde
www.melkonyan.de

Inhalt.

	Seite
Vorwort	
Vorwort zur Neuauflage/ zur 2. Neuauflage	II & IV
Erster Teil. – Die Tatsachen.	1
I. C i l i c i e n.	
1. Zeitun	4
2. Dört jol	11
3. Die Taurus- und Amanus-Dörfer	11
4. Wilajet Aleppo	15
II. Die ostanatolischen Wilajets	20
1. Wilajet Trapezunt	27
2. Wilajet Erzerum	34
3. Wilajet Siwas	54
4. Wilajet Kharput	66
5. Wilajet Diarbekir	74
6. Wilajet Wan	76
7. Wilajet Bitlis	112
III. Die westanatolischen Wilajets	124
1. Mutesariflik Ismid, Wilajet Brussa	124
2. Wilajet Smirna, Angora, Konia, Kastamuni.	128
Das Schicksal der Deportierte	133
Zweiter Teil. — Die Schuldfrage.	153
1. Der Charakter der Ereignisse	155
2. Die Lage bei Ausbruch des Krieges und während der ersten Kriegsmonate	159
3. Das Komplott der türkischen liberalen Opposition	165
4. Das armenische Patriarchat	170
5. Die Daschnakzagan	173
6. Die türkische Darstellung	199
7. Das panislamische Programm	217
8. Die Ausführung	229
9. Russische und türkische Zeugnisse	235
Dritter Teil.	241
1. Die wirtschaftlichen Folgen	248
2. Die Zwangsbekehrungen	252
3. Die armenische Frage und die deutsche Presse	259
Ergebnis	294
4. Statistik	298
Liste mit den aktuellen Namen der Städte/Begriffe	304

Vorwort zur Neuauflage

Warum lasse ich dieses Buch neu auflegen

Ich habe das Streng vertrauliche Buch „ BERICHT über die Lage des Armenischen Volkes in der Türkei" in den sechziger Jahren von Frau Sinanjan bekommen. Der Ehemann von Frau Sinanjan, Garabed, war ein Waisenkind aus der Türkei. Er wurde damals vor dem Völkermord in der Türkei durch die evangelischen Missionare gerettet (1894-1896). Die Familie Morstatt aus Bielefeld hat ihn adoptiert. Als Garabed erwachsen war, heiratete er die Tochter der Familie Morstatt.

Da das Buch sehr interessant ist und die Taten des Völkermordes mit Einzelheiten beschrieben sind, habe ich mich entschlossen, das Buch in neuer Schrift zu veröffentlichen. Das Buch habe ich von altdeutsch ins neudeutsch geschrieben. Meine Frau Helga, unser Sohn Harutyun und Tochter Anusch haben sich mit der Korrektur beschäftigt.

Um das Drucken und Binden hat sich unser Sohn Dr. Harutyun Melkonyan gekümmert.

Diese Auflage „ BERICHT über die Lage des Armenischen Volkes in der Türkei" soll verhindern, dass der Völkermord von 1915-1918 vergessen wird und jedes Jahr am 24. April soll daran erinnert werden.

Es soll nicht vergessen werden, dass es bereits in den Jahren1894 bis 1896 Massaker an der armenischen

Bevölkerung durch Ottomanen gegeben hat, an den Armeniern, die seit Jahrhunderten dort gelebt haben!

Die Jungtürken setzten nach ihrer Machtergreifung 1909 bis 1912 diese Gräueltaten fort. Sie nannten es: „Lösung der armenischen Frage" und das Ziel war die vollständige Vernichtung der Armenier.

Vahriç Melkonyan

Vorwort zur zweiten Neuauflage

Wir hatten die erste Neuauflage in einem münsteraner Verlag als Book on Demand veröffentlicht. Leider war die Resonanz nicht besonders hoch. Als dann Amazon die Möglichkeit angeboten hat, dort auch Bücher verlegen zu lassen, haben wir uns entschlossen, dies mit dem Buch von Dr. Melkon Krischtschian „Deutschland und die Ausrottung der Armenier in der Türkei" von 1930 auch zu versuchen.

Dadurch konnten wir das Buch preiswert über Amazon vertreiben.

Die zweite Neuauflage des Buches „ BERICHT über die Lage des Armenischen Volkes in der Türkei" haben wir aus diesem Grund auch bei Amazon verlegen lassen. Wir hoffen, dass wir damit dieses Buch einem größeren Publikum zugänglich machen können.

Oelde im Dezember 2014

Vahriç Melkonyan & Dr. Harutyun Melkonyan

Liebe Missionsfreunde!

Der folgende Bericht, den ich Ihnen s t r e n g v e r -
t r a u l i c h zugehen lasse, ist „als Manuskript
gedruckt". Er darf weder im Ganzen noch in Teilen der
Öffentlichkeit zugänglich gemacht oder benutzt werden.
Die Zensur kann während des Krieges Veröffentlichungen
über die Vorgänge in der Türkei nicht gestatten. Unser
politisches und militärisches Interesse
zwingt uns gebieterische Rücksichten auf. Die Türkei
ist unser Bundesgenosse. Sie hat nächst der Verteidigung
ihres eignen Landes auch uns durch die tapfere Behauptung
der Dardanellen Dienste geleistet. Die beherrschende
Stellung, die der Vierbund gegenwärtig auf dem Balkan
einnimmt, ist nächst den deutsch-österreichischen und
bulgarischen Waffentaten auch den territorialen
Zugeständnissen der Türkei an Bulgarien zu danken.

Legt uns so die Waffenbrüderschaft mit der Türkei
Verpflichtungen auf, so darf sie uns doch nicht hindern, die
Gebote der Menschlichkeit zu erfüllen. Müssen wir auch in
der Öffentlichkeit schweigen, so hört doch unser Gewissen
nicht auf zu reden.

Das älteste Volk der Christenheit ist, soweit es
unter türkischer Herrschaft steht, in Gefahr vernichtet zu
werden. Sechs Siebentel des armenischen Volkes
wurden ihrer Habe beraubt, von Haus und Hof vertrieben
und, soweit sie nicht zum Islam übertraten, entweder ge-

tötet oder in die Wüste geschickt. Nur ein Siebentel des Volkes blieb von der Deportation verschont. Wie die Armenier, so sind auch die syrischen Nestorianer und zum Teil auch die griechischen Christen heimgesucht worden. Die deutsche Reichsregierung, der die Tatsachen bekannt sind, hat getan, was sie konnte, um das Verderben aufzuhalten.

Eine Eingabe von etwa fünfzig angesehenen Vertretern der evangelischen Kirche, der theologischen Wissenschaft und der Mission und eine entsprechende Eingabe von katholischer Seite an den Reichskanzler haben den Sorgen und Wünschen der deutschen Christen Ausdruck gegeben. Der Reichkanzler hat darauf folgende Antwort erteilt:

> Die Kaiserliche Regierung wird wie bisher, so auch in Zukunft es stets als eine ihrer vornehmsten Pflichten ansehen, ihren Einfluss dahin geltend zu machen, dass christliche Völker nicht ihres Glaubens wegen verfolgt werden. Die deutschen Christen können darauf vertrauen, dass ich alles, was in meiner Macht steht, tun werde, um den mir von Ihnen vorgetragenen Sorgen und Wünschen Rechnung zu tragen.

Dazu ist von amtlicher Seite ausdrücklich versichert worden, dass die Bestrebungen zur Linderung der Not von Seiten der Reichsregierung nachdrückliche Unterstützung finden werden.

Mein Bericht soll ausschließlich dazu dienen, die Überzeugung wachzurufen, dass uns deutschen Christen die Pflicht einer umfassenden Hilfeleistung obliegt, damit wenigstens die noch überlebende Masse von Frauen und Kindern in den mesopotamischen Wüsten am Leben erhalten wird.

Von allen christlichen Völkern sind wir Deutschen die nächsten dazu, den Unglücklichen Samariterdienste zu leisten. Wir haben die Vernichtung der halben Nation nicht hindern können. Die Rettung der andern Hälfte liegt auf unserm Gewissen. Bisher konnte für die Notleidenden nichts geschehen. Jetzt muss etwas geschehen.

Wir bitten um Brot für hungernde Frauen und Kinder, um Hilfe für Kranke und Sterbende. Ein Volk von Witwen und Waisen streckt seine Arme aus nach dem deutschen Volke als dem einzigen, das in der Lage ist ihm zu helfen. Anderen christlichen Nationen, die hilfsbereit wären, ist der Weg zu den Unglücklichen versperrt.

Wir bitten nicht nur um einmalige, sondern um dauernde Hilfe. Soll auch nur ein Teil von den Zehntausenden verwaister Kinder, die niemand mehr haben, der für sie sorgen kann, am Leben erhalten werden, so kann dies nur in der Weise geschehen, dass einzelne Wohltäter, Gemeinden oder Vereine die Bürgschaft für dauernde Zahlung von Pflegegeldern übernehmen. Ich bitte, sich dazu der folgenden Formulare zu bedienen.

Wir wissen, in welchem Maße die Kräfte aller Daheimgebliebenen angespannt sind, um die nächstliegenden Anforderungen, die der Kampf für das Vaterland stellt, zu erfüllen. Aber auch hier handelt es sich um eine Ehrenpflicht unseres Volkes und um den Beweis, dass wir über dem Willen zur Selbsterhaltung und zum Siege die Pflichten der Menschlichkeit und des christlichen Gewissens nicht verleugnen können.

Aus den dargelegten Gründen verpflichte ich die Empfänger, den ihnen hiermit übersandten Bericht streng vertraulich zu behandeln und nur soweit davon Gebrauch zu machen, als es erforderlich ist, die Überzeugung von der Notwendigkeit der Hilfe zu erwecken und das Recht der Unglücklichen auf Teilnahme zu begründen. In keinem Fall darf unser politisches Interesse durch eine Diskreditierung der Türkei geschädigt werden.

Möge der allmächtige Gott das furchtbare Ringen der Völker zu dem Ende führen, das er vorgesehen hat. Möchten auch unter den Schrecken des Krieges unsere Herzen nicht erkalten und wir nicht aufhören, uns an jedem, der unserer Hilfe bedarf, als Menschen und Christen zu beweisen.

Im April 1916   **Dr. Johannes Lepsius**
Potsdam,
Gr. Weinmeisterstr. 45

Brot für Hungernde — Hilfsfond

An Dr. Johannes Lepsius

Potsdam
Gr. Weinmeisterstr. 45

Hiermit überweise(n) ich (wir) Ihnen den Betrag **von Mk.**............
zur Linderung der Not unter den deportierten armenischen Frauen und Kindern durch — Zahlkarte (Checkkonto Nr. **24745** Postscheck= amt Berlin) — Postanweisung — Geldbrief.

(Ort)......................., den ....ten................191........

Vor- und Zuname:......................................
Beruf:...........................
Straße u. Hausnummer:...............................

An Dr. Johannes Lepsius

Potsdam
Gr.Weinmeisterstr. 45

Hierdurch erkläre(n) ich (wir) mich (uns) bereit, die jährlichen Verpflegungskosten von

Mk. 150. – jährlich

Für ein **armenisches Waisenkind** aufzubringen und erbitten nähere Mitteilungen über erfolgte Aufnahme und Versorgung.
Die Zahlung des – halbjährlichen – vierteljährlichen Betrages erfolgt gleichzeitig per Postzahlkarte (Scheckkonto Nr. **24745** Postscheckkonto Berlin) – Postanweisung – Brief.

(Ort)........................, den........ten.................191.....
Vor und Zuname:..................................
Beruf:.........................
Straße u. Hausnummer:...........................

Brot für Hungernde — Hilfsfond

An Dr. Johannes Lepsius

Potsdam
Gr. Weinmeisterstr. 45

Hiermit überweise(n) ich (wir) Ihnen den Betrag **von Mk.**............
zur Linderung der Not unter den deportierten armenischen Frauen und Kindern durch — Zahlkarte (Checkkonto Nr. **24745** Postscheck= amt Berlin) — Postanweisung — Geldbrief.

(Ort)......................., den ....ten................191........

Vor- und Zuname:.....................................
Beruf:........................
Straße u. Hausnummer:................................

An Dr. Johannes Lepsius

Potsdam
Gr.Weinmeisterstr. 45

Hierdurch erkläre(n) ich (wir) mich (uns) bereit, die jährlichen Verpflegungskosten von

Mk. 150. – jährlich

Für ein **armenisches Waisenkind** aufzubringen und erbitten nähere Mitteilungen über erfolgte Aufnahme und Versorgung.
Die Zahlung des – halbjährlichen – vierteljährlichen Betrages erfolgt gleichzeitig per Postzahlkarte (Scheckkonto Nr. **24745** Postscheckkonto Berlin) – Postanweisung – Brief.

(Ort)......................., den........ten..................191......
Vor und Zuname:..................................
Beruf:.....................
Straße u. Hausnummer:...........................

Brot für Hungernde — Hilfsfond

An Dr. Johannes Lepsius

Potsdam
Gr. Weinmeisterstr. 45

Hiermit überweise(n) ich (wir) Ihnen den Betrag **von Mk.**............. zur Linderung der Not unter den deportierten armenischen Frauen und Kindern durch — Zahlkarte (Checkkonto Nr. **24745** Postscheck= amt Berlin) — Postanweisung — Geldbrief.

(Ort)......................, den ....ten.................191........

Vor- und Zuname:.....................................
Beruf:.........................
Straße u. Hausnummer:................................

An Dr. Johannes Lepsius

Potsdam
Gr.Weinmeisterstr. 45

Hierdurch erkläre(n) ich (wir) mich (uns) bereit, die jährlichen Verpflegungskosten von

Mk. 150. – jährlich

Für ein **armenisches Waisenkind** aufzubringen und erbitten nähere Mitteilungen über erfolgte Aufnahme und Versorgung.
Die Zahlung des – halbjährlichen – vierteljährlichen Betrages erfolgt gleichzeitig per Postzahlkarte (Scheckkonto Nr. **24745** Postscheckkonto Berlin) – Postanweisung – Brief.

(Ort)......................, den........ten.................191.....
Vor und Zuname:..................................
Beruf:......................
Straße u. Hausnummer:...........................

Brot für Hungernde — Hilfsfond

An Dr. Johannes Lepsius

Potsdam
Gr. Weinmeisterstr. 45

Hiermit überweise(n) ich (wir) Ihnen den Betrag **von Mk**............ zur Linderung der Not unter den deportierten armenischen Frauen und Kindern durch — Zahlkarte (Checkkonto Nr. **24745** Postscheck= amt Berlin) — Postanweisung — Geldbrief.

(Ort)......................, den ....ten................191........

    Vor- und Zuname:.....................................
    Beruf:...........................
    Straße u. Hausnummer:..................................

An Dr. Johannes Lepsius

Potsdam
Gr.Weinmeisterstr. 45

Hierdurch erkläre(n) ich (wir) mich (uns) bereit, die jährlichen Verpflegungskosten von

Mk. 150. – jährlich

Für ein **armenisches Waisenkind** aufzubringen und erbitten nähere Mitteilungen über erfolgte Aufnahme und Versorgung.
Die Zahlung des – halbjährlichen – vierteljährlichen Betrages erfolgt gleichzeitig per Postzahlkarte (Scheckkonto Nr. **24745** Postscheckkonto Berlin) – Postanweisung – Brief.

(Ort)......................, den ....ten................191.....

    Vor und Zuname:.....................................
    Beruf:.........................
    Straße u. Hausnummer:............................

Erster Teil

Die Tatsachen.

Die Deportation.

Die Deportation der armenischen Bevölkerung vollzog sich auf drei verschiedenen Gebieten und in drei aufeinanderfolgenden Zeitabschnitten. Die drei Gebiete, in denen die Armenier dichter angesiedelt waren und einen bedeutenden Bruchteil der Bevölkerung (10 bis 40 v. h.) bildeten sind:

I. Cilicien und Nordsyrien
II. Ost - Anatolien
III. West - Anatolien

Das Siedelungsgebiet in Cilicien umfasst das Wilajet Adana und die höheren, im Taurus und Amanus gelegenen Bezirke des Wilajets Aleppo (Sandschak Marasch). In Nordsyrien und Mesopotamien sind es die Gebiete von Aleppo, Antiochia, Sueidije, Kessab, Alexandrette, Killis, Aintab und Urfa.

Die sieben ostanatolischen Wilajets sind:
1. Trapezunt 2. Erzerum, 3. Siwas, 4. Kharput (Mamuret-ül-Asis), 5. Diarbekir, 6. Wan, 7. Bitlis.

Vom westanatolischen Gebiet kommen in Betracht das Mutessariflik Ismid und die Wilajets Brussa (Khodawendikjar), Kastamuni, Angora und Konia.

Die Deportation der armenischen Bevölkerung von Cilicien beginnt Ende März und wird während der Monate April und Mai systematisch durchgeführt.

Die Deportation aus den östlichen Wilajets (mit Ausnahme des Wilajets Wan) setzt Ende Mai ein und wird systematisch vom 1. Juli ab durchgeführt.

Die Deportation aus den **westanatolischen** Bezirken beginnt Anfang August und zieht sich in den September hinein.

In **Nordsyrien** und **Mesopotamien** beschränken sich die Maßregeln anfänglich auf Verhaftung einzelner Notabeln. Die Deportationen beginnen Ende Mai und setzen sich bis in den Oktober fort.

I. Cilicien

Die Deportation der armenischen Bevölkerung von Cilicien (Wilajet Adana und Sandschak Marasch) begann mit Vorfällen, die sich in der Stadt **Zeitun** im Taurus abspielten.

1. Zeitun,

50 km nördlich von Marasch, liegt in einem Hochtal des Taurus. Die starke armenische Bevölkerung der Stadt hatte bis in die siebziger Jahre eine gewisse Unabhängigkeit und Selbstverwaltung, ähnlich wie noch heut die kurdischen Aschirets (Stämme) in Kurdistan. Zur Zeit der Massakers unter Abdul Hamid gelang es den Einwohnern von **Zeitun,** sich gegen die umwohnenden Türken zur Wehr zu setzen und sich gegen türkische Truppen, die herangezogen wurden, mehrere Wochen zu behaupten, bis die Konsuln der Mächte intervenierten und den Bewohnern von **Zeitun** eine Amnestie verschafften. Dieser Erfolg des Widerstandes der Zeituner Bevölkerung bewirkte, dass sie von dem allgemeinen Massaker von 1895/96 verschont blieben, richtete aber den dauernden Argwohn der Behörden gegen sie. Schon seit Ausbruch des europäischen Krieges scheint der Wunsch bei den Behörden bestanden zu haben, das Bergnest von Zeitun bei guter Gelegenheit auszuheben.

Bei der allgemeinen Mobilmachung im August 1914 wurden auch die wehrfähigen Armenier von Zeitun eingezogen, ohne dass sich irgendein Widerstand dagegen erhob. Als aber im Oktober der Vorsteher der Gemeinde von Zeitun, Nazaret

Tschausch, mit einem Geleitsbrief des türkischen Kaimakam (Landrat) nach Marasch kam, um dort amtliche Fragen zu ordnen, wurde er trotz freien Geleits ins Gefängnis geworfen, wo er gefoltert wurde und starb. Gleichwohl verhielten sich die Leute von Zeitun ruhig. Es schien aber, als ob die Behörden Anlass zum Einschreiten suchten. Saptiehs (türkische Gendarmen), die in der Stadt den Sicherheitsdienst hatten, belästigten die Einwohner, drangen in die Häuser ein, plünderten Magazine, misshandelten harmlose Leute und entehrten Frauen. Die Einwohner von Zeitun bekamen den Eindruck, dass man etwas gegen sie vorhabe, blieben aber ruhig. Im Dezember 1914 wurde die Auslieferung aller Waffen angeordnet, was ohne Zwischenfall erfolgte. Hätten in irgendeinem späteren Zeitpunkt die Armenier von Zeitun noch an Widerstand gedacht, so wären sie nach der Entwaffnung dazu nicht mehr imstande gewesen. Es blieb denn auch den ganzen Winter über ruhig in Zeitun. Da geschah es im Frühjahr, dass türkische Gendarmen armenische Mädchen entehrten, wobei es zu einer Schlägerei kam, an der sich etwa 20 armenische Hitzköpfe beteiligten und auf beiden Seiten einige getötet wurden. Die beteiligten Armenier, unter denen sich einige Deserteure befanden, flohen, um der Bestrafung zu entgehen, in ein Kloster, das dreiviertel Stunden nördlich von der Stadt liegt, wo sie sich verbarrikadierten.

Zum Erstaunen und Schrecken der Bewohner von Zeitun kam bald darauf, es war Anfang März 1915, ein großes militärisches Aufgebot, - man sprach von vier bis sechs Tausend Soldaten - von Aleppo nach Zeitun. Das Aufgebot von Militär gegen Zeitun erregte in ganz Cilicien die größte Besorgnis.

Der armenische Katholikos von Sis schreibt unter dem 3./16. März an das Patriarchat: „Die Regierung hat Maßregeln gegen Flüchtlinge aus Zeitun getroffen. Da diese Maßregeln mit einer außergewöhnlich umfangreichen militärischen Aktion verbunden sind, die in keinem Verhältnis zu dem geringfügigen Anlass steht, fürchten wir, dass es sich um einen Schlag gegen die loyale Bevölkerung von Zeitun handelt. Wir sind sicher, dass uns ein großes Unglück erwartet. Der aus Offizieren zusammengesetzte Kriegsgerichtshof ist vor zwei Tagen über Marasch nach Zeitun abgereist. Wir kennen die näheren Umstände nicht. Aber wir sehen deutlich, dass der Kaimakam mit dem Kommandanten von Zeitun aus Anlass einiger Desertationen unerhörte Repressalien gegen die Einwohner von Zeitun vorbereitet. Die Einwohner von Zeitun haben sich an mich gewendet und sagen, dass die benachbarten türkischen Dörfer von der Lage Nutzen ziehen und mit Herausforderungen und Lügen auf den Kommandanten, den Kaimakam und das Militär einzuwirken suchen. Da wir diese Leute und den Mutessarif von Marasch kennen, haben wir gebeten, Seine Exzellenz Djelal Bey, den Wali von Aleppo, mit der Prüfung der Vorkommnisse zu beauftragen. Er kennt alle Verhältnisse, und wir vertrauen ihm unbedingt. Wird er mit der Untersuchung beauftragt, so sind wir sicher, dass er nach Gerechtigkeit verfahren wird."

Der Wali Djelal Bey wurde nicht mit der Untersuchung beauftragt, sondern abberufen, weil er sich den Anordnungen der Zentralregierung in Bezug auf die Behandlung der Armenier nicht fügte.

Zeitun wurde zerniert. Beim Anblick der zahlreichen Truppen wurden in der Stadt weiße Fahnen aufgezogen, zum Zeichen, dass man an keinen Widerstand denke. Die Flüchtlinge im Kloster verteidigten sich einen ganzen Tag und töteten, da sie in guter Deckung waren und gut schossen, eine größere Anzahl von Soldaten, während sie selbst nur einen Verwundeten hatten.

Die Leute von Zeitun baten ausdrücklich den Kommandanten, die Flüchtlinge nicht entschlüpfen zu lassen, damit sie nicht für deren Missetaten haftbar gemacht würden. Gleichwohl gelang es den Flüchtlingen, da die Bewachung in der Nacht eine ungenügende war, zu entkommen. Am nächsten Morgen gegen 9 Uhr, ehe noch ihr Entkommen in der Stadt bekannt war, ließ der Kommandant 300 Notable der Stadt zu einer Besprechung in das Lager rufen. Da man bis dahin in gutem Einvernehmen mit den Behörden gelebt hatte, erschienen die Zusammengerufenen, ohne einen Verdacht zu hegen. Die meisten kamen in ihrem gewöhnlichen Arbeitsanzug, nur einige hatten etwas Geld bei sich und hatten sich besser gekleidet. Zum Teil kamen sie von ihren Herden in den Bergen herein. Als sie in das türkische Lager kamen, waren sie nicht wenig erstaunt, als sie hörten, dass sie nicht in die Stadt zurückkehren dürften und ohne weiteres verschickt werden würden. Sie durften sich nicht einmal mit dem Notwendigen für die Reise versehen. Einigen wurde noch gestattet, sich Wagen kommen zu lassen, die meisten gingen zu Fuß. Wohin, wussten sie nicht.

Darauf erfolgte stoßweise die Deportation der gesamten armenischen Bevölkerung von Zeitun, etwa 20 000 Seelen. Die Stadt hat vier Quartiere. Eins nach dem anderen wurde abgeführt, die Frauen und Kinder meist getrennt von den Männern. Nur 6 Armenier mussten zurückblieben, von jedem Handwerk einer.

Die Deportation dauerte Wochen. In der zweiten Hälfte des Mai war Zeitun vollständig ausgeleert. Von den Einwohnern von Zeitun wurden 6 bis 8 Tausend in die Sumpfdistrikte von Karabunar und Suleimaniie zwischen Konia und Eregli, im Wilajet Konia, 15 bis 16 Tausend nach Deir-es-Zor am Euphrat in die mesopotamische Steppe verschickt. Endlose Karawanen zogen durch Marasch, Adana und Aleppo. Die Ernährung war eine ungenügende. Für ihre Ansiedlung oder auch nur Unterbringung am Ziel ihrer Verschickung geschah nichts.

Ein Augenzeuge, der in Marasch die Deportierten durchkommen sah, beschreibt in einem Brief vom 10. Mai einen solchen Zug:

„Ich sah sie auf dem Wege. Ein endloser Zug, begleitet von Gendarmen, die sie mit Stöcken vorwärts trieben. Halb bekleidet, entkräftet, schleppten sie sich mehr als dass sie gingen. Alte Frauen brachen zusammen und rafften sich wieder auf, wenn der Saptieh mit erhobenem Stock sich nahte. Andere wurden vorwärts gestoßen wie die Esel. Ich sah, wie eine junge Frau hinsank; der Saptieh gab ihr zwei, drei Schläge, und sie stand mühsam wieder auf. Vor ihr ging ihr Mann mit einem zwei- oder dreijährigen Kind auf dem Arm. Ein wenig weiter stolperte eine Alte und fiel in den Schmutz. Der Gendarm stieß sie zwei oder dreimal mit seinem Knüttel. Sie rührte sich nicht. Dann gab er ihr zwei oder drei Fußtritte, aber sie blieb unbeweglich liegen. Zuletzt gab ihr der Türke noch einen kräftigeren Fußtritt, so dass sie in den Straßengraben rollte. Ich hoffe, sie war tot. Die Leute, die hier in der Stadt ankamen, haben seit zwei Tagen nichts gegessen. Die Türken erlaubten ihnen nicht, irgendetwas außer etwa einer Decke, einem Maultier, einer Ziege mitzunehmen. Alles, was sie noch hatten, verkauften sie für so gut wie nichts. Eine Ziege für 6 Piaster (90 Pfg.), ein Maultier für ein halbes Pfund, um sich Brot dafür zu kaufen. Die noch Geld hatten und Brot kaufen konnten, teilten es mit den Armen, bis ihr Geld zu Ende war. Das meiste war ihnen schon unterwegs gestohlen worden. Einer jungen Frau, die erst vor acht Tagen Mutter geworden war, hat man schon in der ersten Nacht der Reise ihren Esel genommen. Man zwang die Deportierten, alle ihre Habe in Zeitun zu lassen, damit die Muhadjirs (Einwanderer), muhammedanische Bosniaken, die man an ihrer Stelle ansiedeln will, sich gleich damit versehen können.Es müssen jetzt etwa 20 000 bis 25 000 Türken in

Zeitun sein. Der Name der Stadt wurde in Sultanieh verändert.Die Stadt und die Dörfer um Zeitun sind vollständig ausgeleert. Von den ungefähr 25 000

Verschickten wurden 15 bis 16 000 nach Aleppo dirigiert, aber sie sollen von dort weiter gehen in die arabische Wüste. Will man sie dort Hungers sterben lassen? Die hier Durchgekommenen gehen ins Wilajet Konia. Auch da gibt es Wüsten. Zwei, drei Wochen blieben sie am Endpunkt der anatolischen Bahn bei Bosanti liegen, weil die Bahn durch Truppentransporte in Anspruch genommen war. Als die Verschickten in Konia ankamen, hatten sie seit drei Tagen nichts gegessen. Die Griechen und Armenier der Stadt taten sich zusammen, um sie mit Geld und Lebensmitteln zu unterstützen, aber der Wali von Konia weigerte sich, den Verschickten etwas zukommen zu lassen: „sie hätten alles, was brauchten". So blieben sie noch weitere drei Tage ohne Nahrung. Dann erst hob der Wali sein Verbot auf, und unter der Überwachung von Saptiehs durften Nahrungsmittel an sie verteilt werden. Mein Berichterstatter erzählte mir, dass auf dem Wege von Konia nach Karabunar eine junge Armenierin ihr neugeborenes Kind, das sie nicht mehr nähren konnte, in einen Brunnen warf. Eine andere hätte ihr Kind durch das Fenster aus dem Zuge geworfen."

Am 21. Mai schreibt derselbe Augenzeuge:

„Der dritte und letzte Zug von Leuten aus Zeitun ist durch unsere Stadt gekommen, am 13. Mai gegen 7 Uhr, und ich konnte einige von ihnen in dem Chan, wo sie untergebracht waren, sprechen. Sie waren alle zu Fuß und hatten zwei Tage lang, an denen es heftig regnete, nichts gegessen. Ich sah eine arme Kleine, die länger als eine Woche barfuss marschiert und nur mit einer zerfetzten Schürze bekleidet war. Sie zitterte vor Kälte und Hunger, und die Knochen standen ihr buchstäblich aus dem Leibe. Ein Dutzend Kinder mussten auf dem Wege liegen bleiben,

da sie nicht weitermarschieren konnten. Ob sie vor Hunger gestorben sind? Wahrscheinlich. Aber man wird niemals etwas davon erfahren. Ich sah auch zwei arme Greisinnen aus Zeitun.

Sie gehörten zu einer reichen Familie, aber sie durften außer den Kleidern, die sie am Leibe trugen, nichts mit sich nehmen. Es gelang ihnen noch 5 oder 6 Goldstücke in ihrer Perücke zu verbergen.

Unglücklicherweise spiegelte sich auf dem Marsch die Sonne in dem Metall, und der Glanz zog die Blicke eines Saptiehs an. Er verlor keine Zeit damit, die Goldstücke herauszuholen, und machte kurzen Prozess, indem er ihnen die Perücken abriss.

Noch einen anderen charakteristischen Fall sah ich mit meinen Augen. Ein ehemals reicher Bürger von Zeitun führte als Trümmer seiner Habe zwei Ziegen mit sich. Kommt ein Gendarm und greift in die beiden Zügel. Der Armenier bittet ihn, er möge sie ihm lassen, und fügt hinzu, er habe so schon nichts mehr, wovon er leben könne. Statt jeder Antwort schlägt ihn der Türke krumm und lahm, bis er sich im Staube wälzt und der Staub sich in blutigen Schlamm verwandelt. Dann gab er dem Armenier noch einen Fußtritt und zog mit den beiden Ziegen ab. Zwei andere Türken betrachteten sich dies Schauspiel, ohne mit der Wimper zu zucken. Keiner von Ihnen kam auf den Gedanken, sich einzumischen."

Über das Schicksal der Verbannten in Karabunar wird unter dem 14. Mai geschrieben:

„Ein Brief, den ich aus Karabunar erhielt, und dessen Wahrheit nicht anzuzweifeln ist, da der Verfasser mir bekannt ist, versichert, dass von den Armeniern, die in der Zahl von 6 bis 8 Tausend von Zeitun nach Karabunar verschickt worden sind, einem der ungesündesten Orte des Wilajets, dort täglich 150 bis 200 Hungers sterben. Die Malaria richtet Verheerungen unter ihnen an, da es vollkommen an Nahrung und Unterkunft fehlt. Welche grausame Ironie, dass die Regierung vorgibt, sie zu verschicken, damit sie dort eine Kolonie gründen; sie besitzen weder Pflug noch Saat, weder Brot noch Unterkunft, denn sie sind mit völlig leeren Händen verschickt worden."

2. Dört-Jol.

Als der Abtransport von Zeitun bereits im Gange war, begann man gegen Dört-Jol (Tschok Merzimen), in der Issus-Ebene am Golf von Alexandrette, vorzugehen. Nachdem fünf Armenier von Dört-Jol öffentlich in Adana gehängt waren, wurde die männliche Bevölkerung des volkreichen Ortes abgeführt, um an den Straßen zu arbeiten. Man hörte bald, dass vielfältig die wehrlosen Arbeiter von ihren bewaffneten muhammedanischen Kameraden erschlagen wurden.
Als sich darauf die Männer von Dört-Jol weigerten, mit Muhammedanern zusammenzuarbeiten, sandte die Regierung Militär und schickte sie alle in die Gegend von Hadjin, um dort auf den Straßen zu arbeiten. Nur ein Armenier leistete Widerstand und tötete einen Gendarmen; darauf töteten die Gendarmen 6 Armenier. Von den zum Straßenbau verschickten Männern von Dört-Jol hat man nichts mehr gehört. Man fürchtet, dass sie sämtlich erschlagen wurden. Nachdem die Männer fort waren, wurden die Frauen und Kinder nach Deir-es-Sor deportiert und das Dorf völlig ausgeleert. Dört-Jol war außer Zeitun die einzige Ortschaft, die zur Zeit der Abdul Hamidischen Massaker sich mit Erfolg verteidigt hat. Dem hat sie wohl ihr jetziges Schicksal zu danken.

3. Die Taurus- und Amanus-Dörfer.

Nach der Ausleerung von Dört-Jol wurden im Laufe der Monate April, Mai, Juni und Juli nach und nach alle armenischen Distrikte des Wilajets Adana und des Sandschaks Marasch ausgeleert. Vom Wilajet Adana sind besonders zu nennen: im S a n d s c h a k K o z a n die Städte

Sis, Hadjin, Karsbasar, die Ortschaften Schehr und Rumlu; im S a n d s c h a k D j e b e l - B e r e k e t die Ortschaften Osmanieh, Hassanbejli, Dengala, Harni, Drtadli, Tarpus, Djakli, Enserli,

Lapadschli. Im Sandschak Marasch außer Zeitun die Städte Albistan, Geben, Göksun, Furnus und die Ortschaften Taschuluk, Djiwikli, Tundatschak und sämtliche Alabaschdörfer. Bis Ende Juni betrug die Zahl der Deportationen aus diesem Gebiet schon 50 000.

Zum Zwecke der Einschüchterung wurden in Adana, Aleppo, Marasch, gegen dreißig Armenier öffentlich gehängt. Unter den Gehängten befanden sich auch zwei Priester.

Die Dörfer erhielten in der Regel am Abend den Befehl, dass sie am nächsten Morgen abzumarschieren hätten. In Geben mussten die Einwohner am Waschtage aufbrechen, waren gezwungen, ihre nassen Kleider im Wasser zu lassen und barfuss und halbbekleidet, wie sie gingen und standen, sich auf den Weg zu machen. Die Männer standen meist im Felde. Wer zum Islam übertrat, durfte bleiben. Leute aus Alabasch erzählten, ihr Ort sei von Soldaten umzingelt und mit Platzpatronen beschossen worden.

Die Leute von Schehr berichteten, dass, als sie kaum das Dorf verlassen hätten, der Mollah vom Dach der christlichen Kirche die „Gläubigen" zum Gebet rief. Die Kirche wurde in eine Moschee verwandelt. Die Regierung sagte den Leuten, wenn sie ihr Hab und Gut zurücklassen mussten, der Wert würde abgeschätzt und ihnen später ausgezahlt werden. Eine Inventarisierung ist aber bei der Plötzlichkeit des Aufbruchs selbstverständlich nicht vorgenommen worden, noch dachte die Regierung daran. Die Habe der Armenier ging an die ortsansässigen Muhammedaner, die Häuser und Äcker an neuangesiedelte „Muhadjirs" (Einwanderer) über.

„Die Türken sind in einem vollkommenen Delirium", schreibt ein Berichterstatter. „Es ist unmöglich, die Schrecken zu beschreiben, die die Deportierten zu erdulden haben. Schändung,

Raub von Frauen und Mädchen und gewaltsame Bekehrungen sind an der Tagesordnung. Eine große Anzahl von Familien sind zum Islam übertreten, um dem sicheren Tode zu entgehen."

Während von den cilicischen Städten und Dörfern keine verschont wurden, sind aus Adana nur 196 Familien deportiert worden, die merkwürdigerweise – man nimmt an auf Veranlassung des Oberkommandierenden in Syrien, Djemal Pascha, der früher Wali von Adana war – zum größten Teil wieder zurückgebracht wurden. Die Verschickung von Tarsus und Mersina verzögerte sich ebenfalls. Mersina wurde am 7. August deportiert. Nach neueren Nachrichten ist zuguterletzt auch die armenische Bevölkerung von Adana, ca. 1800 Seelen, deportiert worden.

Die Transporte gingen nach Deir-Es-Zor und Konia, nach Rakka am Euphrat, sodann der Bagdadbahn entlang über Urfa und Weranscheher in die mesopotamische Wüste bis in die Nachbarschaft von Bagdad.

Ein anderer Bericht gibt aus dem Text des Regierungsbefehles den folgenden Passus wieder:

„Art. 2. Die Kommandeure der Armee von unabhängigen Armeekorps und von Divisionen dürfen im Fall militärischer Notwendigkeit und für den Fall, dass sie Spionage und Verrat vermuten (!), einzeln oder in Massen die Einwohner von Dörfern oder Städten fortschicken und sie an anderen Orten ansiedeln."

Der Bericht fährt fort:

„Die Befehle der Kommandeure der Armee mögen noch leidlich human gewesen sein. Die Ausführung ist zum größten Teil sinnlos hart gewesen und in vielen Fällen von grauenhafter Brutalität gegen Frauen und Kinder, Kranke und Alte. Ganzen Dörfern wird die Deportation nur eine Stunde vorher angesagt. Keine Möglichkeit, die Reise vorzubereiten.In einigen Fällen nicht einmal Zeit, die zerstreuten Familienmitglieder zu sammeln, so dass kleine Kinder zurückblieben. In einigen Fällen konnten sie einen Teil ihrer dürftigen Haushaltungseinrichtung oder landwirtschaftliche Geräte mitnehmen, aber meistenteils durften sie weder etwas mitnehmen noch etwas verkaufen, selbst wenn Zeit dazu war.

In H a d j i n mussten wohlhabende Leute, die Nahrung und Bettzeug für den Weg zurechtgemacht hatten, es auf der Straße liegen lassen und hatten nachher bitter unter dem Hunger zu leiden.

In vielen Fällen wurden die Männer — die in militärpflichtigem Alter waren fast alle in der Armee — mit Seilen und Ketten fest aneinander gebunden. Frauen mit kleinen Kindern auf dem Arm oder in den letzten Tagen der Schwangerschaft wurden wie Vieh mit der Peitsche vorwärts getrieben. Drei verschiedene Fälle sind mir bekannt geworden, wo die Frau auf der Landstraße niederkam und an Verblutung starb, weil ihr brutaler Führer sie weiterhetzte. Ich weiß auch von einem Fall, wo der wachhabende Gendarm human war, der armen Frau ein paar Stunden Ruhe gönnte, und dann einen Wagen für sie besorgte, dass sie fahren konnte. Einige Frauen wurden so vollständig erschöpft und hoffnungslos, dass sie ihre kleinen Kinder an der Straße liegen ließen. Viele Frauen und Mädchen sind vergewaltigt worden. In einem Ort hat der Gendarmerieoffizier den Männern, denen er eine ganze Schar Frauen zuwies, gesagt, es stände ihnen frei, mit den Frauen und Mädchen zu machen, was sie wollten.

Was den Lebensunterhalt betrifft, so war der Unterschied an den verschiedenen Orten groß. In einigen hat die Regierung sie verköstigt, in anderen den Einwohnern erlaubt, es zu tun. In manchen hat sie ihnen weder selbst etwas zu essen gegeben noch andern erlaubt, es zu tun. Viel Hunger, Durst und Krankheit gab es und auch wirklichen Hungertod.

Die Leute werden hier in kleine Gruppen verteilt, 3 oder 4 Familien an einem Ort unter einer Bevölkerung anderer Rasse und anderer Religion, die eine andere Sprache spricht. Ich spreche von ihnen als Familien, aber vier fünftel sind Frauen und Kinder, und was an Männern da ist, ist zum größten Teil alt und krank.

Wenn keine Mittel gefunden werden, ihnen durch die nächsten paar Monate durchzuhelfen, bis sie in ihrer neuen Umgebung eingerichtet sind, werden zwei Drittel oder drei Viertel von ihnen an Hunger und Krankheit sterben."

Die Zahl der aus Cilicien (Kilikya) deportierten Armenier beträgt mehr als 100 000.

4. Wilajet Aleppo.

Im Wilajet Aleppo wurden bis zum Mai Massakers und weitere Deportationen durch den Wali Djelal Bey, der das allgemeine Vertrauen bei Christen und Muhammedanern genoss, verhindert. Ihm ist es zu danken, dass, solange er im Amte war, aus den Städten seines Wilajets keine größeren Verschickungen stattfanden.

Im Verein mit dem Wali hat der deutsche Konsul in Aleppo Dr. Rößler sein Äußerstes getan, um das Vorgehen gegen die Armenier aufzuhalten und Maßregeln zur Linderung der Not zu treffen. Von armenischer Seite wird ihm bezeugt (im Gegensatz zu völlig unbegründeten Beschuldigungen der französischen Presse), dass er ein geplantes Massaker durch seinen Besuch in Marasch verhindert und sich in jeder Beziehung den Dank der Gefährdeten und Notleidenden verdient habe.

Der Wali von Aleppo, Djelal Bey, der sich den Anordnungen der Zentralregierung, die die Deportation aller

Armenier des Wilajets verlangte, nicht gefügt hatte, wurde nach Konia versetzt. An seine Stelle kam der frühere Wali von Wan, Bekir Sami Bey.

Dieser führte dann die Maßregel der Deportation auch für die noch verschonten Städte und Ortschaften des Wilajets durch.

Die armenische Bevölkerung von Marasch wurde Ende Mai, die von Aintab Ende Juli deportiert. In Urfa scheint ein Teil der Armenier sich der Deportation widersetzt zu haben. Zwischen dem 29. September und 16. Oktober kam es zu militärischem Einschreiten. Nähere Nachrichten liegen noch nicht vor.

Über M a r a s c h wird geschrieben:

„Am Donnerstag den 24. Mai wurde den Armeniern mitgeteilt, sich bereit zu halten, am Sonnabend den 26. Mai aufzubrechen. Die Armenier wagen nicht, ihre Häuser zu verlassen. Über 2000 Armenier sind verschickt worden, unter ihnen der Leiter des amerikanischen Kolleges."

In A i n t a b wurden Ende Mai dreißig Häuser ohne Erfolg durchsucht, 28 Notabeln verhaftet und wieder freigelassen bis auf ein Mitglied der Daschnakzagan.

Dies war aber nur das Vorspiel.

Dr. Shepherd, der im ganzen Lande bekannte hervorragende amerikanische Chirurg, Chef der ärztlichen Missionsinstitute in Aintab, der seit Jahrzehnten in der Türkei lebt und bei Muhammedanern und Christen gleich angesehen ist, hat über das Schicksal von Aintab die folgenden Nachrichten gegeben, die einem Auszuge seines Berichtes entnommen sind.

„In Aintab wurde am 21. Juli der Deportationsbefehl für 60 Familien gegeben. Einige Tage danach kam ein zweiter Befehl für weitere 70 Familien. In der Folge wurden noch 1500 und darauf noch 1000 Personen verschickt, so dass die armenische Bevölkerung von Aintab vollständig ausgeräumt ist. Alle Bemühungen, die amerikanischen Institute (ihre armenischen Lehrerfamilien und Angestellten, Schüler und Schülerinnen) von dieser Maßregel auszunehmen, sind ohne Erfolg geblieben. Den Deportierten wurde verboten, auch nur die allernötigsten Sachen, außer einem Lasttier, mitzunehmen.

Schwache Versuche eines Widerstandes haben nur bei Marasch stattgefunden infolge der Tötung eines Gendarmen, der nach Fendenjak (einem armenischen Dorf im Amanusgebirge) gesandt wurde, um dort die Austreibung vorzunehmen. Die Regierung schickte sofort 3 Abteilungen Soldaten, die das Dorf in Asche legten.

In Cilicien (Kilikya) vollzog sich die Deportation verhältnismäßig noch unter den günstigsten Bedingungen. Zwar steht fest, dass alle Verbannten von Briganten geplündert worden sind, aber der Raub und die Mordtaten nahmen nicht einen so großen Maßstab an wie in den hocharmenischen Provinzen.

Der größte Teil der aus Cilicien Verschickten befindet sich in Deir-es-Sor, wo bereits 15 000 Armenier angekommen sind. Die ausgedehnten und von der Trockenheit verbrannten Wüsten von Deir-es-Sor bis Djerabulus und Ras-ul-Ajin und bis nach Mosul sind mit deportierten Armeniern angefüllt. Einige Überbleibsel sind in türkische und arabische Dörfer zerstreut worden."

Die Deportierten von A i n t a b und K i l l i s wurden über Damaskus nach dem H a u r a n transportiert.

Wir schließen das Kapitel der cilicischen und nordsyrischen Deportationen mit den Berichten von Mr. Jackson, dem amerikanischen Konsul von Aleppo. D e r B e r i c h t s a g t n i c h t s, w a s n i c h t a u c h d u r c h d e u t s c h e Q u e l l e n f e s t s t e h t.

Der amerikanische Konsularbericht.

Aleppo, den 3. August

„Die Methode der direkten Angriffe und Massakers, die in früheren Zeiten üblich war, ist heute etwas abgeändert worden, insofern man die Männer und Knaben in großer Zahl aus ihrer Heimat deportiert und unterwegs verschwinden lässt, um später die Frauen und Kinder folgen zu lassen. Eine Zeit lang wurden von Reisenden, die aus dem Innern kamen, vorwiegend dahinlautende Berichte gegeben, dass die Männer getötet worden seien, dass eine große Anzahl Leichen längs der Reiseroute liege und im Euphratwasser schwimme, dass die jüngeren Frauen und Mädchen und die Kinder von begleitenden Gendarmen den Kurden ausgeliefert würden, und dass von denselben Gendarmen und den Kurden unsagbare Verbrechen verübt worden seien. Anfangs schenkte man diesen Berichten wenig Glauben, aber da jetzt viele der Flüchtlinge in Aleppo ankommen, herrscht über die Wahrheit der berichteten Dinge nicht länger Zweifel. Am 2. August kamen etwa 800 Frauen in mittleren Jahren sowie alte Frauen und Kinder unter 10 Jahren zu Fuß von Diarbekir an, in denkbar jammervollstem Zustand, nachdem sie 45 Tage unterwegs gewesen waren. Sie erzählen, dass alle jungen Mädchen und Frauen von den Kurden entführt wurden, dass selbst der letzte Heller Geld und was sie sonst noch mit hatten geraubt worden ist, erzählen von Hunger, Entbehrung und Elend jeder Art. Ihr jammervoller Zustand bürgt vollkommen für ihre Aussagen.

Ich habe erfahren, dass 4500 Personen von Soghget *) nach Rasul-Ajin geschickt worden sind, über 2000 von Meresch nach Diarbekir, und dass weit und breit alle Städte, Bitlis, Mardin, Mosul, Sewerek, Malatia, Besne usw. von Armeniern evakuiert worden sind, dass <u>die Männer und</u> Knaben und viele der Frauen getötet und der

*) (Soghget), Tschok-Get im Wilajet Bitlis, nordwestlich von Sört.

Rest über das Land zerstreut worden ist. Wenn dies wahr ist, woran man kaum zweifeln kann, müssen die letzteren natürlich auch vor Hunger, Krankheit und Übermüdung zugrunde gehen. Der Gouverneur von Deir-es-Sor am Euphrat, der jetzt in Aleppo ist, sagt, dass gegenwärtig 15 000 Armenische Flüchtlinge in Deir-es-Sor seien. K i n d e r   w e r d e n   h ä u f i g   v e r k a u f t ,   u m   s i e   v o r   d e m   H u n g e r t o d e   z u   s c h ü t z e n ,   d a   d i e   R e g i e r u n g   t a t s ä c h l i c h   k e i n e n   U n t e r h a l t   g e w ä h r t .

Die folgende Statistik zeigt die Zahl der Familien und Personen, die in A l e p p o ankamen die Ortschaften, von denen deportiert wurden, und die Zahl derer, die weiter geschickt wurden**) bis zum 3 0 . J uli einschließlich:

Deportationsort:	Familien:	Personen:	Weiter verschickte:
Tschok-Merzimen (Dört-Jol)	200	2 109	734
Djakli	115	537	137
Enserli	116	593	173
Hassanbeyli	187	1 118	514
Harni	84	528	34
Karsbasar	351	3 40	—
Hadjin	592	3 988	1 025
Rumlu	51	388	296
Schehr	150	1 112	357
Sis	231	1 317	—
Baghtsche	13	68	—
Dengala	126	804	—
Drtadli	12	104	—
Zeitun	5	8	—
Tarpus	22	97	—
Albistan	10	44	—
Total	2 265	13 155	3 270

**) Der größere Teil der aus Cilicien Deportierten wurde über Marasch und Urfa in der Richtung auf Weranscheher und Ras-ul-Ajin, 5 bis 6000 über Adana nach Konia transportiert.

2 100 weitere Personen waren schon angekommen, bevor die obigen Zahlen zusammengestellt waren."

Im Ganzen waren also bis zum 30. Juli allein durch Aleppo 15 255 Deportierte durchgekommen.

Aleppo, den 15. August.

„Es sollen jetzt alle Armenier von Aintab, Antiochia, Alexandrette, Kessab und all' den kleineren Städten in der Provinz Aleppo – schätzungsweise 60 000 Personen – deportiert worden sein. Es ist natürlich anzunehmen, dass sie ein gleich hartes und betrübendes Schicksal erdulden werden, wie diejenigen, die vorangegangen sind…..*)

Die wichtigen amerikanischen Missionsinstitute in dieser Gegend verlieren ihre Professoren, Lehrer, Gehilfen und Studenten, und selbst aus den Waisenhäusern werden Hunderte von Kindern entfernt und damit die Früchte einer unermüdlichen Anstrengung von 50 Jahren auf diesem Gebiet vernichtet. Die Regierungsbeamten fragen in scherzendem Ton, was die Amerikaner nun mit diesen Instituten anfangen wollen, jetzt, wo man den Armeniern den Garaus mache!

Die Situation wird von Tag zu Tag kritischer, da das Ende nicht abzusehen ist."

II. Die ostanatolischen Wilajets.

Die Deportation der armenischen Bevölkerung aus den ostanatolischen Provinzen betraf die Wilajets Trapezunt, Erzerum, Siwas, Kharput, Bitlis, Diarbekir. Das Wilajet Wan, dessen Geschick durch die russischen Kriegsoperationen in Mitleidenschaft gezogen wurde, ist das einzige armenische

*) Den folgenden Absatz des Berichts über die wirtschaftlichen Folgen siehe Seite 243

Gebiet, dessen Bevölkerung nicht deportiert wurde. Doch auch diese musste den heimischen Herd verlassen, als sie beim Rückzug der russischen Truppen gezwungen wurde, in den Kaukasus zu flüchten. Von den Ereignissen im Wilajet Wan wird besonders zu reden sein. Da die Vorgänge im Wilajet Bitlis durch die Vorgänge in Wan mitbestimmt wurden, werden wir das Wilajet Bitlis zuletzt behandeln.

Die Deportation der armenischen Bevölkerung aus den ostanatolischen Wilajets verläuft in zwei Etappen.

Drei Tage vor der Verhaftung der armenischen Intellektuellen von Konstantinopel, die am 24./25. April stattfand, wurde in einer großen Zahl von Städten des Innern mit d e r V e r h a f t u n g d e r a r m e n i s c h e n N o t a b e l n begonnen. Diese Verhaftungen wurden in d e n v i e r W o c h e n vom 21. A p r i l b i s z u m 19. M a i systematisch durchgeführt. So wurden schon am 21. April in Ismid 100, B a r d e s a k (B a g h t s c h e d j i k) 80, Brussa 40, Panderma 40, Balikesri (Karasi) 30, Adabasar 80 Notable verhaftet und abtransportiert. Es folgten Ende April und Anfang Mai Marsowan mit 20, Diarbekir mit ebenfalls 20 Notabeln. In den ersten Wochen des Mai wurden in Erzerum 600, in Siwas 500, in Keri 50, in Schabin-Karahissar 50, in Chinis 25 Notable verhaftet und deportiert. In der zweiten Hälfte des Mai kam an die Reihe Diarbekir mit erst 500, dann 300 Notable, Kaisarije mit 200. Dasselbe geschah in Baiburt und Josgad. Ebenso wurden einzelne Notable von Marasch und Urfa verhaftet. Von 28 Notabeln, die man in Aintab verhaftete, wurden alle, bis auf einen, wieder frei gegeben. Da die genannten Städte, von denen Nachrichten vorliegen, sich über alle armenischen Gebiete verteilen, ist anzunehmen, dass es sich um e i n e g e n e r e l l e M a ß r e g e l handelte, die den Zweck hatte, das armenische Volk seiner Häupter und Wortführer zu berauben, damit die Deportation sich lautlos und ohne Widerspruch vollziehen könne. Auch sollte verhindert werden, dass Nachrichten aus dem Innern zu früh an die Öffentlichkeit und nach Europa gelangten. Seit Anfang Juni wurden auch alle armenische Beamten aus dem Staatsdienste entlassen, und die armenischen Ärzte, welche seit Anfang des Krieges pflichttreu in den türkischen Militärlazaretten gearbeitet hatten, wurden ins Gefängnis geworfen. Alle diese Verhaftungen, die sich auf Tausende von Armeniern von Ansehen und Bildung, Deputierte, Publizisten, Schriftsteller, Dichter, Rechtsanwälte, Notare, Beamte, Ärzte, Großkaufleute, Bankiers und alle besonders wohlhabenden und einflussreichen Elemente erstreckten, wurden vorgenommen, ohne dass ein geordnetes Rechtsverfahren vorherging oder nachfolgte. Nicht einmal die Beschuldigung, dass sie sich an irgendwelchen staatsfeindlichen Handlungen beteiligt oder solche geplant hätten, wurde geltend gemacht. Man wollte den Kopf des armenischen Volkskörpers abschlagen, ehe man die Glieder zerschlug. Über den Ursprung all dieser Maßregeln und die Gründe, welche die leitenden Kreise bestimmten, wird gesondert zu reden sein. Die Befehle an die Behörden kamen aus Konstantinopel, und wurden, trotz des Widerstandes, den einzelne Regierungsbeamte, ja hier und da auch die türkische Bevölkerung der Ausführung entgegensetzten, rigoros und unerbittlich durchgeführt.

Die zweite Etappe der Maßregeln, die der Gesamtdeportation vorhergingen, betraf den männlichen Teil der Bevölkerung, der bereits zur Armee ausgehoben war oder noch im Verlauf der Ereignisse ausgehoben wurde. Die zum Heeresdienst eingezogenen Armenier, die sich, nach dem Zeugnis des Kriegministers, tapfer geschlagen hatten, und zwar nicht nur an den Dardanellen, sondern auch in den Kaukasuskämpfen gegen Russland, wurden zum größten Teil entwaffnet und als Lastträger und Straßenarbeiter im Heeresdienst verwendet. Aus fast allen Provinzen liegen Nachrichten vor, dass nicht nur in einzelnen Fällen die armenischen Arbeiter von ihren muhammedanischen Kameraden erschlagen wurden, sondern dass ganze Abteilungen in Gruppen von 80, 100 oder mehr Mann auf Anordnung von Offizieren und Gendarmen von Militär und Gendarmerie erschossen wurden. In welchem Umfange die Ermordung der zur Armee eingezogenen Armenier vor sich gegangen ist, wird man vielleicht niemals, jedenfalls aber erst nach dem Kriege in Erfahrung bringen können.

Unter dem Vorwande der Aushebung wurden in zahlreichen Städten und Dörfern auch alle übrigen männlichen Bewohner schon vom 16. bis hinauf zum 70. Jahre abgeführt, und zwar ohne Rücksicht darauf, ob sie sich bereits in gesetzlicher Weise losgekauft hatten oder dienstuntauglich waren. Die abgeführten Kolonnen wurden in die Berge geführt und füsiliert, natürlich ohne irgendein vorhergehendes Rechtsverfahren, für das weder Zeit noch Umstände Raum gaben.

Die Maßregeln sind nicht überall in gleichmäßiger Weise ausgeführt worden; sie waren zum Teil dem Belieben der Lokalbehörden überlassen, die dafür Sorge zu tragen hatten, dass die nachfolgende Gesamtdeportation bequem und gefahrlos und ohne dass ein Widerstand gefürchtet zu werden brauchte, vor sich ging. Diesem Zwecke diente auch die fast überall schon geraume Zeit vorher durchgeführte Entwaffnung der armenischen Bevölkerung. Da die allgemeine Unsicherheit im Innern der Türkei es mit sich bringt, dass jedermann zu seinem persönlichen Schutze bewaffnet ist und bei Reisen oder Wegen über Land Waffen mit sich führt, ist in Friedenszeiten der Besitz und das Tragen von Waffen erlaubt. Auf Veranlassung des jungtürkischen Komitees war die konstitutionelle Organisation des armenischen Volkes, die Partei der Daschnakzagan *), in den Zeiten drohender Reaktion verschiedentlich mit Waffen versehen worden, damit sie im Falle von Umsturzversuchen, wie sie zweimal, 1909 und 1912, den Alttürken und der liberalen türkischen Opposition gelangen, die Sache ihrer jungtürkischen Freunde mit bewaffneter Hand unterstützen könnten. Nur in einzelnen Fällen, von denen noch die Rede sein wird, weigerten sich die Armenier, ihre Waffen abzuliefern, da sie Grund hatten, ein Massaker zu befürchten. So in Wan und Schabin-Karahisar. Die Entwaffnung ging in den Städten – die oben genannten Fälle ausgenommen – ohne Zwischenfall vor sich. In Konstantinopel fand die Entwaffnung vom 29. April bis zum 9. Mai in ordnungsmäßiger Weise statt. Es wurden sogar Empfangsscheine von den Behörden ausgestellt. Auf dem Lande führte die Maßregel der Entwaffnung, wie zahlreiche Nachrichten beweisen, zu brutalen Repressalien. Die Ablieferung wurde nicht behördlich angesagt, noch wartete man das Ergebnis der freiwilligen Ablieferung ab, sondern Gendarmen kamen in die Dörfer und verlangten eine beliebige Anzahl von Gewehren, 200, 300 oder wie viel dem Gendarmen gut schien. Wurden diese nicht sofort zur Stelle geschafft, so wurden der Dorfschulze und Ältesten verhaftet und unter dem Vorwande, dass sie Waffen versteckt hätten, misshandelt. Oft wurde die F o l t e r angewendet. Besonders beliebt bei Gendarmen und Gefängnismeistern ist die B a s t o n a d e, die, in unmenschlicher Weise angewendet, oftmals den Tod der Opfer verursacht. Aber auch Haare und Nägel wurden ausgerissen, glühende Eisen eingebrannt und jede Art von Schändlichkeit an Frauen und Kindern verübt. Oft waren die Dorfbewohner gezwungen, von ihren türkischen Nachbarn oder Kurden und Tscherkessen zu hohen Preisen oder gegen Schafe und

---

*) Die Partei heißt Daschnakzutiun, die Mitglieder der Partei Daschnakzagan.

Kühe Waffen zu kaufen, um durch ihre Ablieferung die Requisition der Gendarmen zu befriedigen.

Gleichzeitig mit der Entwaffnung der armenischen Bevölkerung erfolgte die **Bewaffnung des türkischen Pöbels**. Durch die jungtürkischen Klubs, die in allen Städten des Innern das Heft in Händen haben und mehr bedeuten, als die höchsten Regierungsbeamten, waren **Banden**, so genannten **Tschettehs** gebildet, zum Teil aus entlassenen Sträflingen. Berüchtigte kurdische Räuber wurden mit ihren Banditen in den Heeresdienst eingestellt. Diesen Banden wurde Freiheit gegeben, die armenischen Dörfer zu überfallen, zu plündern, die Männer zu erschlagen, die Frauen und Mädchen wegzuschleppen. Auf Klagen reagierten die Behörden nur scheinbar. Die Verwüstungsarbeit begann in den östlichen Wilajets Wan, Erzerum und Bitlis sofort nach dem Ausbruch des Krieges und wurde während des ganzen Krieges bis in die jüngste Zeit fortgesetzt. Sie lief neben der offiziellen Deportation her und förderte dieselbe durch Überfälle der Karawanen, die durch die einsamen Gebirgstäler von Anatolien zogen. Viele Karawanen von Deportierten wurden von derartigen Banden halb oder ganz aufgerieben. **Durch Verschleppung von Mädchen, Frauen und Kindern in türkische Harems und türkische Dörfer sind Zehntausende von Christen nicht nur der Schande, sondern auch gewaltsamer Konvertierung zum Islam ausgeliefert worden.**

Als die allgemeine Deportation, das heißt die vollständige Austreibung der armenischen Bevölkerung aus allen armenischen Städten und Dörfern einsetzte, waren die armenischen Familien zum großen Teil schon des männlichen Schutzes beraubt. Wo es nicht der Fall war, wurden meist die Männer beim Beginn der Deportation von den Frauen getrennt, abgeführt und erschossen. Wo Männer mit Frauen und Kindern zusammen auf den Weg gebracht waren, wurden sie oft noch auf dem Transport abgesondert oder bei organisierten Überfällen in erster Linie abgeschossen. Die Folge dieser Maßregeln war, dass, was von den deportierten Menschenmassen an den Bestimmungsorten ankamen, auf mehr als die Hälfte reduziert war. Die Karawanen, die im Norden aufbrachen, bestanden, wenn sie im Süden anlangten, größtenteils nur aus Kindern unter 10 Jahren und aus älteren Frauen, Kranken und Greisen. Die Männer und Knaben waren getötet, die Mädchen, jungen Frauen und zahllose Kinder geraubt. Der Rest ist ein hilfloses, dem Elend preisgegebenes Bettlervolk, das in den mesopotamischen Wüsten und Sumpfgebieten durch Hunger und Krankheit zu Grunde geht.

Seit dem 21. April, an dem die Verhaftung der Notabeln einsetzte, wurde die Gesamtdeportation vorbereitet. Die Ausführung der Deportation in größerem Stil begann um die Mitte des Mai. Die ersten Deportationen fanden im Wilajet Erzerum, in den Gebieten von Baiburt, Terdjan und Chinis statt. Verschiedene Ursachen scheinen in einzelnen Wilajets noch einen Aufschub herbeigeführt zu haben. Einzelne Walis und Mutessarifs sträubten sich gegen den Befehl. Selbst die türkische Bevölkerung erhob hie und da Einspruch. Da die Zentralregierung entschlossen war, die Maßregel der Deportation durchzuführen, wurden widerstrebende Beamte, selbst Walis, Mutessarifs und Kaimakams abberufen und durch willigere Werkzeuge, meist Mitglieder der jungtürkischen Komitees, ersetzt. Ende Juni und Anfang Juli setzt a tempo die Massendeportation in den Wilajets Siwas, Trapezunt und Kharput ein. Der Wali von Erzerum, der ebenso wie der Wali von Aleppo die Deportationsmaßregel missbilligte, lehnte es nach anfänglichen Verschickungen, die die Vernichtung der deportierten zur Folge hatten, ab, weitere Deportationen auszuführen, und verlangte Schutz für die Deportierten. Endlich musste auch er dem Druck von Konstantinopel weichen. Im Wilajet Bitlis scheint es nur in der ersten Zeit zu Deportationen gekommen zu sein. Später wurde die armenische Bevölkerung, soweit sie nicht in die Berge flüchtete, durch Massakers an Ort und Stelle vernichtet. Auch die in die Berge geflüchteten wurden verfolgt und bis auf wenige, die sich auf russisches Gebiet durchschlugen, getötet. Ähnlich scheint es im Wilajct Diarbekir hergegangen zu sein.

Die Berichte aus den einzelnen Wilajets werden ein deutlicheres Bild von den Hergängen geben.

1. Wilajet Trapezunt.

Das Wilajet Trapezunt gehört nicht zu den ursprünglich armenischen Provinzen. Die Gesamtbevölkerung des Wilajets Trapezunt betrug nach Cuinet rund 1 047 700. Davon entfallen ein Viertel auf die christliche Bevölkerung, auf die Griechen allein wenigstens 200 000. Die muhammedanische Bevölkerung besteht aus Türken, Lasen, Tscherkessen und türkischen Nomadenstämmen. In den Küstenstädten überwiegt das griechische Element. Während sich in den übrigen ostanatolischen Wilajets Erzerum, Wan, Bitlis, Kharput, Siwas die armenische Bevölkerung zwischen 165 000 und 215 00 Seelen pro Wilajet bewegte, und auch im Wilajet Diarbekir noch 105 000 erreichte, zählte sie im Wilajet Trapezunt nur 53 500, davon 2500 Katholiken und 1000 Protestanten. Die armenische Bevölkerung verteilt sich folgendermaßen: 10 000 lebten in der Stadt Trapezunt und Umgebung, 12 700 in andern Küstenorten, wie Ordu, Kerasunt und den Dörfern in ihrer Nachbarschaft. Auf das Sandschak Samsun und seine Küstenstädte Samsun, Therme, Unia kamen 30 800.

Der Wali von Trapezunt ebenso wie der Militärkommandant war den Armeniern freundlich gesinnt.

Auch die muhammedanische und griechische Bevölkerung lebte in gutem Frieden mit ihnen. Als unter Leitung des jungtürkischen Klubs in Trapezunt Banden (Tschetthes) gebildet wurden, die sich Ausschreitungen gegen die Armenier zu Schulden kommen ließen, wollte der türkische Militärkommandant die Banden wieder auflösen. Auch der Minister des Innern Taalat Bey telegraphierte nach Trapezunt, man solle die Armenier schützen und kein Blut vergießen.

Als die Entwaffnung der Armenier begann und Haussuchungen stattfanden, tat der armenische Aradschnort (Metropolit) Turian Schritte beim Wali, um offiziell festzustellen, dass die Armenier ihre Waffen abgeliefert hätten, und das sich keine Bomben in ihrem Besitz befanden. Der Prälat Turian ist ein hochgebildeter Mann, der seine Bildung in Deutschland erworben und in Berlin Theologie und Philosophie studiert hat. Am 12. Juni wurde er ohne Grund verhaftet, nach Erzerum transportiert und dort eingekerkert. Unruhen irgendwelcher Art hatten in Trapezunt nicht stattgefunden. Irgendwelche Beschuldigungen sind, soviel man weiß, gegen die Bevölkerung nicht erhoben worden.

Das nun folgende ist Wortlaut des Konsularberichts des amerikanischen Konsuls von Trapezunt, Oskar S. Heizer, vom 28. Juli 1915. Der Inhalt wurde in allen Stücken aus katholischen und griechischen Quellen bestätigt.

Amerikanischer Konsularbericht

Trapezunt, den 28. Juli 1915

„Am Sonnabend den 26. Juni wurde der Befehl, die Deportation der Armenier betreffend, in den Straßen angeschlagen. Am Donnerstag den 1. Juli wurden alle Straßen von Gendarmen mit aufgepflanzten Bajonetten bewacht, und das Werk der Austreibung der Armenier aus ihren Häusern begann. Gruppen von Männern, Frauen und Kindern mit Lasten und Bündeln auf dem Rücken wurden in einer kleinen Querstraße in der Nähe des Konsulats gesammelt, und sobald etwa 100 zusammengekommen waren, wurden sie von Gendarmen mit aufgepflanztem Bajonett am Konsulat vorüber in Hitze und Staub auf der Straße nach Erzerum hingetrieben. Außerhalb der Stadt ließ man sie halten, bis etwa 2000 beisammen waren; dann schickte man sie weiter. Drei solcher Gruppen, zusammen etwa 6000, wurden während der ersten drei Tage von hier verschickt, und kleinere Gruppen aus Trapezunt und der Umgegend, die später deportiert wurden, beliefen sich auf weitere etwa 4000. Das Weinen und Klagen der Frauen und Kinder war herzzerreißend. Einige dieser Armen stammten aus reichen und vornehmen Kreisen. Sie waren Reichtum und Wohlstand gewöhnt. Da waren Geistliche, Kaufleute, Bankiers, Juristen, Mechaniker, Handwerker, Männer aus allen Lebenskreisen. Der Generalgouverneur sagte mir, sie dürften Anordnungen für Fuhrwerke treffen, aber niemand schien irgendetwas vorzubereiten. Doch weiß ich von einem Kaufmann, der 15 türk. Pfd. (270 Mk.) für einen Wagen bezahlte, der ihn und seine Frau nach Erzerum bringen sollte; doch als sie an dem Sammelplatz ankamen, etwa 10 Minuten von der Stadt entfernt, wurde ihnen von den Gendarmen befohlen, den Wagen zu verlassen, der nach der Stadt zurückgeschickt wurde. Die ganze muhammedanische Bevölkerung wusste von Anfang an, dass diese Leute ihnen zur Beute fallen würden, und sie wurden behandelt wie Verbrecher. In Trapezunt wurde vom 25. Juni, dem Datum der Proklamation, an, k e i n e m A r m e n i e r g e s t a t t e t , e t w a s z u v e r k a u f e n , u n d b e i S t r a f e w u r d e j e d e m v e r b o t e n , e t w a s v o n i h n e n z u k a u f e n. Wie sollten sie da die Mittel für die Reise beschaffen? 6 oder 8 Monate lang war in Trapezunt keinerlei Geschäft betrieben worden, und die Menschen hatten ihr Kapital verzehrt. Warum hat man sie verhindern wollen, Teppiche oder irgendetwas zu verkaufen, um das für die Reise nötige Geld zu beschaffen? Viele Leute, die Besitztümer hatten, die sie hätten verkaufen können, wenn sie die Erlaubnis gehabt hätten, mussten zu Fuß gehen, mittellos und nur mit dem versehen, was sie in ihren Häusern zusammenraffen und auf dem Rücken tragen konnten. Sie wurden, wenn sie in Folge von Erschöpfung zurückbleiben mussten, mit dem Bajonett erstochen und in den Fluss geworfen. Ihre Leichen wurden an Trapezunt vorüber ins Meer getrieben, oder hingen im seichten Flusse an den Felsen, wo sie 10 bis 12 Tage blieben und verwesten, zum Entsetzen der Reisenden, die diesen Weg nehmen mussten. Ich habe mit Augenzeugen gesprochen, die bestätigten, dass man viele nackte Leichen an Baumstümpfen im Fluss gesehen habe, 15 Tage nach dem Geschehnis, und dass der Geruch fürchterlich gewesen sei.

Am 17. Juli, als ich mit dem deutschen Konsul ausgeritten war, trafen wir 3 Türken, die ein Grab im Sande gruben für einen nackten Leichnam, den wir dicht dabei im Fluss sahen. Die Leiche sah aus, als habe sie 10 Tage oder länger im Wasser gelegen. Die Türken sagten, sie hätten soeben weiter oben im Flusslauf andere 4 begraben. Ein anderer Türke sagte uns, dass kurz bevor wir erschienen, eine Leiche den Fluss hinab ins Meer getrieben sei.

Mit Dienstag dem 6. Juli waren alle armenischen Häuser in Trapezunt, etwa 1000, geleert und ihre Bewohner deportiert worden. Es wurde nicht festgestellt, ob jemand der Teilnahme an irgendeiner gegen die Regierung gerichteten Bewegung schuldig war. Wenn jemand Armenier war, so genügte das, um als Verbrecher behandelt und deportiert zu werden. Zu Anfang hieß es, es sollten alle außer den Kranken gehen, welch letztere in das städtische Krankenhaus gebracht wurden, bis sie wohl genug seien. Später wurden die alten Männer und Frauen, schwangere Frauen und Kinder, solche die bei der Regierung beschäftigt waren, und die katholischen Armenier ausgenommen. Schließlich wurde entschieden, dass auch alte Männer und Frauen und auch die Katholiken gehen müssten, und sie alle wurden dem letzten Transport nachgeschickt. Eine Anzahl Leichterschiffe wurde nacheinander mit Leuten beladen und nach Samsun geschickt. Der Glaube ist allgemein, dass sie ertränkt wurden. Während der ersten Tage der allgemeinen Deportation wurde ein großes Kajik-Boot mit Männern*) beladen, die man für Mitglieder der armenischen Komitees hielt, und nach Samsun gesandt. Zwei Tage später kam ein bekannter russischer Untertan, namens Wartan, der mit jenem Boot abgefahren war, über Land nach Trapezunt zurück, am Kopfe stark verwundet und so verwirrt, dass er sich nicht verständlich zu machen vermochte. Alles, was er zu sagen vermochte, war: „Bum, Bum!" – Er wurde von den Behörden festgenommen und ins Krankenhaus gebracht, wo er am nächsten Tage starb. Ein Türke berichtete, dass jenes Boot nicht weit von Trapezunt einem anderen mit Gendarmen besetzten begegnet wäre, welche daran gegangen wären, alle Männer zu töten und sie über Bord zu werfen. Sie glaubten, alle getötet zu haben, aber dieser Russe, der groß und stark war, war nur verwundet worden und schwamm unbemerkt ans Land. Eine Anzahl solcher Kajik-Boote mit Männern beladen, verließ Trapezunt. Meist kehrten sie nach einigen Stunden leer zurück.

Toz, ein Dorf, etwa 2 Stunden von Trapezunt, wird von gregorianischen und katholischen Armeniern und Türken bewohnt. Ein reicher und einflussreicher Armenier, Boghos Marimian, wurde wie ein zuverlässiger Augenzeuge berichtet, mit seinen beiden Söhnen getötet. Sie wurden hintereinander aufgestellt und erschossen. 45 Männer und Frauen wurden eine kurze Strecke vom Dorfe

*) Nach anderer Quelle waren es 26 Männer

entfernt in ein Tal geführt. Die Frauen wurden zuerst von den Gendarmerieoffizieren vergewaltigt und dann den Gendarmen zur Verfügung überlassen. Diesem Augenzeugen zufolge wurde ein Kind dadurch getötet, dass man ihm an einem Felsen den Schädel einschlug. Auch der Plan, die Kinder zu retten, musste aufgegeben werden. Man hatte sie in Trapezunt in Schulen und Waisenhäusern untergebracht, unter Aufsicht eines Komitees, das von dem griechischen Erzbischof organisiert und unterstützt wurde, dessen Präsident der Wali, Vizepräsident der Erzbischof und dessen Mitglieder 3 Christen und 3 Muhammedaner waren. Jetzt werden die Mädchen ausschließlich in muhammedanische Familien gegeben und dadurch auseinander gerissen. Das Aufheben der Waisenhäuser und Verteilung der Kinder war eine große Enttäuschung für den griechischen Erzbischof, der für diesen Plan so eifrig gearbeitet und sich die Unterstützung des Wali gesichert hatte, aber dem Leiter des „Komitees für Einheit und Fortschritt"**), der den Plan missbilligte, gelang es, ihn sehr bald zu durchkreuzen. Viele Knaben scheinen fort- gesandt worden zu sein, um unter die Farmer verteilt zu werden. Die hübschesten unter den älteren Mädchen, die in den Waisenhäusern als Pflegerinnen zurückbehalten worden waren, wurden in Häuser aufgenommen, die dem Vergnügen der Mitglieder der Clique dienen, die hier die Dinge zu regieren scheint. Aus guter Quelle habe ich gehört, dass ein Mitglied des „Komitees für Einheit und Fortschritt" hier 10 der schönsten Mädchen in einem Haus im Zentrum der Stadt hat, für seinen und seiner Freunde Gebrauch. Einige kleinere Mädchen sind in anständigen muhammedanischen

---

**) Sein Name ist Nail Bay

Familien untergebracht worden. Einige frühere Schülerinnen der amerikanischen Mission sind jetzt in muhammedanischen Familien in der Nähe der Mission untergebracht worden, aber natürlich hat die Mehrzahl nicht dieses Glück gehabt.

Die 1000 armenischen Häuser werden, eins nach dem andern, von der Polizei geleert. Möbel, Bettzeug und alles Wertvolle wird in großen Gebäuden in der Stadt aufbewahrt. Es wird kein Versuch gemacht, die Sachen zu ordnen, und der Gedanke, das Eigentum in „Ballen" aufzubewahren," unter dem Schutze der Regierung, um es den Eigentümern bei ihrer Heimkehr zurückzuerstatten", ist einfach lächerlich. Die Besitztümer werden aufgeschichtet, ohne jeglichen Versuch, sie zu registrieren oder ein System in die Speicherung zu bringen. Ein Haufen türkischer Frauen und Kinder folgen den Polizeibeamten auf Schritt und Tritt wie eine Schar Geier und ergreifen alles, dessen sie habhaft werdenkönnen. Werden die wertvolleren Sachen von der Polizei aus einem Haus getragen, so stürzt die Meute hinein und holt, was noch da ist. Ich sehe diesen Vorgang jeden Tag mit eigenen Augen. Ich glaube es, wird mehrere Wochen in Anspruch nehmen, die Häuser alle zu leeren, und dann werden die armenischen Läden und Kaufhäuser ausgeräumt werden. Die Kommission, die die Sache in der Hand hat, spricht jetzt davon, die große Sammlung von Haushaltsgegenständen und anderem Eigentum zu verkaufen, „um die Schulden der Armenier zu bezahlen". Der deutsche Konsul sagte mir, er glaube nicht, dass die Armenier nach Trapezunt zurückkehren dürften, nicht einmal nach Beendigung des Krieges.

Ich sprach eben mit einem jungen Mann, der seiner Militärpflicht im „Inschaat-Taburi" (Armierungstruppen) genügt und auf den Straßen nach Gümüschhane arbeitete. Er erzählte mir, dass vor 14 Tagen alle Armenier, ca. 180, von den übrigen Arbeitern getrennt worden seien. Er hörte den Knall der Büchsen und war nachher einer von denen, die geschickt wurden, um die Leichen zu begraben. Er konstatierte, dass sie alle nackend waren; man hatte sie ihrer Kleider beraubt.

Eine Anzahl von Frauen- und Kinderleichen sind von den Wellen an den sandigen Strand angespült worden, unterhalb der Mauern des italienischen Klosters hier in Trapezunt. Sie wurden von hiesigen griechischen Frauen am Strand begraben, wo man sie gefunden hatte."Soweit der amerikanische Konsularbericht.*)

2. Wilajet Erzerum.

Das Wilajet Erzerum zählte unter 645 700 Einwohnern 227 000 Christen, nämlich 215 000 Armenier und 12 000 Griechen und andere Christen. Von der mohammedanischen Bevölkerung sind 240 700 Türken resp. Turkmenen, 120 000 Kurden (45 000 Sesshafte, 30 000 Sasakurden und 45 000 Nomadenkurden); 25 000 Kisilbasch (Schiiten), 7000 Tscherkessen und 3000 Jesidis (sogenannte Teufelsanbeter). In den Städten Erzerum, Erzingjan, Baiburt, Chinis, Terdjan machten die Armenier ein Drittel bis zur Hälfte der Bevölkerung, in einzelnen Landdistrikten mehr als die Hälfte der Bevölkerung aus.

Seit Ausbruch des Krieges wurden bei den Armeniern Requisitionen vorgenommen, die das Vielfache von dem betrugen, was die Türken hergeben mussten. Man von denen der größte Teil für Militärzwecke unbrauchbar war. Bei den Türken wurden die Requisitionen vorher angesagt, so dass sie Zeit hatten, die Waren aus ihren Magazinen in ihre Häuser zu holen und dort zu verstecken. Alle Lagervorräte an Manufakturwaren,
*) Über Zwangsbekehrungen im Wilajet Trapezunt vgl. Seite 133

die im Herbst aus dem Ausland eintrafen, wurden den Kaufleuten weggenommen. Die Beamten benützten die Requisitionen zu Erpressungen. Der Garnisonssekretär von Erzingjan, Hadji Bey, kam in das Magazin von Sarkis Stepanian, ließ einige armenische Kaufleute dort hinkommen und sich von ihnen 300 türk. Pfund auszahlen. Um den Schein zu wahren nahm er auch von türkischen Kaufleuten eine geringfügige Summe. Nach der Plünderung des Bazars kamen die Häuser an die Reihe. Unter dem Vorwande, Waffen zu suchen, durchwühlten die Gendarmen alle Kisten und Kasten und nahmen mit, was ihnen behagte. Niemand durfte gegen derartige Requisitionen ein Wort sagen. Auf den geringsten Verdacht oder irgendeine Denunziation hin wurden harmlose Leute ins Gefängnis geworfen, gefoltert und vor das Kriegsgericht gestellt.

Wie im Wilajet Trapezunt, so waren auch im Wilajet Erzerum von jungtürkischen politischen Klubs Banden, sog. Tschettehs, aus den schlechtesten Elementen der Bevölkerung gebildet und bewaffnet worden. Diese Banden sahen ihre Hauptaufgabe darin, armenische Dörfer zu überfallen und zu plündern. Fanden sie keine Männer, so wurden die Frauen vergewaltigt und unter Misshandlungen gezwungen, alles was sie noch an Geld oder Geldeswert hatten, herauszugeben. Die Daschnakzagan beklagten sich bei Tahsin Bey, dem Wali von Erzerum, als in den Dörfern Dwig, Badischin und Targuni derartiges vorgekommen war. Er versprach, die Missetäter zu bestrafen, aber nach 10 Tagen geschah genau dasselbe in den Dörfern Hinzk und Zitoth. So sah es schon Anfang Januar auf dem Lande aus.

Dem Wali Tahsin Bey, der den besten Willen hatte, gelang es vorübergehend, die Ausschreitungen der Tschettehs und der Gendarmen zu unterdrücken, so dass es Anfang Februar erheblich besser in der Provinz aussah. Zwar fielen die Requisitionen immer noch mit ihrer ganzen

Schwere auf die Armenier, aber im Interesse. der nationalen Verteidigung fand man sich auch in das ungleiche Maß, mit dem Muselmanen und Nichtmuselmanen gemessen wurden. Auch dagegen wurde nichts eingewendet, dass 15 armenische Dörfer in der Umgegend von Erzerum von ihren Einwohnern geräumt werden mussten, um kranke Soldaten aufzunehmen. Im März fing das Bandenunwesen, das von jungtürkischen Kreisen gegen den Willen des Walis unterstützt wurde, von neuem an; ebenso wurden gegen wohlhabende Armenier in den Städten unter Androhung des Todes die schlimmsten Erpressungen ausgeübt. In Terdjan ließ der Polizeimüdir von Erzerum einen angesehenen Armenier mit seiner 10jährigen Tochter zu sich kommen und beide auf der Stelle erschießen.

Im März des Jahres wurden die Armenier von befreundeten Türken in Erzerum gewarnt und davon benachrichtigt, dass die Mitglieder des „Komitees für Einheit und Fortschritt" ein Massaker planten. Der später an Typhus verstorbene Dr. Taschdjan, ein bei Türken und Armeniern gleich angesehener Mann, teilte dies zwei deutschen Rote-Kreuz-Schwestern mit, die im Militärlazarett von Erzerum türkische Soldaten pflegten und bat sie, den damaligen Festungskommandanten von Erzerum, den deutschen General Posselt-Pascha, davon zu benachrichtigen, damit er seinen Einfluss geltend mache und dem Unheil vorbeugt werde. Man erzählte, dass es General Posselt gelungen sei, die Gefahr abzuwenden. Er wurde aber bald darauf genötigt, seinen Abschied zu nehmen und durch einen türkischen Offizier ersetzt. Auch der deutsche Konsul in Erzerum, Herr von Scheubener-Richter, tat sein Möglichstes, um den bedrängten Armeniern beizustehen und eine Verschlimmerung der Lage zu verhindern. Von armenischer Seite wurde ihm das beste Zeugnis ausgestellt. Während der Wali Tahsin Bey sich lange Zeit gegen die von Konstantinopel geforderten Maßregeln sträubte, arbeiteten die Häupter der jungtürkischen Partei um so energischer daran, die Muhammedaner gegen die Armenier aufzureizen. Sie erklärten, es sei ein Fehler Abdul Hamids gewesen, dass er die Massaker vor zwanzig Jahren nicht gründlicher veranstaltet und alle Armenier ausgerottet habe.

Das Verhältnis der armenischen zur türkischen Bevölkerung in Erzerum war ein ausgezeichnetes gewesen. Erst durch jungtürkische Agitatoren wurden die Muhammedaner aufgestachelt und die Regierung verhindert, gegen Gewalttaten einzuschreiten. Die Jungtürken bestanden darauf, den Rest der männlichen Bevölkerung an die Front zu schicken, um dann freie Hand zu haben. Von ihren türkischen Freunden wurden die Armenier gewarnt, ihre Häuser zu verlassen.

Zur Zeit der Konstitution waren von den Jungtürken Waffen auch an die armenischen Dörfer verteilt worden, auf deren Hilfe sie im Falle einer Reaktion rechneten. Diese Waffen wurden ihnen jetzt unter sinnlosen Torturen wieder abgenommen.

In dem Hause eines Armeniers namens Humajak in Erzingjan befand sich ein Tonnür, ein in den Boden gegrabener Backofen. Unter dem Backofen entdeckten die Gendarmen einen Brunnen, der längst außer Gebrauch und verschlossen war. Die Gendarmen vermuteten Waffen in dem Brunnen, fanden aber keine und schlugen deshalb dem Humajak so fürchterlich, dass er krank wurde. Der arme Mann hatte das Haus erst seit einem Monat gemietet und hatte keine Ahnung, dass sich unter dem Tonnür eine Zisterne befand. Als der Mann wieder laufen konnte, wurde er verhaftet und im Gefängnis gefoltert. Die Nägel und Bündel von Haaren wurden ihm mit Zangen herausgerissen. Wenn er das Bewusstsein verlor, wurde er mit einem kalten Wasserguss wieder zur Besinnung gebracht und die Folterung fortgesetzt. Man wollte von ihm wissen, was er in der Zisterne verborgen habe. Der Unglückliche konnte nichts angeben, da er von der Zisterne nicht einmal etwas gewusst habe. Darauf wurde ihm ein Dokument vorgelegt, in dem er zu bezeugen hatte, dass er unter dem Tonnür Bomben und Waffen verborgen habe. Unter Foltern wurde er gezwungen, das Schriftstück zu unterschreiben. Alsdann wurde er nach Erzerum deportiert. Derartige Dokumente hatten den Zweck, einen Vorwand für die Deportation herzugeben. Die Armenier, die von dieser Sache hörten, wussten jetzt, was ihnen drohe. Als die Requisitionen und Haussuchungen in der Stadt beendet waren und nichts gefunden worden war, wurden die Gendarmen auf die Dörfer geschickt.

Am 14. März kam ein Leutnant der Gendarmerie, Suleiman Efendi, mit 30 Gendarmen in das Dorf Minn im Sandschak Erzingjan. Zuerst ließ er sich 100 türkische Pfund (ca. 1900 M.) auszahlen, ohne zu sagen, wer ihn beauftragt habe und wofür die Summe zu zahlen sei. Dann vergnügten sich die Gendarmen die Nacht hindurch in dem Dorfe. Am Morgen begannen die Haussuchungen. Es gab einige Waffen im Dorf, die zur Zeit der Reaktion von Jungtürken verteilt worden waren. Ein gewisser Oteldji Hafis war damals der Überbringer dieser Waffen, die die Leute gegen einen guten Preis hatten kaufen müssen. Der Priester des Dorfes nannte die Namen derer, die Waffen hatten. Die Leute wurden verhaftet und ihnen die Waffen abgenommen. Der Gendarmerieleutnant wollte aber noch Bomben haben und fing an, Männer, Frauen und Kinder zu schlagen. Als sie keine Bomben fanden, ließ er dem Priester fünfmal hintereinander die Bastonade verabreichen. Als er mit dem Schlagen genug hatte, schloss er den Priester in ein Zimmer ein und notzüchtigte seine Frau. Dann fingen die Gendarmen an, zum Spaß auf die Dorfbewohner zu schießen. Als sie auch damit genug hatten, bewaffneten sie den Priester und einige Bauern bis an die Zähne, so dass sie wie Banditen aussahen, und führten diese künstlich bewaffnete Bande in die muhammedanischen Quartiere der Kreishauptstadt Kemach, um diese gegen die Armenier aufzureizen. Dann wurden sie ins Gefängnis geworfen und endlich nach Erzerum abgeführt.

Die Bewohner des Dorfes Minn, das jetzt in Asche liegt, hatten nicht weniger als 7000 türk. Pfund Steuern gezahlt. Die Bauern wandten sich an den armenischen Aradschnort (Metropoliten), ließen ihn eine Eingabe aufsetzen und gingen mit ihm zum Kaimakam (Landrat).

Der Kaimakam schnauzt sie an: „Wer gibt euch das Recht, solche Rapporte zu machen?" Die Bauern: „Haben wir nicht durch die Gnade der Regierung das Recht, in Gemeindeangelegenheiten Eingaben zu machen?" Der Kaimakam: „Das war die alte Regierung. Die neue Regierung hat euch keinerlei derartige Rechte gegeben. Alle solche Rechte sind hinfällig. Ihr habt keine Eingaben zu machen und Beschwerde zu führen. Die Regierung tut von selbst, was nötig ist. Wenn ihr wollt, werde ich euch mit diesem Dokument zum Staatsanwalt schicken, und er wird euch ins Gefängnis werfen." Die Bauern: „Wir wollen uns nicht in die Angelegenheit der Regierung mischen; wir wollen nur wissen, mit welchem Recht ein Gendarm fünfmal einen Priester bastonnieren und Frauen und Kinder foltern darf, unter dem Vorwande, Bomben zu finden. Diese Bauern wissen nicht einmal, was eine Bombe ist. Warum hat man diese Leute bewaffnet und unter Moslems geschickt, da man sie nicht mit den Waffen attrapiert hat?" Der Kaimakam: „Wir sind völlig frei, jedes Mittel zu gebrauchen, das uns passt." Die Bauern: „Warum lässt man die Gendarmen Erpressungen machen?" Der Kaimakam: „Das geht euch gar nichts an. Bis jetzt war der Handel in eurer Hand. Von jetzt ab werdet ihr nichts mehr mit dem Handel zu tun haben.

Und was hast du hier zu tun?" Der Aradschnort (Metropolit): „Ich bin der Aradschnort und habe das Recht, für diese Leute zu sprechen." Der Kaimakam: „Ich kenne weder Aradschnort noch seine Rechte. In anderen Angelegenheiten als religiösen kenne ich dich nicht."

In den anderen Dörfern verfuhren die Gendarmen ebenso. Zuerst verlangten sie Geld, dann kamen die Haussuchungen an die Reihe. Im Dorfe Merwatsik arbeitete der Polizeileutnant Suleiman mit dem Müdir des Dorfes Adil Efendi zusammen. Als sie keine Waffen fanden, wurden die Bauern gefoltert und gezwungen, von ihren türkischen Nachbarn Waffen zu kaufen. Alsdann wurden sie nach Erzerum ins Gefängnis gebracht. Von da gingen sie in das Dorf Arkan, erpressten 60 türk Pfd., plünderten das Dorf, nahmen den Frauen die Ohrringe und Armbänder weg und schlugen alle, die sich weigerten. Ein Gendarm setzte sich auf die Füße, ein anderer auf den Kopf des Opfers, dann ging die Peitscherei los, mit nicht unter 200 Schlägen. Die Frauen wurden unter den Torturen bewusstlos. Als sich keine Waffen fanden, schrie der Unterleutnant Suleiman die Leute an: „Bis jetzt hattet ihr das Recht, Waffen zu haben. Das hört jetzt auf. Ich habe eine Irade in der Hand und kann mit allen Mitteln, die mir belieben, von euch Waffen fordern." Darauf ließen die Gendarmen die Bauern aus dem Nachbardorfe Mollah herführen, schlugen sie, schmierten ihnen Extremente ins Gesicht und warfen sie in den Fluss. Eine Frau starb unter den Misshandlungen des Müdir Adil. Dann gingen sie in das Dorf Mollah, unterbrachen die Messe – es war Osterfest – und folterten den Priester in der Kirche. Die Frauen und Mädchen flüchteten sich vor den Gendarmen in die Berge. Im Dorf Mez Akrak erpressten sie 92 türk. Pfd. und folterten die Bewohner. Im Dorf Machmud Bekri verlangten die Gendarmen erst Geld und, nachdem sie das Verlangte erhalten hatten, verhafteten sie 3 Bauern, und führten sie in ein Haus, wo sich der genannte Suleiman, Oteldji Hafis,

Djelal Oglu und Schakir befanden. Diese vier bastonnierten die Bauern bis zur Bewusstlosigkeit. Durch kalte Wassergüsse wurden sie wieder aufgeweckt und weiter geschlagen. Darauf sperrte man sie in die Aborte. Dann werden sie aufs Neue vorgeführt und gefoltert. Dem einen reißt man zwei Finger aus. Er soll den Ort angeben, wo Waffen verborgen sind, und die Liste der Daschnakzagan ausliefern. Als sie nichts erreichen, fangen die Gerdarmen an, die Frauen zu schänden.

Dem Kaimakam wurde Anzeige erstattet. Als aber der Aradschnort aufs neue Schritte tat wegen einer Frau, die man zu Tode geprügelt hatte und verlangte, der Kaimakam sollte sich selbst von den Tatsachen überzeugen, schrie er ihn an und wollte nichts mehr hören. Der Aradschnort verlangte, er solle höheren Orts Anzeige erstatten. Der Kaimakam: „Hier bin ich die Regierung." Der Aradschnort: „Ihr macht Unterschiede zwischen Christen und Muhammedanern". Der Kaimakam: „Jetzt sende ich dich gefesselt nach Erzerum". Der Kaimakam lässt ihn schließlich gehen und verspricht, die Gendarmen zu bestrafen.

In seiner Verzweiflung entschließt sich der Aradschnort, mit einigen Priestern zu den Ulemas und muhammedanischen Bejs zu gehen, um sie um ihre Hilfe zu bitten. Diese hatten Mitleid mit den Armeniern, aber sie fürchteten sich vor dem Kaimakam. Ein geistlicher Scheich riet, man möge nur Geduld haben, bis die Dinge anders würden.

Der Kaimakam forderte die Gendarmen vor, die gestanden, dass sie 300 türkische Pfd. erpresst und nur 180 davon abgeliefert hatten. Sie mussten das Geld herausgeben. Trotzdem blieben sie im Amt und fuhren mit ihren Schändlichkeiten fort. Alle Versprechungen des Kaimakams die Gendarmen zu bestrafen, blieben leere Worte.

D a s   w a r   i m   M ä r z   d e s   J a h r e s .

Es ist notwendig, solche Dinge mit allen Einzelheiten zu schildern, damit man sich eine Vorstellung davon machen kann, wie es auf den Dörfern herging.

Seit der Erklärung der Konstitution und bis in die jüngste Zeit hinein waren die jungtürkischen Führer mit den Führern der Daschnakzagan ein Herz und eine Seele gewesen. Die Daschnakzagan hatten die Jungtürken bei allen Wahlen durch ihre Organisation unterstützt, und zwischen den beiderseitigen Klubs bestand der freundschaftlichste Verkehr. Seit das Zentralkomitee in Konstantinopel das allgemeine Vorgehen gegen die Armenier beschlossen hatte, benutzten die jungtürkischen Führer ihre Kenntnis der ihnen verbündeten armenischen Parteiorganisation dazu, um alle Daschnakzagan verhaften zu lassen. **Schon am 12. April saßen die meisten Daschnakzagan hinter Schloss und Riegel.** Bald darauf drangen die ersten Gerüchte von den Ereignissen in Wan nach Erzerum. Die armenischen Führer wurden nach unbekannten Gegenden deportiert. Ende April wurden 25 gefesselte Armenier von Erzingjan nach Erzerum gebracht. **Bald darauf wurde von der Polizei in Erzerum ein gefälschter Brief publiziert, in dem gesagt war, dass die Partei der Daschnakzagan beschlossen habe, den Wali Tahsin Bey zu ermorden. Der Betrug wurde aufgedeckt, so dass die Polizei in beschämender Weise bloß gestellt wurde.**

Als im Mai der türkischen **Bevölkerung** von Erzerum bekannt wurde, dass von Konstantinopel die allgemeine Deportation der armenischen Bevölkerung angeordnet sei, machte sie eine **Eingabe an die Regierung**, in der aufs dringendste verlangt wurde, dass im Wilajet Erzerum von dern Maßregel abgesehen werden solle, weil sie im Falle der Eroberung des Gebietes durch die Russen für die an den Armeniern begangenen Untaten bestraft werden würden.

Mitte Mai begannen die Deportationen aus den Dörfern in der Ebene von Erzerum und aus der Gegend von Terdjan und Mamachatun. In den ausgeleerten Dörfern wurden muhammedanische Bauern, die aus den von den Russen besetzten Gebieten geflüchtet waren, angesiedelt. Um jeden Widerstand bei der Deportation im Voraus unmöglich zu machen, hatte man im Erzerumgebiet noch 15 000 Männer zur Armee ausgehoben. In den Hauptplätzen Baiburt, Erzingjan, Chinis, Keri, usw. wurden, ehe die Deportation begann, die Notabeln verhaftet und nach Erzerum transportiert. Die Jungtürken waren in Erzerum zusammengekommen, um die Sache zu organisieren.

Bis zum 15. Mai waren bereits alle Dörfer aus Passin, der Ebene von Erzerum, ausgeleert und mit muhammedanischen Einwohnern besetzt worden. In Erzerum selbst wurden zuerst 600 Notable verhaftet und verschickt. Alle Ittihadisten (Mitglieder des Komitees „für Einheit und Fortschritt") waren in Erzerum zusammengekommen und leiteten von dort aus die Maßregeln in der Provinz. Der Wali Tahsin Bey, der die Maßregeln nur widerwillig ausführte, sagte zu seiner Rechtsfertigung: „Was kann ich tun? Die hohe Pforte hat es befohlen."

Als Ende Mai Beha-Eddin Schakir, Mitglied des Komitees für Einheit und Fortschritt, nach Erzerum kam, trat die Verfolgung der Armenier in das akute Stadium. Die Tschettehs und Gendarmen schlugen am hellen lichten Tage Frauen und Kinder tot, um die Armenier zu provozieren und den Anlass zu einem allgemeinen Massaker zu finden. Von den dreihundert Personen, die von Chinis nach Erzerum eskortiert wurden, wurde die Hälfte unterwegs erschlagen. Die letzten armenischen Soldaten und Ärzte wurden von der Front geholt, ein Teil getötet, der Rest deportiert. Jetzt wurde vom Kommandanten der Armee der Befehl zur allgemeinen Deportation gegeben.

Von Mitte Juni an begann die Deportation der gesamten Stadtbevölkerung von Erzerum und zog sich durch den Juli hin. Am 31 Juli telegraphierte der armenische

Erzbischof von Erzerum, Kütscherian, an das Patriarchat in Konstantinopel, dass er sowie alle in Erzerum lebenden Armenier ausgewiesen seien. Wohin sie gebracht würden, wüssten sie nicht. Der Bruder des Erzbischofs wurde auf der Reise, die er in Begleitung eines Deutschen unternahm, durch die Behörden von diesem gewaltsam getrennt und ermordet.

Es wird erzählt, dass Tahsin Bey, der Wali von Erzerum, als er gehört hatte, dass der erste Transport der Armenier von Erzerum unterwegs abgeschlachtet worden sei, sich geweigert hätte, weitere Transporte von Erzerum wegzuschicken. Er habe verlangt, dass die Deportierten mit militärischer Bedeckung unter Aufsicht höherer Offiziere an ihr Verschickungsziel gebracht würden, damit ihnen wenigstens das nackte Leben zugesichert würde.

Sein Verlangen hatte keinen Erfolg.

In

Erzingjan

wurden über 2000 Armenier, ohne dass irgendeine Beschuldigung gegen sie erhoben worden wäre, arretiert. Bei Nacht wurden sie verhaftet, bei Nacht aus dem Gefängnis geführt und in der Nachbarschaft der Stadt getötet. Sodann wurde den Armeniern der Stadt, etwa 1500 Häusern, angekündigt, dass sie in einigen Tagen die Stadt zu verlassen hätten. Sie könnten ihre Sachen verkaufen, müssten aber vor dem Abzug die Schlüssel ihrer Häuser den Behörden abliefern. Am 7. Juni ging der erste Transport ab. Er bestand hauptsächlich aus Wohlhabenderen, die sich einen Wagen mieten konnten. Später wurde ein Telegramm vorgezeigt, dass sie ihr nächstes Reiseziel Kharput erreicht hätten. Am 8., 9. und 10. Juni verließen neue Scharen die Stadt, im ganzen 20 bis 25 000 Personen. Viele Kinder wurden von muhammedanischen Familien aufgenommen, später hieß es, auch diese müssten fort. Auch die Familien der im Lazarett Dienst tuenden Armenier mussten fort, sogar, trotz Protestes des deutschen Arztes Dr. Neukirch, eine typhuskranke Frau. Ein im Lazarett Dienst tuender Armenier sagte zu der deutschen Krankenschwester: „Nun bin ich 46 Jahre alt, und bin doch, trotzdem jedes Jahr Freilassungsgeld für mich gezahlt worden ist, eingezogen worden. Ich habe nie etwas gegen die Regierung getan, und jetzt nimmt man mir meine ganze Familie, meine 70jährige kummergebeugte Mutter, meine Frau und 5 Kinder; ich weiß nicht, wohin sie gehen." Er jammerte besonders um sein 11/2jähriges Töchterchen. „So ein schönes Kind hast du nie gesehen, es hatte Augen wie Teller so groß. Wenn ich könnte, wie eine Schlange wollte ich ihr auf dem Bauche nachkriechen". Dabei weinte er wie ein Kind. Am anderen Tage kam derselbe Mann ganz ruhig und sagte: „ Jetzt weiß ich es, sie sind alle tot." Es war nur zu wahr.

Die Karawanen, die am 8., 9. und 10. Juni Erzingjan in scheinbarer Ordnung verließen (die Kinder vielfach auf Ochsenwagen untergebracht), wurden von Militär begleitet. Trotzdem sollte nur ein Bruchteil das nächste Reiseziel erreichen. Die Straße nach Kharput verlässt die Ebene von Erzingjan östlich der Stadt, um in das Defilé des Euphrat, der hier die Tauruskette durchbricht, einzutreten. In vielen Windungen folgt die Straße, zwischen steilen Bergwänden am Strom entlang laufend, dem Euphrat. Die Strecke bis Kemach, die in der Luftlinie nur 16 Kilometer beträgt, verlängert sich durch die Windungen auf 55 Kilometer. In den Engpässen der Straße wurden die zwischen Militär und herbeigerufenen Kurden eingekeilten wehrlosen Scharen, fast nur Frauen und Kinder, überfallen. Zuerst wurden sie völlig ausgeplündert, dann in der scheußlichsten Weise abgeschlachtet und die Leichen in den Fluss geworfen. Zu Tausenden zählten die Opfer bei diesem Massaker im Kemachtal, nur zwölf Stunden von der Garnisonstadt Erzingjan, dem Sitz eines Mutessarifs (Regierungspräsidenten) und des Kommandos des vierten Armeekorbs entfernt Was hier vom 10. bis 14. Juni geschah, ist mit Wissen und Willen der Behörden geschehen. Die deutschen Krankenschwestern erzählen:

„Die Wahrheit der Gerüchte wurde uns zuerst von unserer türkischen Köchin bestätigt. Die Frau erzählte unter Tränen, dass die Kurden die Frauen misshandelt und getötet und die Kinder in den Euphrat geworfen hätten. Zwei junge, auf dem amerikanischen Kolleg in Kharput ausgebildete Lehrerinnen zogen mit einem Zug von Deportierten durch die Kemachschlucht (Kemach-Boghasi), als sie am 10. Juni unter Kreuzfeuer genommen wurden. Vorn sperrten Kurden den Weg, hinten waren die Miliztruppen eines gewissen Talaat. In ihrem Schrecken warfen sie sich auf den Boden. Als das Schießen aufgehört hatte, gelang es ihnen und dem Bräutigam der einen, der sich als Frau verkleidet hatte, auf Umwegen nach Erzingjan zurückzukommen. Ein türkischer Klassengefährte des jungen Mannes war ihnen behilflich. Kurden, die ihnen begegneten, gaben sie Geld. Als sie die Stadt erreicht hatten, wollte ein Gendarm die eine von ihnen, die Braut war, mit in sein Haus nehmen. Als der Bräutigam dagegen Einspruch erhob, wurde er von den Gendarmen erschossen. Die beiden jungen Mädchen wurden nun durch den türkischen Freund des Bräutigams in vornehme muhammedanische Häuser gebracht, wo man sie freundlich aufnahm, aber auch sofort aufforderte, den Islam anzunehmen. Sie ließen durch den Arzt Kafaffian die deutschen Krankenschwestern flehentlich bitten, sie mit nach Kharput zu nehmen. Die eine schrieb, wenn sie nur Gift hätten, würden sie es nehmen."

Am folgenden Tage, dem 11. Juni, wurden reguläre Truppen von der 86. Kavalleriebrigade unter Führung ihrer Offiziere in die Kemachschlucht geschickt, um wie es hieß, die Kurden zu bestrafen. Diese türkischen Truppen haben, wie es die deutschen Krankenschwestern aus dem Munde türkischer Soldaten, die selbst dabei waren, gehört haben, alles, was sie noch von den Karawanen am Leben fanden, fast nur Frauen und Kinder, niedergemacht. Die türkischen Soldaten erzählten, wie sich die Frauen auf die Knie gestürzt und um Erbarmen gefleht hätten, und dann, als keine Hilfe mehr war, ihre Kinder selbst in den Fluss geworfen hätten. Ein junger türkischer Soldat sagte: „es war ein Jammer. Ich konnte nicht schießen. Ich tat nur so". Andere rühmten sich gegenüber dem deutschen Apotheker, Herrn Gehlsen, ihrer Schandtaten. Vier Stunden dauerte die Schlächterei. Man hatte Ochsenwagen mitgebracht, um die Leichen in den Fluss zu schaffen und die Spuren des Geschehenen zu verwischen. Am Abend des 11. Juni kamen die Soldaten mit Raub beladen zurück. Nach der Metzelei wurde mehrere Tage in den Kornfeldern um Erzingjan Menschenjagd gehalten, um die vielen Flüchtlinge abzuschießen die sich darin versteckt hatten.

In den nächsten Tagen kamen die ersten Züge von Deportierten aus Baiburt durch Erzingjan.

Baiburt.

In der Stadt Baiburt und den umliegenden Dörfern lebten 17 000 Armenier. In verschiedenen aufeinander folgenden Transporten wurde die Bevölkerung in den ersten beiden Juniwochen aus den Dörfern und der Stadt ausgetrieben. Zuerst kamen die Dörfer an die Reihe, in denen viele Einwohner schon den Gendarmen und den plündernden Bauern zum Opfer gefallen waren. Drei Tage vor dem Aufbruch der Armenier von Baiburt wurde der Armenische Bischof Wartabed Hazarabedjan nach achttägiger Gefangenschaft mit noch sieben angesehenen Armeniern gehängt. Sieben oder acht andere vornehme Armenier, die sich weigerten, die Stadt zu verlassen, wurden in ihren Häusern getötet, 70 oder 80 andere im Gefängnis geschlagen, in die Wälder geschleppt und dort getötet.

Die Stadtbevölkerung wurde in drei großen Haufen verschickt. Den zweiten Haufen fand man als Leichen an der Straße liegen. Sie waren von türkischen Banden überfallen worden, die die Frauen und Mädchen mitnahmen, die größeren Kinder und die älteren Frauen töteten und die kleinen Kinder an die türkischen Dorfbewohner verteilten. Die Witwe eines angesehenen Armeniers, die bei einem letzten Schub von 400 bis 500 Deportierten war, erzählte von ihren Erlebnissen folgendes:

„Mein Mann starb vor acht Jahren und hinterließ mir, meiner achtjährigen Tochter und meiner Mutter einen ausgedehnten Besitz, von dem wir behaglich leben konnten. Seit Beginn der Mobilisation hat der Kommandant mietfrei in meinem Hause gewohnt. Er sagte mir, ich würde nicht zu gehen brauchen, aber ich fand, dass ich verpflichtet sei, das Schicksal meines Volkes zu teilen. Ich nahm drei Pferde mit mir, die ich mit Vorräten belud. Meine Tochter hatte einige Goldmünzen als Schmuck am Halse, und ich hatte etwa zwanzig Pfund und vier Diamanten bei mir. Alles Übrige mussten wir zurücklassen. Unser Trupp brach am 14. Juni auf. Er zählte 400 bis 500 Personen, 15 Gendarmen begleiteten uns. Der Mutessarif (Regierungspräsident) wünschte uns eine „glückliche Reise". Wir waren kaum zwei Stunden von der Stadt entfernt, als Banden von Dorfbewohnern und Banditen in großer Zahl mit Büchsen, Gewehren, Äxten usw. uns auf der Straße umzingelten und alles dessen beraubten, was wir mit uns hatten. Die Gendarmen selbst nahmen meine drei Pferde und verkauften sie an türkische Muhadjirs. Das Geld dafür steckten sie ein. Sie nahmen weiter mein Geld und das, was meine Tochter am Halse trug, dazu alle unsere Nahrungsmittel. Darauf trennten sie die Männer von uns. Im Verlauf von sieben bis acht Tagen töteten sie einen nach dem andern. Keine männliche Person über 15 Jahre blieb übrig. Zwei Kolbenschläge genügten, um einen abzutun. Neben mir wurden zwei Priester getötet, der aus Terdjan stammende Ter-Wahan und der über 90 Jahre alte Ter-Michael. Die Banditen ergriffen alle gutaussehenden Frauen und Mädchen und entführten sie auf ihren Pferden. Sehr viele Frauen und Mädchen wurden so in die Berge geschleppt, unter ihnen meine Schwester, deren ein Jahr altes Kindchen sie fortwarfen. Ein Türke hob es auf und nahm es mit, wohin, weiß ich nicht. Meine Mutter lief, bis sie nicht mehr laufen konnte. Am Wegrand auf einer Höhe brach sie zusammen. Wir fanden auf der Straße viele von denen, die in den früheren Trupps von Baiburt fortgeführt worden waren. Unter den Getöteten lagen einige Frauen bei ihren Männern und Söhnen. Auch alten Leuten und kleinen Kindern begegneten wir, die noch am Leben waren, aber in jammervollem Zustande. Von vielem Weinen hatten sie die Stimme verloren.

Wir durften nachts nicht in den Dörfern schlafen, sondern mussten uns außerhalb derselben auf der bloßen Erde niederlegen. Um ihren Hunger zu stillen, sah ich die Leute Gras essen. Im Schutze der Nacht wurde von den Gendarmen, Banditen und Dorfbewohnern Unsagbares verübt. Viele unserer Genossen starben vor Hunger und durch Schlaganfälle. Andere blieben am Wegrande liegen, zu schwach, um weiter gehen zu können.

Eines Morgens sahen wir 50 bis 60 Wagen mit 30 türkischen Witwen, deren Männer im Kriege gefallen waren, die von Erzerum kamen und nach Konstantinopel fuhren. Eine von diesen Frauen gab einem Gendarmen einen Wink und zeigte auf einen Armenier, den er töten solle. Der Gendarm fragte, ob sie ihn nicht selbst töten wolle, worauf sie antwortete: Warum nicht? Sie zog einen Revolver aus der Tasche und erschoss ihn. Jede dieser türkischen Frauen hatte 5 oder 6 armenische Mädchen von 10 Jahren oder darunter bei sich. Knaben wollten die Türken niemals nehmen; sie töteten alle, und zwar jeden Alters. Diese Frauen wollten mir auch meine Tochter nehmen, aber sie wollte sich nicht von mir trennen. Schließlich wurden wir beide in ihren Wagen genommen, als wir versprachen Muhammedaner zu werden. Sobald wir in die Araba (Wagen) gestiegen waren, fing sie an, uns zu lehren, was man als Moslem zu tu hat, und änderte unsere christlichen Namen in muhammedanische.

Die schlimmsten und unsagbarsten Gräuel blieben uns augespart, als wir in die Ebene von Erzingjan und an das Ufer des Euphrat kamen. Die verstümmelten Leichen von Frauen, Mädchen und kleinen Kindern machten jedermann schaudern. Auch den Frauen und Mädchen, die mit uns waren, fügten die Banditen Entsetzliches zu. Ihr Schreien stieg zum Himmel empor. Am Euphrat warfen die Gendarmen alle noch übrigen Kinder unter 15 Jahren in den Fluss. Die schwimmen konnten, wurden erschossen, als sie mit den Wellen kämpften. Als wir Enderes auf der Straße nach Siwas erreichten, waren die Abhänge und Felder besät mit angeschwollenen und schwarz gewordenen Leichen, die die Luft mit ihrem Geruch erfüllten und verpesteten.

Nach 7 Tagen erreichten wir Siwas. Dort war nicht ein Armenier mehr am Leben. Die türkischen Frauen nahmen mich und meine Tochter mit ins Bad und zeigten uns viele andere Frauen und Mädchen, die den Islam hatten annehmen müssen. Auf dem Wege nach Josgad trafen wir 6 Frauen, die den Feredjé (Schleier) trugen, mit ihren Kindern auf dem Arm. Als die Gendarmen die Schleier lüfteten, fanden sie, dass es als Frauen verkleidete Männer waren und erschossen sie auf der Stelle. Nach einer Reise von 32 Tagen erreichten wir Konstantinopel."

Über den Zustand und das Schicksal der Karawanen von deportierten, die aus der Gegend von Baiburt und Erzerum durch Erzingjan durchkamen, liegt noch ein weiteres Zeugnis der beiden deutschen Krankenschwestern aus Erzingjan vor:

„Am Abend des 18. Juni gingen wir mit unserem

Freunde, Herrn Apotheker Gehlsen, vor unserem Hause auf und ab. Da begegnete uns ein Gendarm, der uns erzählte, dass kaum zehn Minuten oberhalb des Hospitals, eine Schar Frauen und Kinder aus der Baiburtgegend übernachtete. Er hatte sie selber treiben helfen und erzählte in erschütternder Weise, wie es den Deportierten auf dem ganzen Wege ergangen sei. Kesse, Kesse sürüyorlar! (Schlachtend, schlachtend treibt man sie!) Jeden Tag, erzählte er, habe er zehn bis zwölf Männer getötet und in die Schluchten geworfen. Wenn die Kinder schrieen und nicht mitkommen konnten, habe man ihnen die Schädel eingeschlagen. Den Frauen hätte man alles abgenommen und sie bei jedem neuen Dorf aufs Neue geschändet. „Ich selber habe drei nackte Frauenleichen begraben lassen", schloss er seinen Bericht, „Gott möge es mir zurechnen." Am folgenden Morgen in aller Frühe hörten wir, wie die Todgeweihten vorüber zogen. Wir und Herr Gehlsen schlossen uns ihnen an und begleiteten sie eine Stunde weit bis zur Stadt. Der Jammer war unbeschreiblich. Es war eine große Schar. Nur zwei bis drei Männer, sonst alles Frauen und Kinder. Von den Frauen waren einige wahnsinnig geworden. Viele schrieen: „Rettet uns, wir wollen Moslems werden, oder Deutsche, oder was ihr wollt, nur rettet uns. Jetzt bringen sie uns nach Kemach und schneiden uns die Hälse ab." Dabei machten sie eine bezeichnende Gebärde. Andere trabten stumpf und teilnahmslos daher, mit ihren paar Habseligkeiten auf dem Rücken und ihren Kindern an der Hand. Andre wieder flehten uns an, ihre Kinder zu retten. Als wir uns der Stadt näherten, kamen viele Türken geritten und holten sich Kinder oder junge Mädchen. Am Eingang der Stadt, wo auch die deutschen Ärzte ihr Haus haben, machte die Schar einen Augenblick halt, ehe sie den Weg nach Kemach einschlug. H i e r w a r e s d e r r e i n e S k l a v e n m a r k t, nur dass nichts gezahlt wurde. Die Mütter schienen die Kinder gutwillig herzugeben, und Widerstand hätte nichts genützt."

Als die beiden deutschen Rote-Kreuz-Schwestern am 21. Juni Erzingjan verließen, sahen sie unterwegs noch mehr von dem Schicksal der Deportierten.

„Auf dem Wege begegnete uns ein großer Zug von Ausgewiesenen, die erst kürzlich ihre Dörfer verlassen hatten und noch in guter Verfassung waren. Wir mussten lange halten, um sie vorüber zu lassen, und nie werden wir den Anblick vergessen. Einige wenige Männer, sonst nur Frauen und eine Menge Kinder. Viele davon mit hellem Haar und großen blauen Augen, die uns so toternst und mit solch unbewusster Hoheit anblickten, als wären sie schon Engel des Gerichts. In lautloser Stille zogen sie dahin, die Kleinen und die Großen, bis auf die uralte Frau, die man nur mit Mühe auf dem Esel halten konnte, alle, alle, um zusammengebunden vom hohen Felsen in die Fluten des Euphrat gestürzt zu werden, in jenem Tal des Fluches Kemach-Boghasi. Ein griechischer Kutscher erzählte uns, wie man das gemacht habe. Das Herz wurde einem zu Eis. Unser Gendarm berichtete, er habe gerade erst einen solchen Zug von 3000 Frauen und Kindern von Mamahatun (aus dem Terdjan-Gebiet zwischen Erzerum und Erzingjan) nach Kemach gebracht: „Hep gitdi bitdi!" „Alle weg und hin!", sagte er. Wir: „Wenn ihr sie töten wollt, warum tut ihr es nicht in ihren Dörfern? Warum sie erst so namenlos elend machen?" – „Und wo sollten wir mit den Leichen hin, die würden ja stinken!", war die Antwort.

Die Nacht verbrachten wir in Enderes in einem armenischen Haus. Die Männer waren schon abgeführt, während die Frauen noch unten hausten. Sie sollten am folgenden Tage abgeführt werden, wurde uns gesagt. Sie selbst aber wussten es nicht und konnten sich deshalb noch freuen, als wir den Kindern Süßigkeiten schenkten. An der Wand unseres Zimmers stand auf Türkisch geschrieben:

„Unsere Wohnung ist die Bergeshöhe,
Ein Zimmer brauchen wir nicht mehr.
Wir haben den bitteren Todestrunk getrunken.
Den Richter brauchen wir nicht mehr."

Es war ein heller Mondscheinabend. Kurz nach dem Zubettgehen hörte ich Gewehrschüsse mit vorangehendem Kommando. Ich verstand, was es bedeutete, und schlief förmlich beruhigt ein, froh, dass diese Opfer wenigstens einen schnellen Tod gefunden hatten und jetzt vor Gott standen. Am Morgen wurde die Zivilbevölkerung aufgerufen, um auf Flüchtlinge Jagd zu machen. In allen Richtungen ritten Bewaffnete. Unter einem schattigen Baum saßen zwei Männer und teilten die Beute, der eine hielt gerade eine blaue Tuchhose in die Höhe. Die Leichen waren alle nackt ausgezogen, eine sahen wir ohne Kopf.

In dem nächsten griechischen Dorfe trafen wir einen wildaussehenden bewaffneten Mann, der uns erzählte, dass er dort postiert sei, um die Reisenden zu überwachen (d.h. die Armenier zu töten). Er haben deren schon viele getötet. Im Spaß fügte er hinzu, „einen von ihnen habe er zu ihrem Könige gemacht". Unser Kutscher erklärte uns, es seien die 250 armenischen Wegearbeiter (Inscha'at-Taburi, Armierungssoldaten) gewesen, deren Richtplatz wir unterwegs gesehen hatten. Es lag noch viel geronnenes Blut da, aber die Leichen waren entfernt.

Am Nachmittag kamen wir in ein Tal, wo drei Haufen Wegearbeiter saßen, Moslem, Griechen und Armenier. Vor den Letzteren standen einige Offiziere. Wir fahren weiter einen Hügel hinan. Da zeigt der Kutscher in das Tal hinunter, wo etwa hundert Männer von der Landstraße abmarschierten und neben einer Senkung in einer Reihe aufgestellt wurden. Wir wussten nun, was geschehen würde. An einem anderen Ort wiederholte sich dasselbe Schauspiel. Im Missionshospital in Siwas sahen wir einen Mann, der einem solchen Massaker entronnen war. Er war mit 95 anderen armenischen Wegearbeitern (die zum Militärdienst ausgehoben waren) in eine Reihe gestellt worden. Daraufhin hätten die zehn beigegebenen Gendarmen, soviel sie konnten, erschossen. Die übrigen wurden von andern Moslems mit Messern und Steinen getötet. Zehn waren geflohen. Der Mann selber hatte eine furchtbare Wunde im Nacken. Er war ohnmächtig geworden. Nachdem Erwachen gelang es ihm, den zwei Tage weiten Weg nach Siwas zu machen. Möge er ein Bild seines Volkes sein, dass es die ihm jetzt geschlagene tödliche Wunde verwinden könne!

Eine Nacht verbrachten wir im Regierungsgebäude zu Zara. Dort saß ein Gendarm vor der Tür und sang unausgesetzt: „Ermenileri hep kesdiler" (Die Armenier alle abgeschlachtet). Am Telefon im Nebenraum unterhielt man sich über die noch Einzufangenden. Einmal übernachteten wir in einem Hause, wo die Frauen gerade die Nachricht vom Tode ihrer Männer erhalten hatten und die Nacht hindurch wehklagten. Der Gendarm sagte: „Dies Geschrei belästigt euch! Ich will hingehen und es ihnen verbieten." Glücklicherweise konnten wir ihn daran verhindern. Wir versuchten es, mit den Ärmsten zu reden, aber sie waren ganz außer sich: „Was ist das für ein König, der so etwas zulässt? Euer Kaiser muss doch helfen können. Warum tut er es nicht?" usw. Andere waren von Todesangst gequält. „Alles, alles mögen sie uns nehmen bis aufs Hemd, nur das nackte Leben lassen." Das mussten wir immer wieder mit anhören und konnten nichts tun, als auf den hinweisen, der den Tod überwunden hat."

3. Wilajet **Siwas.**

Das Wilajet Siwas zählte unter 1 086 500 Bewohner 271 500 Christen, nämlich 170 500 Armenier, 76 000 Griechen und 25 000 Syrer. Die muhammedanische Bevölkerung besteht zu $2/3$ aus sunnitischen Türken, Turkmenen und Tscherkessen, zu $1/3$ aus schiitischen Kisilbasch.

Vor der allgemeinen Deportation waren im Wilajet Siwas die Zustände die gleichen, wie in den Wilajets Trapezunt und Erzerum. Organisierte Banden plünderten die Dörfer. Die Gendarmen drangen unter dem Vorwande,

Waffen zu suchen, in die Häuser ein, plünderten, vergewaltigten die Frauen und folterten die Bauern, um Geld zu erpressen. Jeder, der sich beklagte, wurde verhaftet. Alle Militärdienstfähigen, auch die, welche sich durch „Bedel", die gesetzliche Militärbefreiungssteuer (44 türk. Pfd., ca. 800 Mark für die Person) losgekauft hatten, wurden ausgehoben und als Träger und Straßenarbeiter hinausgeschickt. Als man hörte, dass die Träger unterwegs aus Nahrungsmangel an Entkräftung umkamen, und dass die Wegearbeiter von ihren muhammedanischen Kameraden erschossen wurden, flohen viele, die noch nicht eingezogen waren, in die Berge, worauf die Regierung ihre Häuser verbrannte. In diesem, wie auch in allen andern Wilajets, wurde die Entwaffnung systematisch durchgeführt, ehe die Massaker und Deportationen begannen. Die Entwaffnung in den Dörfern ging in der Weise vor sich, dass ohne vorherige Ansage oder öffentlichen Anschlag die Dörfer von Gendarmen umziegelt und nach Belieben zwei- oder dreihundert Feuerwaffen von der Bevölkerung gefordert wurden. Konnten der Dorfschulze und die Ältesten etwa nur 50 aufbringen, so wurden die Notabeln eingekerkert und mit der Bastonade traktiert. In der Stadt Siwas wurde für die Auslieferung der Waffen fünf Stunden Frist gegeben. Fand sich nachher in den Häusern noch irgendetwas, was einer Waffe ähnlich sah, so wurden die Häuser angezündet und die Bewohner getötet.

Dann begann man mit den Verhaftungen der Notabeln und Daschnakzagan in den Städten. In Siwas wurden 1200, in Schabin-Karahissar 50 verhaftet und ohne Verhör abgeführt. Bei den Haussuchungen fahndete die Behörde auf Schriftstücke oder Briefe, aus denen man Beweise für regierungsfeindliche Gesinnung oder Anschläge irgendwelcher Art herleiten konnte. Obwohl nirgends etwas gefunden wurde, verbreiteten die Behörden das lügenhafte Gerücht, dass hunderte von Bomben und Tausende von Gewehren bei den Armeniern entdeckt worden seien, und dass die Daschnakzagan das Pulvermagazin hätten in die Luft sprengen wollen. Beweise brauchte die Regierung der leichtgläubigen muhammedanischen Bevölkerung nicht zu erbringen, erreichte aber damit die beabsichtigte Aufreizung der Muhammedaner gegen die Christen.

Nachdem alle Intellektuellen verhaftet waren, erging der Befehl der allgemeinen Deportation. Die den Armeniern drohende Gefahr wurde von den Beamten unter dem Vorgeben, dass sie es in der Hand hätten, die Deportation zu verhindern, zu großen Erpressungen ausgebeutet. Die Armenier von Tokat gaben ihrem Mutessarif 1600 türkische Pfund (ca. 30 000 Mark), um von der Deportation verschont zu bleiben.

Mersiwan.

In Mersiwan (Merzifon) waren bereits, wie überall seit dem Beginn des Krieges, die Militärpflichtigen einberufen. Bis auf eine Anzahl von wohlhabenden Armeniern, die die gesetzliche Militärbefreiungsteuer bezahlt hatten, wurde alles, was diensttauglich war, von der Regierung herangezogen. Für die Frauen und Kinder, die ohne Mittel für den Lebensunterhalt zurückblieben, war es eine schwierige Lage. In vielen Fällen wurde das letzte Geld ausgegeben, um den ausziehenden Soldaten auszustatten. Da die Bevölkerung der Stadt zur Hälfte armenisch war, blieb eine beträchtliche Anzahl von nichtmilitärpflichtigen Armeniern in der Stadt zurück. Die Bevölkerung zählte vor der Deportation etwa 22 000, von denen gegen 12 000 Armenier waren. Der Bericht eines amerikanischen Missionars vom Kollege in Mersiwan lautet:

„Die Maßregeln der Regierung gegen die armenische Bevölkerung, für die kein Anlass vorlag, begannen Anfang Mai damit, dass mitten in der Nacht etwa 20 von den

Führern der konstitutionellen armenischen Partei aufgriffen und verschickt wurden. Im Juni fing die Regierung an, nach Waffen zu suchen. Einige Armenier wurden ergriffen und ihnen auf der Folter das Geständnis ausgepresst, dass eine große Masse Waffen in den Händen der Armenier sei. Eine zweite Inquisition begann. Von der Bastonade wurde häufig Gebrauch gemacht, ebenso von Torturen mit Feuer. In einigen Fällen sollen die Augen ausgestochen worden sein. Viele Gewehre wurden abgeliefert, aber nicht alle. Die Leute fürchteten, sie würden, wenn sie alle Waffen abgeben, massakriert werden wie im Jahre 1895. Waffen waren nach der Erklärung der Konstitution mit Erlaubnis der Regierung eingeführt worden und dienten nur zur Selbstverteidigung. Die Folter wurde mehr und mehr angewendet, und unter ihrem Einfluss entstanden die angeblichen Tatsachen, die dann kolportiert wurden. Die körperlichen Leiden und die Nervenanspannung pressten den Betroffenen Aussagen ab, die sich nicht auf Tatsachen gründeten. Diejenigen, die die Torturen ausübten, pflegten den Opfern vorzusprechen, welche Bekenntnisse sie von ihnen erwarteten, und schlugen sie so lange, bis sie das Gewünschte bekannten. Der Mechaniker des amerikanischen Kollegs hatte eine eiserne Kugel für Turnspiele angefertigt. Er wurde entsetzlich geschlagen, in der Absicht, durch seine Aussage dem Kollege das Anfertigen von Bomben anzuhängen. Auf einem armenischen Friedhof wurden einige Bomben entdeckt, was die Wut der Türken auf das Äußerste reizte. Es hätte aber gesagt werden sollen, dass diese Bomben in der Zeit Abdul Hamids dort vergraben worden sind.

Am Sonnabend den 26. Juni gegen 1 Uhr mittags gingen die Gendarmen durch die Stadt und trieben alle armenischen Männer zusammen, die sie finden konnten, Alte und Junge, Arme und Reiche, Kranke und Gesunde. In einigen Fällen brach man in die Häuser ein und riss kranke Männer aus den Betten. In den Kasernen wurden sie eingesperrt und während der nächsten Tage in Gruppen von 30 bis 150 verschickt. Sie mussten zu Fuß gehen. Viele wurden ihrer Schuhe und anderer Kleidungsstücke beraubt. Einige waren gefesselt. Die erste Gruppe erreichte Amasia und sandte aus verschiedenen Orten Nachricht. (Man sagt, es sei dies eine Maßnahme der Regierung gewesen, um die Nachfolgenden zu täuschen.) Von keinem der nach ihnen Ausziehenden hat man wieder etwas gehört. Von verschiedenen Berichten, die im Umlauf waren, lautete der einzige, der allgemein als wahr angenommen wurde, sie seien getötet worden. Ein griechischer Treiber berichtete, er habe den Hügel gesehen, unter den sie begraben wurden. Ein anderer Mann, der zur Regierung in Beziehung stand, gab auf eine direkte Frage zu, dass die Männer getötet worden seien.

Durch Verwendung eines Türken gelang es dem Kollege, diejenigen unter den Lehrern, die schon weggeholt worden waren, wieder frei zu bekommen und für alle seine Lehrer und Angestellten einen Aufschub des Vorgehens zu erlangen. Hierfür wurde der Betrag von 275 türkischen Pfund gezahlt (5000 Mark). Später erklärte derselbe Beamte, er glaube, eine dauernde Befreiung der ganzen Kollege-Angestellten erwirken zu können durch Zahlung weiterer 300 Pfund. Das Geld wurde versprochen, aber nach einigen Verhandlungen, die bewiesen, dass eine endgültige Zusicherung nicht zustande kommen würde, ließ man die Sache fallen.

Die Leiter des amerikanischen Kollegs hatte sich inzwischen mit dem amerikanischen Botschafter in Verbindung gesetzt. Dieser versuchte, bei dem Minister des Innern, Talaat Bey, zu erwirken, dass wenigstens die armenischen Lehrerfamilien des Kollegs und gegen 100 Schülerinnen, die man im Kollege zurückbehalten hatte, um sie vor der Deportation und dendamit verbundenen Schändlichkeiten zu bewahren, unter dem Schutze der türkischen Behörden in

Mersiwan zurückbleiben könnten. Talaat Bey sicherte die Erfüllung dieser Bitte zu und erklärte dem Botschafter, er habe nach Mersiwan telegraphiert, dass alle, die unter dem Schutz der Amerikaner seien, verschont bleiben sollten. Trotzdem wurden zuletzt auch die armenischen Lehrerfamilien und die hundert zurückgebliebenen Schülerinnen der Amerikaner mit verschickt.

Nachdem schon einige Gruppen von Armeniern deportiert worden waren, gingen Ausrufer durch die Straßen der Stadt und verkündeten, dass alle männlichen Armenier zwischen 15 und 70 Jahren sich in den Kasernen zu melden hätten. Die Ankündigung besagte weiter, dass Gehorsamsverweigerung den Tod und das Niederbrennen der Häuser zur Folge haben würde. Die armenischen Priester gingen von Haus zu Haus und rieten den Leuten der Anordnung zu folgen. Diejenigen, die sich meldeten, wurden in Gruppen verschickt, und der Erfolg war der, dass innerhalb weniger Tage tatsächlich alle armenischen Männer aus der Stadt entfernt waren.

Am 3. oder 4. Juli wurde ein Befehl ausgegeben, dass die Frauen und Kinder sich bereithalten, am folgenden Mittwoch (den 7. Juli) aufzubrechen. Den Leuten wurde mitgeteilt, dass die Regierung jedem Haus einen Ochsenkarren zur Verfügung stellen würde, und dass sie Nahrung für einen Tag, einige Piaster (1 Piaster gleich 15 Pfg.) und ein kleines Bündel Kleider mitnehmen dürften. Die Leute bereiteten sich vor, diese Befehle auszuführen, in dem sie alle nur möglichen Haushaltungsgegenstände auf den Straßen verkauften. Die Sachen wurden für weniger als 10% des gewöhnlichen Wertes verkauft, und Türken aus den benachbarten Dörfern füllten, erpicht auf ein gutes Geschäft, die Straßen. An einigen Stellen nahmen die Türken gewaltsam Gegenstände an sich, aber die Regierung bestrafte solche Fälle, wenn sie entdeckt wurden.

Am 5. Juli, ehe der Befehl, die Frauen auszutreiben, ausgeführt war, ging einer der Missionare zur Regierung um im Namen der Humanität gegen die Ausführung des Befehls Einspruch zu erheben. Es wurde ihm mitgeteilt, dass der Befehl nicht von den Ortsbehörden ausginge, sondern dass von oben Befehl gekommen sei, nicht einen einzigen Armenier in der Stadt zu lassen. Der Kommandant versprach indessen, das Kollege bis zuletzt lassen zu wollen, und erlaubte allen, die mit den amerikanischen Instituten in Verbindung standen, sich in den Bereich des Kollegs zu begeben. Das taten sie, und so wohnten 300 Armenier zusammen auf dem Grundstück des Kollegs.

Die Bevölkerung sollte bereit sein, am Mittwoch aufzubrechen, aber Dienstag gegen ½4 Uhr morgens erschienen die Ochsenkarren vor den Türen des ersten Bezirkes, und den Leuten wurde befohlen, sofort aufzubrechen. Einige wurden sogar ohne genügende Bekleidung aus den Betten geholt. Den ganzen Morgen zogen die Ochsenkarren knarrend zur Stadt hinaus, beladen mit Frauen und Kindern und ab und zu einem Mann, der der ersten Deportation entgangen war.

Die Frauen und Mädchen trugen den türkischen Schleier, damit ihre Gesichter nicht dem Blick der Treiber und Gendarmen ausgesetzt waren, rohen Gesellen, die aus anderen Gegenden nach Mersiwan gebracht worden waren. In vielen Fällen sind Männer und Brüder dieser selben Frauen in der Armee und kämpfen für die türkische Regierung.

Die Panik in der Stadt war schrecklich. Die Leute fühlten, dass die Regierung entschlossen war, die armenische Rasse auszurotten, und sie hatten keinerlei Macht, sich zu widersetzen. Sie waren sicher, dass die Männer getötet und die Frauen entführt werden würden. Aus den Gefängnissen waren viele Sträflinge entlassen, und die Berge um Mersiwan waren voll von Banden von Verbrechern.

Man fürchtete, die Kinder und Frauen würden in einige Entfernung von der Stadt gebracht und der Gnade dieser Banditen überlassen werden. Wie dem auch sei, jedenfalls gibt es erweisbare Fälle, dass anziehende junge armenische Mädchen von den türkischen Beamten von Mersiwan entführt worden sind. Ein Muhammedaner berichtete, dass ein Gendarm ihm angeboten habe, ihm zwei Mädchen für ein Medjidijeh (3,60 Mk.) zu verkaufen. Die Frauen glaubten, dass sie Schlimmerem als dem Tod entgegengingen, und viele trugen Gift in der Tasche, um es im Notfalle zu gebrauchen. Einige nahmen Hacken und Schaufeln mit, um die zu begraben, die, wie zu erwarten, auf dem Wege sterben würden.

Während dieser Schreckensherrschaft wurde bekannt gemacht, dass es leicht möglich sei, der Deportation zu entgehen, und dass jeder, der den Islam annehme, friedlich zu Hause bleiben dürfe. Die Büros der Beamten, die die Gesuche protokollierten, waren dicht erfüllt mit Leuten, die zum Islam übertreten wollten. Viele taten es ihrer Frauen und Kinder wegen, in der Empfindung, dass es nur eine Frage der Zeit sei, bis ihnen der Rücktritt ermöglicht werden würde.

Die Deportation dauerte mit Unterbrechungen etwa zwei Wochen. Schätzungsweise sind von 12 000 Armeniern in Mersiwan nur ein paar Hundert übrig geblieben. Auch solche, die sich erboten, den Islam anzunehmen, wurden dann doch fortgeschickt. Bis zum Augenblick, wo ich dieses schreibe, ist noch keine sichere Nachricht von irgendeinem der Transporte gekommen. Ein griechischer Treiber berichtete, dass in einem kleinen Dorf, einige Stunden von Mersiwan, die wenigen Männer von den Frauen getrennt, geschlagen, angekettet und als ein besonderer Transport weiter geschickt wurden. Ein türkischer Treiber erzählt, er habe die Karawane unterwegs gesehen. Die Leute waren so mit Staub und Schmutz bedeckt, dass man die Gesichtszüge kaum erkennen konnte.

Selbst wenn das Leben dieser Vertriebenen geschützt werden sollte, fragt man sich, wie viel wohl fähig sein werden, die Beschwerden einer solchen Reise zu ertragen, einer Reise über die heißen Hügel, voll Staub, ohne Schutz gegen die Sonne, mit kärglicher Nahrung und wenig Wasser, in der beständigen Furcht vor dem Tode oder einem schlimmeren Schicksal.

Die meisten Armenier im Distrikt von Mersiwan waren vollkommen hoffnungslos; manche sagten, es sei schlimmer als ein Massaker; niemand wusste, was kommen würde, aber alle spürten, dass es das Ende sei. Selbst die Priester und Führer konnten kein Wort der Ermutigung und Hoffnung finden. Viele zweifelten an der Existenz Gottes. Unter der scharfen Nervenanspannung verloren viele den Verstand, einige für immer. Es gab auch Beispiele von größtem Heroismus und Glauben, und einige traten ruhig und mutig die Reise an mit den Abschiedsworten: „Betet für uns; in dieser Welt sehen wir uns nicht wieder, aber einmal werden wir uns wiedersehen."

Soweit der Bericht des amerikanischen Missionars.

Von Familien, die zum Islam konvertiert in Mersiwan zurückbleiben durften, werden genannt die Familien Danieljan, Kambesian, Keschischian, Vardaserian, Salian, Wahan Boghossian, Kelkelian, Jeremian, Mikaelian, Hadjik Gendschian. Die letztere heißt jetzt Kendji-Zade-Kemal.

In Amasia sind nach der Deportation das armenische Viertel, der Basar, die armenische und griechische Kirche von den Türken angezündet worden.

Aus Gemerek (zwischen Kaisarieh und Siwas) wurden alle Armenier deportiert, aber sie erreichten Siwas nicht. Die Männer und Knaben wurden getötet, Frauen und Kinder wurden an türkische Offiziere und Beamte verteilt.

Eine Episode der Deportation von Gemerek, die von den deutschen Rote-Kreuz-Schwestern berichtet wurde, verdient noch Erwähnung:

„Als die Männer alle fort waren, bekamen die älteren Frauen die Erlaubnis, zu gehen, wohin sie wollten, aber 30 der hübschesten jungen Frauen und Mädchen wurden zusammengeholt und man sagte ihnen: „Entweder ihr werdet Moslem oder ihr sterbt!" — „Dann sterben wir", lautete die kühne Antwort. Daraufhin wurde an den Wali in Siwas telegraphiert, der Weisung gab, diese tapferen jungen Bekennerinnen, deren viele in amerikanischen Schulen erzogen worden sind, an Moslems zu verteilen."

Der Bericht der deutschen Schwestern schließt hierauf mit den Worten: „Von der russischen Grenze bis westlich von Siwas ist das Land jetzt ziemlich vollständig von Armeniern gesäubert. Es ist nur ein trauriger Trost, dass die Türkei durch das Hinmorden ihrer besten Leute sich selbst ruiniert hat. Die Türken selbst freuen sich auf den Tag, wo eine fremde Macht die Zügel in die Hand nehmen und Gerechtigkeit schaffen wird. Die vollbrachten Untaten wurden keineswegs allgemein vom türkischen Volke als solchem gebilligt, wohl aber von den so genannten gebildeten Türken."

Schabin-Karahissar.

Der einzige Ort, in dem es im Wilajet Siwas zu einem Widerstand der armenischen Bevölkerung kam, war Schabin-Karahissar. Schabin-Karahissar liegt nördlich von der Straße Erzingjan-Siwas, in den Abhängen der pontischen Gebirgskette, die das Wilajet Trapezunt von den Wilajets Erzerum und Siwas scheidet. Die Bewohner von Schabin-Karahissar galten als tapfer. Alle Dörfer in der Umgegend von Schabin-Karahissar waren Mitte

April entwaffnet worden. Das Dorf Purk, südwestlich von Karahissar war bereits zerstört und die Bevölkerung massakriert worden. In der ersten Hälfte des Junis fing die Regierung auch in Schabin-Karahissar mit Verhaftungen an. Die Nachrichten von den Schlächtereien im Kemach-Tal und dem Schicksal der Deportierten, die durch Erzingjan getrieben wurden, waren nach Schabin-Karahissar gedrungen. Als nun die Regierung die verhafteten Daschnakzagan hängen wollte und die Deportation verfügt war, machte die armenische Bevölkerung von Schabin Karahissar eine Demonstration, um gegen das drohende Schicksal zu protestieren. Darauf wurde die Stadt von türkischem Militär aus Erzingjan zerniert. Einige Hundert Armenier flüchteten sich auf den steilen Burgfelsen, auf dem sich ein altes Schloss aus der byzantinischen Zeit befindet und verbarrikadierten sich dort, bis am 3. Juli das Schloss von türkischen Kanonen zusammengeschossen wurde. Die Verteidiger wurden getötet. Einige flüchteten sich in die Berge. Darauf wurden alle Männer der Stadt im Alter von 18 bis 55 Jahren unter dem Vorgeben, sie zu Militär auszuheben, abgeführt, und die übrige Bevölkerung von Frauen und Kindern in derselben Weise wie im ganzen Wilajet deportiert. Auch in der Umgegend wurden von türkischem Militär alle christlichen Dörfer, darunter auch 10 griechische, eingeäschert und die Bevölkerung teils massakriert, teils deportiert.

Zileh.

Aus Zileh (südlich von Amasia) wird folgender Vorfall berichtet:

„Ein armenischer Soldat, der verwundet war und von der Front in seine Heimat Zileh zurückkehrte, erzählte, dass er Zeuge gewesen sei, wie man den Bischof von Siwas, ehe man ihn in die Verbannung schickte, wie ein Pferd mit Hufeisen beschlug. Der Wali hatte diese Tortur scherzhaft damit begründet, dass man einen

Bischof unmöglich barfuss gehen lassen könne.*)

Als der armenische Soldat in seine Heimat nach Zileh kam, waren die Behörden damit beschäftigt, die Armenier der Stadt zu deportieren.

Die Männer wurden in Gruppen zusammengebunden in die Berge vor die Stadt geführt und dort getötet, die Frauen und Kinder ließ man auf freiem Felde mehrere Tage ohne Nahrung lagern, bis man glaubte, dass sie mürbe geworden wären, um den Islam anzunehmen. Da sie alle sich weigerten, erstach man die Mütter vor den Augen ihrer Kinder mit dem Bajonett. Darauf wurden die Kinder verkauft.

(Die Stadt hatte etwa 5000 armenische Einwohner.) Dem Soldaten und seinem Bruder gelang es, indem sie sich als Muhammedaner einschreiben ließen, wieder zur Armee geschickt zu werden.

Stadt **Siwas**.

In Siwas wurden nach der Verhaftung aller einflussreichen Armenier 8 oder 10 gehängt. Sodann wurden die Verhafteten nach Josgad transportiert. Die allgemeine Deportation ging schubweise vor sich. Als der amerikanische Missionar Partridge Siwas verließ, waren bereits zwei Drittel der Bevölkerung deportiert und 500 Häuser von den Behörden versiegelt. Jede Familie erhielt einen Ochsenkarren.

Die armenischen Ärzte, die seit Anfang des Krieges im Militärlazarett sieben Monate lang Typhuskranke gepflegt hatten, wurden ins Gefängnis geworfen. Ein besonderer Fall wird noch von amerikanischer Seite erzählt: Eine den

---

*) Diese Geschichte ist von türkischer Seite umgekehrt erzählt worden, als sei die Tortur von Armeniern einem türkischen Kaimakam zugefügt worden. Der Zynische Witz des Wali bürgt dafür, dass die obige Lesart die richtige ist.

Missionaren bekannte Armenierin, deren Mann viele Monate lang im amerikanischen Hospital als Pfleger verwundeter Soldaten gedient hatte, bekam Typhus und wurde in das Hospital gebracht. Ihre alte Mutter, die zwischen 60 und 70 Jahre war, stand vom Krankenbett auf, um für die 7 Kinder der typhuskranken Frau zu sorgen, von denen das älteste etwa 12 Jahre alt war. Einige Tage vor der Deportation wurde der Mann der Kranken gefangen gesetzt und, ohne dass er sich etwas hätte zu Schulden kommen lassen, in die Verbannung geschickt. Als das Stadtviertel, in dem sie wohnten, fortziehen musste, verließ die typhuskranke Frau das Hospital, und ließ sich auf einen Ochsenkarren setzen, um mit ihren Kindern abzuziehen.

Als die beiden deutschen Rote-Kreuz-Schwestern am 28. Juni nach Siwas kamen, war die ganze armenische Bevölkerung bereits weggeführt, und sie hörten, dass alle getötet worden seien.

4. Wilajet **Kharput** (Mamuret ül Aziz).

Das Wilajet Kharput zählte unter 575 300 Einwohnern 174 000 Christen, nämlich 168 000 Armenier, 5000 Syrer und 1000 Griechen. Die muhammedanische Bevölkerung setzt sich zusammen aus 180 000 schiitischen Kisilbasch, 95 000 Kurden (75 000 sesshaften und 20 000 Nomaden), 126 300 Türken.

Ende Juni und Anfang Juli, um dieselbe Zeit, zu der in den Wilajets Trapezunt, Erzerum und Siwas die allgemeine Deportation stattfand, wurde auch die Deportation der armenischen Bevölkerung der Provinz Kharput durchgeführt. In den offiziellen türkischen Communiqués wird wiederholt erklärt, dass nur aus den strategisch bedrohten Grenzgebieten Armenier deportiert worden seien. Das Wilajet Kharput liegt völlig abseits von jedem Kriegsschauplatz mitten im Lande, in die gewaltigen Hochgebirgsketten eingebettet, die das Innere von Kleinasien fast unzugänglich machen. Kein Russe oder Engländer hätte je Aussicht, hierher zu kommen.

Über den Hergang bei der Deportation der armenischen Bevölkerung von Kharput berichtet der amerikanische Konsul von Kharput, Leslie A. Davis, das Folgende.

Der Inhalt des Berichtes stimmt mit Nachrichten deutscher Quelle überein.

Amerikanischer Konsularbericht.

Kharput, den 11. Juli 1915

„Der erste Transport erfolgte in der Nacht des 23. Juni. Darunter waren einige Professoren des amerikanischen Kollegs und andere angesehene Armenier, sowie der Prälat der armenisch-gregorianischen Kirche. Es liefen Gerüchte um, dass sie alle getötet seien, und es ist leider kaum zu bezweifeln, dass es der Fall ist. Alle armenischen Soldaten sind ebenfalls auf die gleiche Weise fortgeschickt worden. Nachdem sie verhaftet waren, wurden sie in einem Gebäude am Ende der Stadt eingesperrt. Es wurde kein Unterschied gemacht zwischen denen, die ihre gesetzliche Abgabe für die Militärbefreiung gezahlt hatten, und denen, die es nicht getan hatten. Das Geld wurde angenommen, und dann wurden sie arretiert wie die andern und mit diesen weggeschickt. Es hieß, sie sollten irgendwohin gebracht werden, um auf den Straßen zu arbeiten, aber niemand hat wieder von ihnen gehört, und zweifellos ist ihre Arbeit nur ein Vorwand gewesen.

Wie zuverlässige Berichte über einen gleichen Vorfall erkennen lassen, der sich am Mittwoch den 7. Juli abspielte, ist ihr Schicksal so gut wie entschieden. Am Montag den 5. Juli wurden viele Männer arretiert und sowohl in Kharput als auch in Mesereh*) ins Gefängnis geworfen. Am <u>Dienstag bei</u> Tagesanbruch wurden sie herausgeholt und

*) Mesereh ist die Unterstadt von Kharput

mussten in der Richtung auf einen fast unbewohnten Berg zu marschieren. Es waren zusammen etwa 800 Leute, in Gruppen von jedes Mal 14 aneinander gebunden. An jenem Nachmittag kamen sie in einem kleinen kurdischen Dorf an, wo sie in der Moschee und anderen Gebäuden übernachteten. Während dieser ganzen Zeit hatten sie weder Essen noch Wasser. All ihr Geld und viele ihrer Kleidungsstücke waren ihnen abgenommen worden. Am Mittwoch früh wurden sie in ein Tal gebracht, welches einige Minuten entfernt war. Dort hieß man sie alle hinsetzen. Dann fingen die Gendarmen an, auf sie zu schießen, bis sie fast alle getötet waren. Einige von ihnen, die von den Kugeln nicht dahingerafft waren, wurden mit Messern und Bajonetten beseitigt. Einzelnen war es gelungen, das Seil, mit dem sie an ihre Leidensgefährten gebunden waren, zu zerreißen und zu flüchten. Aber die meisten von ihnen wurden bei der Verfolgung getötet. Die Zahl derer, die dennoch davon gekommen sind, ist sicher nicht mehr als zwei oder drei.

Unter den Getöteten war der Schatzmeister des amerikanischen Kollegs. Ferner gehörten viele andere angesehene Männer dazu. Eine Anklage irgendwelcher Art ist niemals gegen diese Leute erhoben worden. Arretiert und getötet wurden sie nur, weil der allgemeine Plan besteht, die armenische Rasse zu beseitigen.

Gestern Abend sind mehrere Hundert weiterer Männer, sowohl solche, die von der Zivilbehörde verhaftet waren, als auch solche, die als Soldaten ausgehoben waren, in einer anderen Richtung abgeführt und in ähnlicher Weise ermordet worden. Es soll an einem Ort geschehen sein, der keine zwei Stunden von hier entfernt ist. Wenn es ein wenig ruhiger geworden ist, werde ich hinaus reiten und versuchen, selbst festzustellen, was daran ist. Dieselbe Sache ist systematisch in unseren Dörfern durchgeführt worden. Vor ein paar Wochen wurden 300

Männer aus Itschme und Habusi, zwei Dörfern, vier und fünf Stunden von hier entfernt, zusammengebracht und dann in die Berge geführt und massakriert. Das scheint vollkommen sicher zu sein. Viele Frauen aus jenen Dörfern sind seitdem hier gewesen und haben es berichtet. Gerüchte von ähnlichen Ereignissen an anderen Orten gehen um. **Es scheint ein definitiver Plan vorzulegen, alle armenischen Männer zu beseitigen.** Doch wurde nach der Abreise der Familien während der ersten paar Tage, an denen der Zwangsbefehl vollstreckt wurde, bekannt gegeben, dass Frauen und Kinder, die keine Männer in der Familie hätten, vorläufig dableiben könnten. Da hofften viele, das Schlimmste sei vorüber. Die amerikanischen Missionare fingen an, Pläne zu machen, um den Frauen und Kindern, die ohne Mittel für ihren Unterhalt zurückgeblieben waren, zu helfen. Man dachte daran, vielleicht ein Waisenhaus zu errichten, um für einige der Kinder zu sorgen, besonders für diejenigen, die in Amerika geboren und dann von ihren Eltern hierher gebracht worden waren, und auch für diejenigen, deren Eltern in irgend einer Weise mit der amerikanischen Mission verbunden gewesen waren. Es wäre reichliche Gelegenheit gewesen, wenn auch nicht ausreichende Mittel vorhanden waren, auch für Kinder zu sorgen, die mit den Deportierten aus anderen Wilajets hier durchkamen, und deren Eltern unterwegs gestorben sind.

Ich ging gestern zum Wali, um mit ihm darüber zu sprechen, und erhielt eine glatte Absage. Er sagte: „Wir könnten diese Leute unterstützen, wenn wir wollten, aber Waisenhäuser für Kinder einzurichten, sei Sache der Regierung, und wir könnten keine derartige Arbeit in die Hand nehmen."

Eine Stunde, nachdem ich den Wali verlassen hatte, wurde bekannt gegeben, dass alle hier noch zurückgebliebenen Armenier einschließlich der Frauen und Kinder am 13. Juli fort müssten."

Der Konsul schließt seinen Bericht mit der Bemerkung, dass „ein Hilfswerk voraussichtlich unnötig sein wird, da alle überlebenden Männer getötet werden und die noch verbleibenden Frauen und Kinder gezwungen sein werden, den Islam anzunehmen." Geld, das von Erzerum und Erzingjan für die Deportierten an die Adresse der Amerikaner von Kharput gesandt wurde, wurde vom Postamt nicht ausgezahlt.

Ein amerikanischer Missionar aus Kharput schreibt:

„Obwohl ich den Verlust von Hunderten von Freunden beklage, will ich doch versuchen, für einige Augenblicke meinen tiefen Schmerz zurückzudrängen, um mit wenigen Worten die große Not zu beschreiben, die ich zu meinem tiefen Leidwesen weder verhindern noch lindern konnte. Vielleicht kann ich durch mein Schreiben dazu mitwirken, dass Mittel und Wege gefunden werden, um den kleinen Überrest zu erhalten.

Das amerikanische Kolleg in Kharput hat folgende Verluste zu verzeichnen:

Von unseren Gebäuden befinden sich sieben in den Händen der Regierung; eines von diesen wird von Gendarmen bewohnt, die andern stehen leer. Die Verluste an Habe, Gut und Menschenleben kann ich nicht genau angeben. Manches ist geraubt, anderes zerstört und verschüttet, so dass wir kaum hoffen können, das Verlorene je wieder in unseren Besitz zu bringen.

Vom Euphrat-Kolleg (dies ist der Name des amerikanischen Kolleg in Kharput) sind die Mehrzahl unserer Schüler und Schülerinnen, etwa zwei Drittel der Mädchen und sieben Achtel der Knaben, deportiert worden. Sie sind teils getötet, teils verschickt, teils in türkische Harems gebracht worden. Von den Professoren des Kollegs sind vier getötet worden und drei am Leben geblieben.

Professor M. Tenekedjian, der 35 Jahre am Kolleg tätig war, wurde am 1. Mai verhaftet und ins Gefängnis geworfen, wo ihm Haare und Bart ausgerissen wurden, um durch diese Foltern Geständnisse zu erzwingen. Nachdem er tagelang kein Essen bekommen hatte, hängte man ihn an den Händen auf und ließ ihn Tag und Nacht so hängen. Am 20. Juni wurde er mit einem Transport nach Diarbekir verschickt und unterwegs getötet.

Professor Kh. Nahigian, der 25 Jahre am Kolleg Physik lehrte, wurde am 5. Juni verhaftet, in die Verbannung geschickt und getötet.

Professor H. Budjiganian war 16 Jahre am Kolleg tätig. Er hatte in Edinburg studiert und lehrte Philosophie und Psychologie. Er wurde ebenfalls verhaftet, erlitt dieselben Torturen wie Professor Tenekedjian, außerdem wurden ihm drei Fingernägel ausgerissen; auch er wurde getötet.

Professor Worberian war 20 Jahre am Kolleg tätig. Im Juli wurde er verhaftet. Als im Gefängnis andere Armenier vor seinen Augen zu Tode geprügelt wurden, erkrankte er an Geisterstörung; später wurde er mit seiner Familie nach Malatia (Malatya) verschickt und dort getötet.

Die drei Professoren, die am Leben blieben, konnten demselben Schicksal nur dadurch entgehen, dass sie einen hohen Preis zahlten.

Professor Sogigian stand 25 Jahre im Dienste des Kollegs. Er wurde am 1. Mai verhaftet. Da er im Gefängnis erkrankte, entging er den Folterungen und kam ins Hospital. Er zahlte eine hohe Summe und blieb seitdem verschont.

Professor Chatschadurian war 15 Jahre als Musiklehrer am Kolleg tätig. Er wurde begnadigt, da er dem Statthalter viele Dienste erwiesen hatte.

Professor Lüledjian stand 15 Jahre im Dienst des Kollegs. Er hatte in Cornal und Yale studiert und lehrte Biologie. Er wurde am 5. Juni verhaftet und im Gefängnis geschlagen. Der Wali selbst beteiligte sich an der

Prügelung. Als er dabei ermüdete, sagte er zu den anderen, wer seine Religion und sein Volk lieb habe, möge weiter schlagen. Der Geprügelte verlor sein Bewusstsein, wurde in ein dunkles Verließ geworfen und dann, schwer verwundet, in ein Hospital gebracht.

Von der Knabenabteilung wurden 4 Lehrer getötet; von drei anderen fehlt jede Nachricht, wahrscheinlich sind sie getötet. Zwei weitere liegen krank im Hospital, einer ist verschwunden und einer kam frei, weil er sein Haus an den Wali vermietet hat. Ein anderer Armenier kam frei, weil er der Tischler des Wali war.

Eine Zusammenstellung unserer Verluste ergibt, dass wir sieben Achtel der Gebäude, drei Viertel der Kinder und die Hälfte unserer Lehrer eingebüßt haben. Drei Viertel der ganzen Bevölkerung Kharputs, unter ihnen Kaufleute, Lehrer, Prediger, Priester, Regierungsbeamte, sind verschickt worden. Die übrigen haben keine Gewähr, dass sie werden bleiben können, da der Wali darauf besteht, dass alle verschickt werden. Einzelne haben hohe Summen für ihre Befreiung gezahlt. Man sollte etwas tun, um den Rest zu schützen. Der deutsche Botschafter in Konstantinopel hat für das armenische Personal des deutschen Waisenhauses in Mesereh, Waisenkinder, Lehrerfamilien und Dienstpersonal, zusammen einige 100 Personen, die Erlaubnis, dort zu bleiben, erwirkt. Falls keine Schritte getan werden, müssen wir damit rechnen, dass man die Schülerinnen unseres Kollegs vor unseren Augen in die türkischen Harems schleppt."-

Die Zahl der in den Wilajet Trapezunt, Erzerum, Siwas und Kharput teils massakrierten teils deportierten armenischen Bevölkerung wird in dem Bericht eines amerikanischen Missionars auf 600 000 geschätzt.

Malatia.

In Malatia gab es etwa 10 bis 12 000 Armenier. Ein Deutscher, der unmittelbar vor der Deportation Malatia verließ, berichtet über die Dinge, die der Ausführung der Maßregel vorhergingen, das Folgende:

„Der Mutessarif Nabi Bey, ein äußerst freundlicher und wohlgesinnter alter Herr, wurde etwa im Mai abgesetzt, nach unserer Vermutung, weil er die Maßregeln gegen die Armenier nicht mit der gewünschten Härte unternommen haben würde.

Sein Stellvertreter, der Kaimakam von Arrha, war der Mann dazu. Seine Armenierfeindschaft und gesetzlose Handlungsweise waren kaum zu bezweifeln. Er ist wohl neben einer Klique reicher Beys für eine willkürliche Verhaftung vieler Armenier, eine unmenschliche Anwendung der Bastonade und auch heimliche Tötung von armenischen Männern verantwortlich zu machen. Der rechtmäßige Nachfolger, Reschid Pascha, der Ende Juni aus Konstantinopel kam, ein gewissenhafter Kurde von geradezu erstaunlicher Herzensgüte, tat vom ersten Tage seiner Amtsführung an alles, was in seinen Kräften stand, um das Los der zahlreichen armenischen Männer im Gefängnis zu mildern, Übergriffe der irregulären Soldaten und Saptiehs gegen die armenische Bevölkerung zu verhindern und eine gesetzmäßige und humane Erledigung der äußerst schwierigen Angelegenheit zu ermöglichen, teilweise nicht ohne sich selbst in Gefahr und in die übelste Lage zu bringen. Trotz seiner Strenge genoss er auch bei dem größten Teile des armenischen Volkes den Ruf eines gerechten, unbestechlichen und warmherzigen Mannes. Leider war das, was in seinen Kräften stand, nur gar zu wenig. Die Bewegung war bei seiner Ankunft schon zu sehr erstarkt, die Gegenpartei zu mächtig, die ausführenden Organe seiner Gewalt zu wenig zahlreich und zu unzuverläs sig, als dass er in durchgreifender Weise den Standpunkt des Rechts hätte vertreten können. Er erlag der Gewalt seiner Gegner, brach binnen weniger Tage gesundheitlich und seelisch zusammen. Noch während seiner schweren Krankheit tat er unter Aufbietung aller

Kräfte alles, um den sicheren Transport der Verbannten und ihre Verpflegung zu gewährleisten.

Den Aufbruch der Armenier von Malatia hatte er von Woche zu Woche verschoben, teils in der stillschweigenden Hoffnung, es könne ihm noch gelingen, eine Gegenordre zu erwirken, woran er sehr gearbeitet hat, teils um alle Vorbereitungen für eine humane Durchführung der Deportation treffen zu können. Schließlich hat er den strengen Weisungen der Zentralregierung und dem Druck der Gegenpartei in der Stadt nachgeben müssen.

Vor der Deportation, die Mitte August erfolgte, fand Anfang Juli ein Massenmord unter der männlichen Bevölkerung statt."

5. Wilajet **Diarbekir.**

Das Wilajet Diarbekir liegt völlig abseits vom Kriegsschauplatz, ungefähr in der Mitte zwischen dem Busen von Alexandrette und der türkisch-persischen Grenze in den Bergen des Taurus. Seine Südgrenze reicht bis an die mesopotamische Ebene. Es wird vom Tigris durchflossen, an dem die Hauptstadt Diarbekir liegt. Von seiner Gesamtbevölkerung von 471 500 Bewohnern waren 166 000 Christen, und zwar 105 00 Armenier und 60 000 Syrer (Restorianer und Chaldäer) und 1000 Griechen. Die übrige Bevölkerung setzt sich zusammen aus 63 000 Türken, 200 000 Kurden, 27 000 Kisilbasch (Schi´iten) und 10 000 Tscherkessen. Dazu kommen noch 4000 Jesidis (so genannte Teufelsanbeter) und 1500 Juden. Die christliche Bevölkerung betrug also reichlich $1/3$, die muhammedanische $2/3$ der Gesamteinwohnerschaft des Wilajets.

In Wilajet Diarbekir wurde im Frühjahr 1915 auf Veranlassung des Wali eine Kommission „zum Studium der armenischen Frage" eingesetzt.*) Präsident dieser Kommission war der Mektubdschi Bedri Bey. Außer ihm ge-

*) Das Folgende nach Berichten von deutschen Beamten

hörten der Kommission der Ex-Sekretär von Hoff Bey, der Deputierte Pirendschi-Zade-Faizzi Bey, Major Rüdschi Bey, der Binbaschi (Hauptmann) der Miliz Schefki Bey und der Sohn des Müfti (Richter) Scherif Bey (Vetter des Deputierten Pirendschi). Sie begannen ihre Tätigkeit mit der Verfolgung der Anhänger der Daschnakzagan. Ihre ersten Opfer waren der Vorsitzende der Daschnakzagan und 26 armenische Notable, darunter auch der Priester Alpiar. Man nahm sie gefangen, misshandelte sie im Gefängnis und ließ sie dann durch Osman Bey und den Müdir der Polizei Husscin-Bey ermorden. Die junge Frau des Priesters wurde von 10 Saptiehs vergewaltigt und fast zu Tode gemartert. Etwa 30 Tage lang ließ man täglich eine größere Anzahl Armenier verhaften, die dann in der Nacht im Gefängnis umgebracht wurden. Zwei armenische Ärzte wurden gezwungen zu bescheinigen, dass die Todesursache bei allen Umgebrachten Typhus gewesen sei.

Dr. Wahan wurde mit 10 andern Notabeln mit der Angabe, dass sie nach Malatia verbannt werden sollten, verhaftet. Auf dem Wege dahin wurden sie alle umgebracht. Um bei dem geplanten Massaker mitzuwirken, wurde ein berüchtigter kurdischer Räuber Omar Bey aus Djezire, der Sohn der Kurdenfrau Peri-Ghanum, von dem Deputierten Faizi-Bey unter Zusage der Straflosigkeit nach Diarbekir geholt.

Zwischen dem 10. und 30. Mai wurden weitere 1200 der Angesehensten unter den Armeniern und Syrern aus dem Wilajet verhaftet. Am 30. Mai wurden 674 von ihnen auf 13 Keleks (Flöße, die von aufgeblasenen Schläuchen getragen werden) verladen, unter dem Vorwande, dass man sie nach Mosul bringen wolle. Den Transport führte der Adjutant des Walis mit etwa 50 Gendarmen. Die Hälfte derselben verteilte sich auf die Boote, während die andere Hälfte am Ufer entlang ritt. Bald nach der Abfahrt nahm man den Leuten alles Geld, ca. 6000 türkische

Pfund (110 000 Mark) und die Kleider ab. Dann warf man sie sämtlich in den Fluss. Die Gendarmen am Ufer hatten die Aufgabe, alle, die sich etwa durch Schwimmen retten wollten, zu töten. Die Kleider der Ermordeten wurden in Diarbekir auf dem Markte verkauft. Bei der Ermordung half auch der oben genannte Omar Bey.

In der gleichen Zeit etwa wurden gegen 700 armenische junge Männer im Alter von 16 bis 20 Jahren angeblich zum Militäreingezogen und angestellt, um auf der Straße Karabaktsche-Habaschi, zwischen Diarbekir und Urfa zu arbeiten. Bei dieser Arbeit wurden diese Arbeitssoldaten von den sie bewachenden Saptiehs niedergeschossen.

Der befehligende Onbaschi (Unteroffizier) rühmte sich nachträglich der Heldentat, dass er es fertig gebracht habe, die 700 auf die Strecke verteilten wehrlosen Armenier mit nur 5 Saptiehs abzuschießen. In Diarbekir ließ man eines Tages 5 Priester, die man nackt ausgezogen und mit Teer bestrichen hatte, durch die Straßen führen. Der Kaimakam von Lidscheh hatte die durch einen Boten des Walis mündlich überbrachte Ordre, die Armenier niederzumachen, zurückgewiesen, mit dem Bemerken, er wünsche den Auftrag schriftlich zu haben. Er wurde abgesetzt, nach Diarbekir gerufen und auf dem Wege dahin von seinen Begleitmannschaften umgebracht.

Auch in Mardin wurde der Mutessarif abgesetzt, da er nicht nach dem Willen des Walis mit den Armeniern verfahren wollte. Nach seiner Absetzung wurden zuerst 500, dann 300 armenische und syrische Notable nach Diarbekir auf den Weg gebracht. Die ersten 500 sind nicht nach Diarbekir gekommen; auch von den andern 300 hat man nichts mehr gehört.

6. Wilajet **Wan.**

Das Wilajet Wan zählte unter 542 000 Einwohnern 290 200 Christen, nämlich 192 200 Armenier und 98 000

Syrer. Dazu kamen 5000 Juden. Die Minderheit von 247 000 Muhammedanern setzt sich zusammen aus 210 000 Kurden, 30 500 Türken und 500 Tscherkessen. Die Jesidies (sogen. Teufelsanbeter) zählen 5400, die Zigeuner 600.

Im Wilajet Wan sahen die Dinge bis zum April des Jahres nicht anders aus, als in den übrigen Wilajets, nur dass die Plünderungen und Massaker hier bald einen größeren Maßstab annahmen. Seit der Mobilisierung der türkischen Armee zu Beginn des europäischen Krieges waren die nach Einführung der Konstitution aufgelösten Hamidieh-Truppen (irreguläre kurdische Reiterei, die Sultan Abdul Hamid aus den räuberischen Nomaden-Kurden gebildet hatte) aufs neue bewaffnet worden. Berüchtigte kurdische Räuber wurden mit ihren Banden in die Armee aufgenommen. Da es reguläre türkische Truppen nur in geringer Zahl gab, benützten die Hamidieh-Kurden und die Tschettehs (Banden) die gute Gelegenheit, um die wehrlosen armenischen Dörfer zu überfallen und auszuplündern.

Artwin und Ardanusch.

Beim **Vormarsch der Türken** gegen Batum und Olti wurden von solchen Banden die armenischen Dörfer des von den Türken besetzten russischen Gebietes massakriert. So wurden im Gebiet von Ardanusch und Olti die Dörfer Berdus und Joruk geplündert, 1276 Armenier erschlagen und 250 Frauen und Mädchen geraubt. 24 Frauen vergifteten sich, um nicht vergewaltigt zu werden. Der Rest von etwa 500 Frauen und Kindern wurde von den russischen Truppen befreit. Im Gebiet des unteren Tschoroch, der bei Batum ins Schwarze Meer mündet, gingen die Adjaren (muhammedanische Grusienier) zu den Türken über und beteiligten sich an den Massakern, die die türkischen Banden in den armenischen Dörfern um Artwin und Ardanusch im Tschorochtal verübten. Die Zahl der in diesem Gebiet von Türken und

Adjaren massakrierten Kaukasus-Armenier wird auf 7000 geschätzt. Im Dorfe Okrobakert, in der Nähe von Batum, zwangen die Adjaren die Armenier, ihnen ihre Töchter für ihre Harems zu geben, andernfalls sie massakriert werden würden.

Das Wilajet Erzerum erstreckt sich südlich der russischen Grenze unter der Aghri-Dagh-Kette bis zum Ararat hin. Dieser Zipfel des Erzerum-Wilajets schiebt sich zwischen die Nordgrenze des Wilajets Wan und die Südgrenze des Kaufkasusgebietes. Hier liegt das herzförmige Quellgebiet des östlichen Euphrat. Dieses Gebiet heißt Alaschkert.

Alaschkert, Diadin und Abagha.

Das Gebiet von Alaschkert und Diadin bis nach Bajasid hin ist mit zahlreichen armenischen Dörfern besetzt; in 52 Ortschaften lebten 2964 armenische Familien mit rund 40 000 Seelen.

Im Frühjahr wurde dies ganze Gebiet von türkischen und kurdischen irregulären Milizen vollständig verwüstet. Außer zwei kleinen Dörfern mit zusammen nur 35 bis 40 Familien sind die sämtlichen Alaschkert Dörfer vollständig ausgeplündert worden. Auch in Bajesid, Karakilisse und achtzehn Dörfern fanden Massaker statt. In dem Städtchen Alaschkert konnten sich von den 300 armenischen Familien mit rund 4000 Personen nur 30 Familien retten. Von den übrigen 270 Familien sind alle männlichen Glieder massakriert worden; die Mädchen wurden entführt. Das gleiche Schicksal ereilte das Dorf Mollah Süleiman, wo von 150 Familien die Männer getötet, die Frauen und Kinder weggeschleppt wurden. Ebenso im Dorf Setkan, wo von 70 Familien die Männer getötet, die Frauen geraubt wurden. Die gleiche Zahl verlor das Dorf Amert. Im Dorf Chotschan wurden 35, im Dorf Schudgan 25 Familien von dem gleichen Schicksal betroffen. Allein aus den Dörfern Mollah-Süleiman und Setkan wurden 500 Frauen und Mädchen von den Hamidieh-Kurden geraubt. Alle geraubten

Frauen und Mädchen wurden gezwungen, zum Islam überzutreten. An das Diadin-Gebiet schließt sich, durch die Owadjik-Kette getrennt, die Abagha-Ebene an, die sich zwischen der persischen Grenze und dem Nordostzipfel des Wansees südwärts auf Wan zu erstreckt. Auch hier wurden in den armenischen Dörfern Akbak, Khatschan, Tschibukli, Gahimak, Khan, Akhorik, Hassan-Tamra, Arsarik und Raschwa von den irregulären Milizen armenische und zum Teil auch syrische Christen bei der Plünderung in großer Zahl erschlagen. Man rechnet 2060 Armenier und 300 Syrer, die getötet wurden.

In der Ebene von Alaschkert waren es die drei Hamidieh-Kurden-Scheichs Musabeg, Abdul-Medschid und Chalid-Bey, die samt der örtlichen muhammedanischen Bevölkerung die Plünderungen und Massaker veranstalteten. Die Abaghadörfer wurden auf Befehl des Kaimakams von Seraj verwüstet. Die Gendarmen aus Temran plünderten die Dörfer Alur, Cholenz, Achmek. Die Gendarmen aus Paghes und das Bataillon des Tscherkess-Agha verwüsteten Gardjdan, Pegahu, Ranegans, Entsak und Eschekitz. Der Gendarm Omer-Agha überfiel das Dorf Mechkert in der Nähe von Wan und tötete 20 Frauen und Mädchen. Die Dörfer von Melaskert, nördlich des Wansees, wurden von der Bande des Ptschare-Ptschato, einem Haufen von 600 Banditen, überfallen und verwüstet.

Die Folge dieser systematischen Plünderungen und Massaker in den christlichen Dörfern war eine Massenflucht der Christen über die russische Grenze. Schon in dieser Zeit sammelten sich im Araxestal über 60 000 Flüchtlinge, meist Frauen und Kinder, an. Über Igdir, nordwestlich des Ararat, kamen 30 000, durch Kars gegen 5000, über Ardahan-Ardanusch kamen 7000 und über Djulfa (an der persischen Grenze) 20 000 Flüchtlinge in das Araxesgebiet.

Ähnliches ereignete sich in dem persischen Grenzgebiet des Wilajets Wan, worauf wir noch zurückkommen werden.

Als die Russen im April die Offensive wieder aufnahmen, kehrte etwa ein Viertel der Flüchtlinge aus dem Kaukasus wieder in ihre Dörfer zurück. Beim Vordringen der Russen fürchteten die Muhammedaner wegen ihrer Untaten an der christlichen Bevölkerung bestraft zu werden. Sie verließen daher mit ihren Familien die Alaschkert-Dörfer und wurden von der türkischen Regierung in Zahl von etwa 2000 Familien in der Gegend von Malaskert und Bulanek in armenischen Dörfern untergebracht. Damals gab es keinen regulären Soldaten im Grenzgebiet. Kurden und Tschettehs waren die einzigen Truppen, über die die Regierung verfügte. Die 3000 Gendarmen der Wilajets waren mit dem Plündern der Dörfer beschäftigt. Der Wali von Wan hatte allen Kaimakams seiner Provinz den Befehl gegeben, beim geringsten Anlass gegen die Armenier vorzugehen. Der Kaimakam von Gawascht provozierte denn auch einen Zusammenstoß, der zu einem Massaker führte. Die Daschnakzagan verlangten vom Wali, dass der Kaimakam vor ein Kriegsgericht gestellt werden solle. Der Wali versprach, eine Untersuchung einzuleiten.

Die wehrlosen armenischen Dörfer mussten sich das alles gefallen lassen. Die Führer der Daschnakzagan bemühten sich, durch die Vermittlung der Behörden dem Unheil zu steuern und die armenische Bevölkerung zu beruhigen. Der Deputierte von Wan, Wramjan, hatte schon im Januar in einem Memorandum (vom 3./16. Januar 1915), das an den Wali von Wan Djewded-Bey und an Tahsin-Bey, den Wali von Erzerum, gerichtet war, die Behörden auf die Missstände aufmerksam gemacht.

Chalil Bey in Nordpersien.

Inzwischen war die Armee von Chalil Bey in Nordpersien in das Gebiet von Urmia und Dilman eingerückt. Den 20 000 Regulären hatten sich noch 10 000 Kurden aus dem oberen Zabgebiet angeschlossen. Auch Djevded Bey, der Wali von Wan, beteiligte sich an diesen Operationen. Djevded Bey ist ein Schwager des türkischen Kriegsministers Enver Pascha; Chalil Bey, der Kommandeur des Korps, das in Persien einfiel, ein Vetter von Enver Pascha.

Die türkischen und kurdischen Truppen verwüsteten auf persischem Gebiete alle christlichen Dörfer. Die syrische Bevölkerung des Urmiagebietes und die armenische Bevölkerung der Salmas-Ebene (um Dilman) wurden, soweit sie nicht auf russisches Gebiet flüchten konnte oder in dem Anwesen der amerikanischen Mission Schutz fand, von den Kurden erbarmungslos niedergemacht.

Djevded Bey in Wan.

Als Djevded Bey, der Wali von Wan, Mitte Februar aus Salmas zurückkehrte, begrüßte er freundlich die armenischen Führer, versprach den Plünderungen der Dörfer Einhalt zu tun und die Geplünderten zu entschädigen. Nur bat er, noch einige Wochen zu warten, bis die persische Expedition vorüber sei. Zugleich hörte man, dass er in einer Versammlung von türkischen Notabeln gesagt habe: „Wir haben mit den Armeniern und Syrern von Aserbeidschan (Nordostpersien) reinen Tisch gemacht; wir müssen mit den Armeniern von Wan das gleiche tun".

An der Spitze des Daschnakzagan-Komitees standen damals drei bekannte Armenier, Wramjan, Deputierter von Wan, Ischchan und Aram.

Der Wali stellte sich in den nächsten Wochen freundlich mit ihnen und bat sie, wie bisher, mit ihm zusammenzuarbeiten, um die Ordnung im Wilajet aufrechtzuhalten. Es wurden Kommissionen gebildet, die in die Dörfer geschickt wurden, um den Plünderungen der Kurden und den Gewalttaten der Gendarmen Einhalt zu tun und Streitigkeiten zu schlichten. Inzwischen hatte der Wali um Verstärkungen von Erzerum gebeten und rechnete wohl auch auf die Unterstützung durch die Truppen, die in Persien eingefallen waren, falls sein geplantes Vorgehen gegen die Armenier, die sich noch nichts Schlimmes von ihm versahen, auf Widerstand stoßen würde. Plötzlich demaskierte er sich und zeigte sein wahres Gesicht.

In Schatak, einem überwiegend von gregorianischen und katholischen Armeniern, zum geringeren Teile auch von Kurden bewohnten Landstädtchen von über 2000 Einwohnern, an den Quellen des östlichen Tigris (50 Kilometer südlich von Wan), wurde am 14. April der Armenier Hofsep, ein Daschnakzagan, von Gendarmen verhaftet. Seine Freunde wollten ihn befreien, es gab einen blutigen Zusammenstoß. Als der Wali davon hörte, ließ er die drei Führer der Daschnakzagan, Warmjan, Ischchan und Aram zu sich kommen und bat sie, zusammen mit dem Müdir der Polizei von Wan nach Schatak zu gehen, um den Streit zu schlichten. Das Komitee bestimmte, das Ischchan mit drei anderen Armeniern namens Wahan, Kotot und Miran nach Schatak gehen sollte. Der Müdir der Polizei nahm einige tscherkessische Saptiehs mit sich. Halbwegs nach Schatak in der Flussniederung von Hayoz.-Dzor übernachteten sie in dem Dorfe Hirtsch. Als die vier Armenier eingeschlafen waren, ließ der Müdir der Polizei sie im Schlaf durch die Tscherkessen ermorden. In der Frühe des nächsten Tages, ehe noch die Armenier von Wan etwas von dem Meuchelmorde wussten, ließ der Wali Djevdet-Bey die beiden andern armenischen Führer Wramjan und Aram zu sich bitten. Aram war zufällig abwesend. Wramjan geht arglos zum Wali und wird, sobald er den Konak betreten hat, verhaftet. Der Wali schickt ihn sofort gefesselt nach Bitlis. Von Bitlis wurde Wramjan, der als Deputierter von Wan in besonderem Ansehen stand, nach Diarbekir transportiert und unterwegs ermordet.

Noch am gleichen Morgen bereitete der Wali Djevdet Bey den Angriff auf die beiden armenischen Viertel vor und ließ Kanonen gegen sie in Stellung bringen. Es gab damals in Wan 10-15 Kanonen älterer Konstruktion und zwei neue Maschinengewehre, die kürzlich mit einer Abteilung Soldaten von Erzerum gekommen waren. Zur selben Zeit, als der Wali sich der Führer zu bemächtigen suchte, hatten die Massaker in Ardjesch und den Dörfern der Hanoz-Dzor schon ihren Anfang genommen. Die Armenier der Stadt konnten nichts anderes erwarten, als dass ein Massaker über sie verhängt werden sollte, auch hatten sie gehört, dass der Wali 6-7000 Mann Kavallerie aus Erzerum angefordert und beiläufig gesagt hatte, jetzt würde es gefährlich für die Armenier.

Wir lassen nun den Bericht des amerikanischen Missionars folgen, der die weiteren Ereignisse miterlebt hat:*)

Die Belagerung von Wan.

„Wan ist eine Stadt von Gärten und Weinbergen, die inmitten einer von hohen prächtigen Bergen umgebenen Ebene am Wansee liegt. Die von Mauern umgebene Stadt enthält den Bazar und den größten Teil der öffentlichen Gebäude. Sie wird beherrscht von dem Kastell-Felsen, einem gewaltigen Felsblock, der sich steil aus der Ebene erhebt, von alten Mauern und Festungswerken gekrönt ist und nach der Seeseite zu berühmte Keilinschriften trägt. Die Vorstadt Aigestan, die „Gärten" genannt (weil jedes Haus seinen Garten oder Weinberg besitzt), erstreckt sich 4 (engl.) Meilen ostwärts der umwallten Stadt und ist 2 (engl.) Meilen breit.

Das Grundstück der amerikanischen Mission liegt am südöstlichen Rand des mittelsten Drittels der Gärten auf

*) Der amerikanische Bericht wird durch die Mitteilungen von Herrn Spörri, Leiter des deutschen Waisenhauses, der nach der Zerstörung von Wan als Letzter die Stadt verlassen hat und über Russland zurückgekehrt ist, bestätigt.

einer kleinen Anhöhe, wodurch die Gebäude ihre Umgebung beträchtlich überragen. Diese Gebäude bestehen aus einer Kirche, zwei großen, neuen Schulgebäuden, zwei kleineren, einer Spitzenschule, einem Hospital, Klinik und vier Missionsgebäuden. Nach Südosten dehnt sich, ganz in der Nähe, die große Ebene aus. Hier lag die größte Kaserne der großen türkischen Garnison, unmittelbar an dem Bereich der amerikanischen Mission. Nordwärts durch einige Straßen getrennt lag eine andere Kaserne, und noch weiter nördlich in Schussweite der Burgfelsen (Topkala) mit einer kleinen Kaserne darauf, die die Armenier „Pfefferdose" getauft hatten. 5 Minuten östlich von den amerikanischen Instituten liegt das deutsche Waisenhaus, dem Herr Spörri nebst Frau und Tochter, Schweizer von Herkunft, und drei unverheiratete Damen vorstanden. Die amerikanische Mission bestand zurzeit aus der alten Mrs. Raynolds (Dr. Raynolds war in Amerika), Dr. Usher, dem Chefarzt des Hospitals, Mrs. Usher, der Leiterin der Spitzenindustrie, Mr. und Mrs. Parrow, den Leitern der Knabenschule, Miss Rogers, Vorsteherin der Schule, Miss Sillimann, Leiterin der Vorschule, Miss Usher, Lehrerin für Musik, Miss Bond, der Oberin des Hospitals, und der Missionarin Mc. Claren. Auch Miss Knapp aus Bitlis war zu Besuch da.

Die Stadt Wan hatte 50 000 Einwohner, von denen drei Fünftel Armenier und zwei Fünftel Türken waren. Ich sage „waren", denn inzwischen haben sich die Verhältnisse vollständig geändert. Die Führer der Armenier waren Wramjan, Ischchan und Aram, Leiter der Partei der Daschnakzagan.

In der Zeit seit der Mobilisation, im letzten Herbst und Winter, waren Armenier unter dem Vorwand von Requisitionen in der härtesten Weise ausgeplündert worden. Reiche Leute wurden ruiniert und arme Leute völlig entblößt. Die armenischen Soldaten in der türkischen Armee wurden vernachlässigt, äußerst mangelhaft ernährt, gezwungen, nur niedrige Arbeiten zu tun, und, was das Schlimmste war, jeder Waffe beraubt, so dass sie der Gnade ihrer fanatischen muhammedanischen Kameraden ausgeliefert waren. Kein Wunder, dass, so viele es vermochten, sich von ihrer Militärpflicht loskauften, andere auch desertierten. Wir ahnten im Voraus, dass es zu einem Zusammenstoß kommen würde. Aber die Daschnakzagan benahmen sich mit erstaunlicher Zurückhaltung und Klugheit, beherrschten die heißblütige Jugend, patrouillierten in den Straßen, um Unruhen zuvorzukommen und befahlen den Dorfbewohnern, lieber schweigend zu dulden, dass das eine oder andere Dorf niedergebrannt werde, als durch Gegenwehr den Anlass für ein Massaker zu geben.

Trotzdem Dr. Usher seit Beginn des russischen Krieges manche verwundete türkische Soldaten aufgenommen und behandelt hatte, versuchte die Regierung gleichwohl, die Arzneien der amerikanischen Apotheke zu requirieren und das Hospital zu schließen. Außerdem hatten Miss Mc. Claren und Schwester Martha vom deutschen Waisenhaus im Dezember angefangen, die Verwundeten in dem anderthalb (engl.) Meilen von unserem Grundstück entfernten türkischen Militärlazarett zu pflegen, wo keine Pflegeschwestern und die Zustände unbeschreiblich waren.

Als Djevded Bey, der Generalgouverneur des Wilajets, in den ersten Frühlingswochen von den Grenzkämpfen zurückkehrte, ahnte jedermann, dass bald etwas geschehen würde. Und so war es. Er verlangte von den Armeniern 3000 Soldaten. Sie waren aufs äußerste besorgt, Frieden zu halten, so dass sie seinem Verlangen nachzukommen versprachen. Aber gerade da brach in der Gegend von Schatak der Streit zwischen Türken und Armeniern aus, und Djevded Bey verlangte von Ischchan, dass er mit drei angesehenen Daschakzagan dorthin gehen sollte, um Frieden zu stiften. Auf dem Wege wurden alle vier heimtückischerweise ermordet. Das war Freitag den 16. April. Dann befahl Djevded Bey Wramjan zu sich unter dem

Vorwand, dass er sich mit ihm beraten wolle, ließ ihn verhaften und verschickte ihn. Die Daschnakzagan wussten nun, dass sie Djevded Bey nicht trauen konnten und dass es daher unmöglich wäre, ihm die geforderten 3000 Männer zu geben. Sie sagten, sie würden 400 geben und nach und nach Militärbefreiungssteuer für die übrigen zahlen. Der Wali erklärte aber, er brauche Leute und nicht Geld, sonst würde er die Stadt angreifen. Einige Armenier baten Dr. Usher und Mr. Parrow, zu Djevded Bey zu gehen und zu versuchen, ihn zu begütigen. Unterwegs begegnete ihnen ein Offizier, der ausgeschickt war, um sie zu rufen. Der Wali war hartnäckig. Man habe zu gehorchen. Er werde diesen Widerstand unter allen Umständen brechen, es koste, was es wolle. Erst werde er Schatak bestrafen und dann die Sache mit Wan vornehmen. Wenn aber die Armenier nur einen Schuss abfeuerten, würde das für ihn das Zeichen zum Angriff sein. Für das amerikanische Grundstück wollte er eine Wache von 50 Soldaten stellen*) Diese Wache müsste entweder angenommen werden, oder man müsste ihm schriftlich das Zeugnis ausstellen, dass die Wache verweigert worden wäre und er dadurch von aller Verantwortung für unsere Sicherheit frei sei. Er verlangte sofortige Antwort, war aber schließlich bereit, bis Sonntag zu warten. Ferner verlangte er, dass Miss Claren und Schwester Martha ihre Arbeit im türkischen Lazarett fortsetzen sollten. Sie gingen und waren darauf gefasst, vielleicht für längere Zeit nicht mit uns korrespondieren zu können.

Als Dr. Usher am Montag den Wali wieder sah, fragte der Wali, ob er die Wache senden solle. Dr. Usher überließ ihm die Entscheidung. Wir haben keine Wache erhalten.

Dienstag, den 20. April, um 6 Uhr nachmittags versuchten einige türkische Soldaten aus einem Trupp

---

*) Das gleiche Angebot wurde dem deutschen Waisenhaus gemacht und von Herren Spörri angenommen; eine Wache wurde aber nicht gestellt.

Frauen, die nach der Stadt kamen, sich eine herauszugreifen. *) Sie floh. Armenische Soldaten kamen hinzu und fragten die Türken, was sie wollten. Der türkische Soldat schoss auf sie und tötete sie. Herr Spörri war Augenzeuge von diesem Ereignis, mit dem die Feindseligkeiten begannen. Es gab den ganzen Abend ein mehr oder weniger anhaltendes Gewehrfeuer, und vom Burgfelsen her wurde beständiger Kanonendonner auf die befestigte Stadt vernommen, die nun von aller Verbindung mit den Gärten abgeschnitten war. Nachts sah man nach jeder Richtung hin Häuser in Flammen stehen. Die Zahl der in den Gärten wohnenden Armenier betrug gegen 30 000, während die armenische Bevölkerung in der inneren befestigten Stadt nur gering war. Die Bewohner der Gartenstadt wurden nun in einem Bezirk von etwa einer (engl.) Quadratmeile zusammengebracht, und dieser Raum wurde durch „Dirks" (Barrikaden) sowie durch Mauern und Verhaue geschützt. Von den Verteidigern konnten 1500 mit Gewehren bewaffnet werden, ebenso viele etwa noch mit Pistolen. Ihr Vorrat an Munition war gering, darum waren sie sehr sparsam damit und wandten allerlei Listen an, um die Angreifer zum Feuern und zum Verbrauch ihrer Munition zu verführen. Sie machten sich daran, Kugeln zu gießen und Patronen anzufertigen. 3000 wurden täglich fertig. Ebenso machten sie sich Schießpulver, und nach einiger Zeit machten sie sich auch drei Mörser. Der Materialverbrauch für alle diese Dinge war gering, Methoden und Einrichtung roh und primitiv. Aber sie waren sehr froh und hoffnungsvoll und freuten sich ihrer Geschicklichkeit, den Angreifern Stand zu halten. Einige der Regeln, die sie für ihre Leute aufgestellt hatten, waren: Haltet Euch sauber, trinkt nicht, sagt immer die Wahrheit, sagt nichts gegen die Religion des Feindes.

An die Türken der Stadt schickten sie ein Manifest, um <u>ihnen kund</u>zutun, dass sie nur mit einem einzigen Manne

*) Sie war als Mädchen im deutschen Waisenhaus erzogen und war vom Lande, wo die Dörfer verwüstet wurden, in die Stadt geflüchtet.

(dem Wali) Streit hätten und nicht mit ihren türkischen Nachbarn. Walis würden gehen und kommen, aber die beiden Rassen müssten fortfahren, miteinander zu leben, und sie hofften, dass, wenn Djevded gegangen wäre, ihre Beziehungen zueinander wieder friedlich und freundlich sein würden. Die Türken antworteten in demselben Sinne und sagten, sie wären gezwungen, zu kämpfen. Tatsächlich wurde auch von mehreren vornehmen Türken ein Protest gegen diesen Kampf unterzeichnet, aber Djevded ließ ihn vollständig unbeachtet.

Die Kaserne nördlich von unserem Grundstück wurde von den Armeniern erobert und niedergebrannt. Die Insassen ließen sie entkommen. Eine weitere Offensive versuchten sie in keiner Weise, da ihre Zahl gering war. Sie kämpften nur für ihre Heimstätten und für ihr Leben.

Kein bewaffneter Mann durfte unser Grundstück betreten. Aram, der Führer der Armenier, verbot sogar, dass die verwundeten Armenier in unser Hospital gebracht würden, damit unsere Neutralität nicht verletzt würde. Dafür behandelte sie Dr. Usher in ihrem eigenen provisorischen Lazarett.

Am 23. April schrieb Djevded Bey an Dr. Usher, dass man bewaffnete Leute unser Grundstück habe betreten sehen, und dass die Rebellen Verschanzungen in unserer Nähe aufgeworfen hätten. Wenn bei einem Angriff ein Schuss von diesen Schanzen abgefeuert würde, würde er zu seinem Bedauern gezwungen sein, seine Kanonen auf unser Grundstück zu richten und es vollständig zu zerstören; wir möchten dass als sicher annehmen. Dr. Usher antwortete, dass wir unsere Neutralität mit allen uns zu Gebote stehenden Mitteln aufrechterhielten. Kein Gesetz könnte uns verantwortlich machen für Handlungen von Personen oder Organisationen, die sich außerhalb unseres Anwesens befänden.

Unsere Verhandlungen mit dem Wali wurden durch unseren amtlichen Vertreter, Signore Sborbone, den italienischen Konsularagenten, geführt, und unser Briefträger war eine alte Frau, die sich durch eine weiße Fahne schützte. Bei ihrem zweiten Ausgang fiel sie in einen Graben, und als sie darauf ohne ihre Fahne wieder aufstand, wurde sie sofort von den türkischen Soldaten erschossen. Es fand sich eine andere, aber sie wurde verwundet, als sie vor der Tür ihrer Hütte, in der Nähe unseres Grundstückes, saß.

Da erklärte Aram, er würde keine weitere Korrespondenz mehr erlauben, bis nicht der Wali auf einen Brief des Konsularagenten Sborbone geantwortet hätte, in welchem gesagt war, Djevdet könne von den Armeniern nicht erwarten, dass sie sich jetzt übergeben, da sein Vorgehen gegen die Armenier den Charakter eines Massaker habe.

Während der Zeit der Belagerung hausten die türkischen Soldaten und ihre Gesellen, die wilden Kurden, fürchterlich in der ganzen Umgegend. Sie massakrierten Männer, Frauen und Kinder und brannten ihre Heimstätten nieder. Kleine Kinder wurden in den Armen ihrer Mütter erschossen, andere schrecklich verstümmelt, Frauen ihrer Kleider beraubt und geschlagen. Die Dörfer waren auf einen Angriff nicht vorbereitet, andre widersetzten sich, bis ihre Munition verschossen war. Sonntag den 25. kam der erste Trupp Flüchtlinge mit ihren Verwundeten in die Stadt. Unser Hospital, das in normaler Zeit 50 Betten hat, musste für 142 Patienten Raum schaffen. Bettzeug wurde geliehen und überall auf den Fußböden Lagerstätten geschaffen. Leichtverwundete wurden täglich verbunden.

4000 Menschen waren mit all ihrer Habe aus „den Gärten" ausgezogen und füllten unsere Kirche, Schulgebäude sowie alle nur irgendwie entbehrlichen Räume unserer Missionshäuser. Eine Frau sagte zu Mrs. Silliman: „Was sollten wir tun, wenn die Missionare nicht wären? Das ist nun das dritte Massaker, während dessen ich hier Zuflucht gefunden habe." Ein großer Teil dieser Leute musste ernährt werden, denn sie waren so arm, dass sie

ihr Brot täglich vom Bäcker gekauft hatten, und nun gab es das nicht mehr. (Die Armenier backen ihr Brot meistens selbst und sorgen dafür, dass sie fürs ganze Jahr die nötigen Weizenvorräte haben.) Diese vielen Menschen unterzubringen, für ihre Gesundheit, Nahrung und Disziplin zu sorgen, waren Probleme, die uns zu schaffen machten. Mr. Parrow organisierte Komitees für diese Arbeit. Jedem irgendwie fähigen Mann wurde darin eine Rolle zugewiesen, und es zeigte sich ein wundervoller Geist der Selbstlosigkeit und Aufopferungsfähigkeit. Ein Mann gab allen Weizen, den er besaß, mit Ausnahme von einem Monatsvorrat, den er für seine Familie behielt. Ein öffentlicher Backofen wurde erworben, Weizen und Mehl gekauft und verteilt, Brotmarken ausgegeben und später eine Suppenküche eröffnet. Miss Rogers und Miss Silliman sicherten einen täglichen Milchvorrat und ließen die Milch von ihren Schulmädchen kochen und an die kleinen Kinder verteilen. Hundertneunzig wurden auf diese Weise ernährt. Die Schuljungen betätigten sich als Schutzleute, schützten die Gebäude gegen Feuersgefahr, hielten unser Grundstück sauber, sahen nach den Kranken und verteilten Milch und Eier an Kinder und Kranke außerhalb unseres Grundstückes. Ein regelrechtes Stadtregiment wurde von den Armeniern mit Bürgermeister, Richtern und Polizisten organisiert; die Stadt war niemals so gut regiert worden. Nach Ablauf von zwei Wochen ließen uns die in der befestigten Stadt in ihrem Viertel belagerten Armenier sagen, dass sie einige von den Regierungsgebäuden erobert hätten, obgleich sie nur eine Handvoll waren und Tag und Nacht bombardiert wurden. Ungefähr 16 000 Kanonenkugeln oder Schrapnells wurden auf sie gefeuert. Die altmodischen Kugeln trafen die drei Fuß dicken Lehmmauern, ohne viel Schaden anzurichten. Mit der Zeit fielen die Mauern natürlich ein, aber es waren die oberen Mauern, und die Leute flüchteten hinter die unteren, so dass nur drei Personen ihr Leben ließen. Einige
.

von den „Dirks" in „den Gärten" wurden auch bombardiert, aber ohne viel Schaden. Es schien, als wolle der Feind sein schweres Geschütz und seine Schrapnells bis zuletztaufbewahren. Drei Kanonenkugeln fielen in der ersten Woche auf unser Grundstück, eine davon gegen ein Tor von Dr. Ushers Haus; 13 Personen wurden von Kugeln auf unserm Grundstück verwundet, eine tödlich. Unser Grundstück liegt so im Mittelpunkt, dass die Kugeln der Türken hindurch pfiffen, in mehrere Zimmer eindrangen, die Ziegel der Dächer zerbrachen und die Mauern draußen mit Löcherspuren verzierten.

Dr. Usher tat und tut noch die Arbeit von drei Menschen. Als einziger Arzt in der belagerten Stadt musste er natürlich für die Patienten im Hospital, die verwundeten Flüchtlinge und die verwundeten armenischen Soldaten tätig sein, aber auch seine Poliklinik und seine Außenpatienten vermehrten sich in erschreckender Weise. Bei den Flüchtlingen hatten Not und Mangel unzählige Fälle von Lungenentzündungen und Dysenterie im Gefolge; dazu wütete unter den Kindern eine Masernepidemie. Miss Rogers und Miss Usher halfen im Hospital, wo Miss Bond und ihre armenischen Krankenschwestern bis an die Grenze ihrer Kraft angestrengt wurden. Nach einer Weile eröffnete Miss Usher mit Hilfe von Miss Rogers ein weiteres Hospital in einem armenischen Schulhaus, in dem vorher Flüchtlinge Unterkunft gefunden hatten. Dabei war die Schwierigkeit, Bettzeug, Utensilien, Helfer, ja selbst Nahrung für die Patienten zu bekommen. Die ärztliche und wundärztliche Tätigkeit wurde durch Mangel an Medikamenten gehemmt, denn die jährlichen Lieferungen für Dr. Ushers Apotheke lagerten im Hafen von Alexandrette.

Zwei Wochen nach dem Beginn der Belagerung kam ein aus Ardjesch geflüchteter Mann, um von dem Schicksal dieser Stadt, der zweitgrößten im Wilajet, nach Wan zu berichten. (Ardjesch liegt in der fruchtbaren Ebene, die das

Nordufer des nordöstlichen Ausläufers des Wansees, der See von Ardjesch genant wird, bildet. Die alte Stadt, eine Residenz der armenischen Könige und des Seldschukken Toghrul Bey, ist vor 70 Jahren vom See überschwemmt worden, und der Name ist auf die neue Stadt (Agantz) übergegangen. Die Ebene von Ardjesch ist durch ihre Fruchtbarkeit und Melonenkultur berühmt. Der Kaimakam von Ardjesch hatte die Männer von allen Handwerks-Gilden zusammengerufen. Da er immer freundlich gegen sie gewesen war, vertrauten sie ihm. Als sie alle beisammen waren, ließ er sie von den Soldaten niedermähen. Soweit wir in Erfahrung bringen konnten, entkam nur ein Mann und zwar dadurch, dass er sich die ganze Nacht unter einem Haufen von Leichen versteckt hielt.

Viele von den Flüchtlingen hatten nahe bei der Stadt in dem kleinen Dorf Schuschanty auf einem Berge, wo man einen Blick auf die Stadt hat, Halt gemacht. Hier befahl ihnen Aram zu bleiben. Am 8. Mai stand das Dorf in Flammen, und ebenso verbrannte das daneben liegende Kloster Warak nebst seinen unersetzlichen alten Manuskripten. Jetzt kamen die Flüchtlinge in die Stadt. Der Wali Djevded schien seine Taktik geändert zu haben. Er ließ Frauen und Kinder zu Hunderten herein treiben, damit sie die Hungersnot in der Stadt vermehren hülfen. Dank der Mobilisation im vorigen Herbst waren die Weizenvorräte in „den Gärten" schon im Anfang sehr zusammengeschmolzen und nun, da zehntausend Flüchtlingen eine tägliche Ration gegeben wurde – wenngleich eine Ration, die kaum zur Erhaltung des Lebens genügte -, neigten sich die Vorräte schleunigst ihrem Ende zu. Auch die Munition wurde knapp. Die Aussichten schienen sehr trübe. Djevded konnte viele Leute und Munition von anderen Städten heranschaffen. Wenn nicht von anderer Seite Hilfe kam, war es nicht möglich, die Stadt noch länger zu halten, und die Hoffnung auf solche Hilfe schien sehr schwach zu sein. Wir hatten keine Verbindung mit der

Außenwelt. Ein Telegramm, das wir an unsere Botschaft schicken wollten, kam nie aus unserer Stadt heraus. Die Daschnakzagan schickten Hilferufe an die russisch-armenischen Freiwilligen an der Grenze, aber keiner von den Boten kehrte zurück, und wir haben seitdem erfahren, dass keiner seinen Bestimmungsort erreichte. Wir wussten, dass in der letzten Bedrängnis unser Grundstück die letzte Hoffnung für die Leute in den belagerten „Gärten" sein würde. Von Djevded, der über die lange Belagerung wütend war, konnte man kaum hoffen, dass er das Leben von irgendeinem dieser Männer, Frauen und Kinder schonen würde. Er würde vielleicht den Amerikanern persönliche Sicherheit versprechen, wenn sie das Grundstück verließen, aber das wollten wir natürlich nicht tun. Wir wollten das Schicksal unserer Leute teilen. Und es war auch durchaus nicht unwahrscheinlich, dass der Wali uns nicht einmal Sicherheit bieten würde, da er zu glauben schien, dass wir die „Rebellen" unterstützten.

Sonnabend und Sonntag, den 15. und 16. Mai, sah man mehrere Schiffe Avantz, den Hafen von Wan, verlassen. Sie enthielten die Familien von Türken und Kurden; den Männern war verboten worden, sich zu entfernen. Wir begaben uns nun alle auf die Dächer, sahen durch Ferngläser und wunderten uns. Bei den Türken herrschte augenblicklich eine Panik. Schon einmal am Anfang des Jahres war unter ihnen eine Panik ausgebrochen, als die Russen bis Sarai vorgerückt waren; aber es war weiter nichts erfolgt. Hatte diese Flucht eine ähnliche Bedeutung?

Wie dem auch sein mochte, jedenfalls hatten die Türken die Absicht, noch so viel Unheil als möglich anzurichten. Am Sonnabend begannen die Kanonen der großen Kasernen auf uns zu schießen. Zuerst konnten wir nicht glauben, dass die Schüsse auf unser Sternenbanner zielten, aber schließlich blieb kein Zweifel darüber.*) Sieben Bomben fielen auf

*) Auch das Grundstück der Deutschen Mission wurde beschossen, obwohl eine deutsche Fahne darüber wehte.

unser Grundstück, eine auf das Dach von Miss Rogers und Miss Sillimans Haus, wobei sie ein großes Loch machte. Zwei andere bewirkten dasselbe auf den Dächern der Knaben- und Mädchenschule. Am Sonntagmorgen begann das Bombardement von neuem. 26 Bomben fielen schon am Vormittag auf unser Grundstück, am Nachmittag weitere 10, die entweder niederfielen oder in der Luft explodierten. Das Pfeifen der Schrapnells war ein Laut, den man nie wieder vergisst. Eine Granate explodierte in einem Zimmer von Mrs. Raynolds Haus und tötete ein kleines Kind. Eine andere Granate schlug durch die äußere Mauer von Miss Knapps Zimmer in Dr. Ushers Haus, explodierte, und dabei drangen die Hülsen und die Kugeln, die sie enthielt, durch die Mauer in das angrenzende Zimmer und zerbrachen die Tür der entgegengesetzten Mauer. Nach Sonnenuntergang war alles still. Es kam ein Brief von den Bewohnern des einzigen armenischen Hauses innerhalb türkischen Linien, das verschont geblieben war, weil Djevded als Knabe darin gelebt hatte**). Darin wurde mitgeteilt, dass die Türken die Stadt verlassen hätten.

Die Kasernen auf dem Burgfelsen und am Fuß desselben enthielten eine so kleine Wache, dass sie leicht überwältigt wurden. Dann wurden die Kasernen niedergebrannt. Dasselbe geschah mit sämtlichen türkischen „Dirks" (Verschanzungen), die danach ausgesucht wurden. Die große Kaserne spie ihre Garnison aus, einen Trupp von zahlreichen Reitern, die über die Hügel davon ritten. Nach Mitternacht wurde dann die Kaserne niedergebrannt. Man fand große Vorräte von Weizen und Munition. Das alles erinnerte an 2. Könige 7 (Belagerung von Samaria). Die ganze Stadt war wach, man sang und freute sich

---

**) Djevded Bey ist der Sohn und Nachfolger des ausgezeichneten Wali Tahir Pascha, der 16 Jahre lang im besten Einvernehmen mit den Armeniern als Gouverneur des Wilayets Wan in der Stadt gelebt hatte und Muhammedanern und Christen gleichermaßen gerecht geworden war.

die ganze Nacht. DernWeg zur befestigten Stadt war nun offen, ebenso auch zum türkischen Hospital. Nun aber kam der erste Dämpfer auf unsere Freude, Miss Mc. Claren und Schwester Martha waren vor vier Tagen mit den verwundeten Soldaten nach Bitlis geschickt worden. Ein Brief von Djevded Bey an Herrn Spörri besagte, dass sie gewillt wären, für ihre Patienten zu sorgen, man hätte ihnen aber nicht erlaubt, uns Mitteilungen zu machen. Aus anderer Quelle erfuhr ich, dass Djevded ihnen nicht gestattet hätte, uns zu besuchen, weil (so sagte er) die Armenier vernichtet worden seien und es nicht sicher für sie wäre, zu uns zu gehen. Wir waren ihretwegen sehr besorgt.*) 25 türkische Soldaten, die zum Reisen zu krank waren, hatte man ohne Nahrung und Wasser im Hospital zurückgelassen. Sie wurden zu uns gebracht. Man fand viele Leichen, einige von russischen Kriegsgefangenen, die die Türken bei ihrer Flucht getötet hatten.

Am Dienstag, den 18. Mai, kam die Vorhut der russisch-armenischen Freiwilligen. Sie hatten keine Botschaft von Wan erhalten und wussten nicht, dass die Stadt schon in den Händen der Armenier war. Am Mittwoch, den 19. Mai, kamen die Freiwilligen mit Soldaten der russischen Armee herein. Sie hatten das ganze Land östlich des Wansees von türkischen Truppen gesäubert und fuhren damit fort. Auch heute wurde heftig gekämpft. Russische Truppen hatten schon den Weg nach Bitlis eingeschlagen, wo bis dahin noch kein Massaker stattgefunden hatte, wie uns der russische General erzählte. Das Feldlazarett war bei dem schnellen Vormarsch mehrere Tage hinter der Armee zurückgeblieben; ebenso war es mit den Proviantkolonnen. Es war für die Stadt eine schwere Aufgabe, jetzt auch die Armee zu ernähren und ihr alles zu

---

*) Inzwischen traf die Nachricht ein, dass Schwester Martha Kleiß am 30. Juli in Bitlis an Typhus gestorben ist.

überlassen. Es gab Weizen aber kein Mehl, denn die Mühlen hatten nicht mehr gearbeitet. Fleisch war kaum zu bekommen, obwohl die Kosaken große Schafherden in den kurdischen Bergen requiriert hatten.

Auf unserm Grundstück sind tausend türkische Frauen und Kinder, die die armenischen Soldaten uns gebracht haben, weil das der sicherste Zufluchtsort für sie wäre.**) Die Armenier haben überhaupt den türkischen Gefangenen gegenüber eine bewunderungswürdige Selbstbeherrschung gezeigt, wenn man bedenkt, wie die Türken sich ihnen gegenüber benahmen. Ein verwundeter Soldat, der vom türkischen Hospital zu uns gebracht wurde, rühmte sich, dass er 20 Armenier getötet habe. Sie setzten ihn bei uns ab und taten ihm weiter nichts. Die Ernährung der Flüchtlinge in dieser Notzeit und die Frage, was mit ihnen werden solle, sind schwierige Probleme für unsere Mission und werden schwieriger von Tag zu Tag. Es würde ihr Tod sein, sie jetzt wegzuschicken, sie müssen unbedingt durchgebracht werden, und niemand außer uns kann es tun. Der General hat uns eine Wache für sie versprochen.

Inzwischen ordnen sich allmählich die Verhältnisse. Aram ist zum Gouverneur ernannt worden. Die Dorfleute kehren zu ihren Heimatstädten zurück. Unsere 4000 Gäste haben uns verlassen. Wir haben die Schutzvorrichtungen von unseren Fenstern entfernt. Die Freiwilligen haben unser zweites Hospital übernommen; so wird die Arbeit in unserem eigentlichen Hospital wieder leichter."

Soweit der amerikanische Bericht.

Ein anderer Bericht enthält noch folgende Einzelheiten:

**) Auch auf dem Grundstück der deutschen Mission wurden 600 türkische Frauen und Kinder untergebracht.

„12 000 Granaten wurden gegen die Stadt gefeuert. Die Kanonenschüsse haben fast keine Verluste gebracht. Sie zerschossen am Tage die Häuser, aber in der Nacht wurden sie wieder instand gesetzt, so dass die Armenier kein Terrain verloren, dagegen wurden 20 türkische Häuser von ihnen neu besetzt. Den Hauptvorteil gewannen sie, als es ihnen am vierten Tage gelang, die Hamid-Agha-Kaserne in die Luft zu sprengen und niederzubrennnen. Sie legten eine Bombe an die Grundmauer der Kaserne, die explodierte. Obwohl die Kaserne nicht zusammenstürzte, geriet sie in der Nacht plötzlich in Brand. Einige Soldaten verbrannten, die übrigen flohen im Schutz der Nacht. Durch Besetzung des Terrains dieser Kaserne waren die Armenier Herren von Aigestan. Die Stärke der Regierungstruppen überstieg nicht 6000 Mann, nur die Hälfte waren reguläre Truppen. Die Regierung versuchte alle Mittel, die Armenier zur Übergabe zu bewegen. Bis zur letzten Stunde wussten sie nichts von einem Entsatz.

Die Belagerung hatte genau 30 Tage gedauert. Auf armenischer Seite sind im Ganzen nicht mehr als 18 gefallen, aber viele verwundet; die Verluste der Türken sollen beträchtlicher gewesen sein. Von den armenischen Stadtteilen verbrannten Glortach und Surb Hagop, ebenso mehrere türkische Quartiere. Die türkischen Bewohner flohen nach Bitlis. Zehn Tage nach dem Einmarsch der russischen Vortruppen in Wan kam der General Nikolajeff mit dem Gros in die Stadt. Aram begrüßte ihn und sagte in seiner Ansprache: „ Als wir vor einem Monat zu den Waffen griffen, rechneten wir nicht damit, dass die Russen kommen würden. Unsere Lage war damals verzweifelt. Wir hatten nur die Wahl, uns zu ergeben und uns wie die Schafe abschlachten zu lassen, oder mit klingendem Spiel im Kampfe zu sterben. Wir zogen das Letztere vor. Unerwartet wurden wir von Ihnen entsetzt, und jetzt sind wir Ihnen, nächst der tapferen Verteidigung der Unsrigen, unsere Errettung schuldig."

Es ist wichtig, festzustellen, dass, wie die amerikanischen Missionare und der Bericht über den Empfang der Russen übereinstimmend bezeugen, die Armenier von Wan in keiner Verbindung mit den Russen und den russisch-armenischen Freikorps standen, auch während der Belagerung nicht in der Lage waren, sich mit ihnen in Verbindung zu setzen. **Der so genannte „Aufstand von Wan" war ein Akt der Selbstverteidigung und eine Episode in der Geschichte der Massaker, nicht Landesverrat.*)** Der Entsatz von Wan war eine Etappe in den Operationen der russischen Truppen gegen Nordpersien und das Wangebiet, nicht eine Aktion zugunsten der Armenier von Wan. Die beiden Ereignisse, die Selbstverteidigung der Wan-Armenier gegen das ihnen drohende Massaker und der Vormarsch der Russen stehen in keinem kausalen Zusammenhange zueinander. Hätten die Türken genügende Truppen und fähige Führer gehabt, um den russischen Vormarsch aufzuhalten, der ihnen ihre nordpersischen Eroberungen und die nordöstliche Hälfte des Wilajets Wan kostete, so hätte die Episode keinerlei Bedeutung für die Kriegslage an der kaukasisch-persischen Grenze gehabt. Durch ihre Selbstverteidigung bezweckten die Wan-Armenier nichts anders, als das Leben der Ihrigen zu retten. Sie hätten sonst dasselbe Schicksal wie die Armenier der übrigen Wilajets erlitten.

In Berliner Kreisen wurde schon im Juni erzählt, der Wali von Wan Djevded Bey, der Schwager des Kriegsministers Enver Pascha, sei in seinem Konak durch eine <u>armenische Bombe</u> lebensgefährlich verwundet worden und

---

*) Dies wird auch von den Deutschen, die die Belagerung mit durchmachten, bestätigt.

zur Vergeltung dafür sei das Strafgericht über die Armenier verhängt worden. Im Oktober brachten deutsche Reisende aus Konstantinopel die Nachricht mit, Djeved Bey sei in Wan von den Armeniern auf den Straßen tot geschleift worden. **Beide Nachrichten sind frei erfunden.** Djeved Bey hat drei Tage vor dem Einmarsch der Russen in voller Gesundheit Wan verlassen und hat sich mit seinen Truppen nach Bitlis zurückgezogen. Er ist dann bei dem Rückzug der Russen noch einmal drei Tage in Wan gewesen. Da die Stadt von den Türken angezündet worden war, hatte er in dem einzigen Hause, das von der Deutschen Mission noch stand, Quartier genommen und ist dann nach Bitlis zurückgekehrt.

Die Operationen der Russen.

Die Operationen der Russen auf dem türkisch-persischen Grenzgebiet ergeben folgendes Bild:

Am 2. und 3. Mai wurde die türkische Armee unter Chalil Bey, die das Salmas- und Urmiagebiet besetzt und die armenischen und syrischen Dörfer des ganzen Bezirks verwüstet hatte, von den Russen bei Dilman geschlagen und musste sich nach Urmia zurückziehen. Bei Urmia verstärkten sich die türkischen Truppen, die von ihren 20 000 Mann einige Tausend verloren hatten, durch 10 000 Kurden, die um Urmia konzentriert wurden, und versuchten, wieder in die Salmas-Ebene vorzudringen. Am 15. Mai wurden sie von den Russen aus der Salmas-Ebene vertrieben und mussten sich ins obere Zab-Tal in der Richtung auf Mosul zurückziehen. Inzwischen waren russische Truppen in das Quellgebiet des östlichen Euphrat, in die Ebene von Alaschkert, und aus dem Wilajet Erzerum in das Wangebiet nördlich des Wansees eingerückt. Sie hatten am 9. Mai Tutak, am 11. Mai Padnoz, am 17. Mai Melaskert besetzt. Sie drangen dann noch weiter bis Gob und Achlat (in der Nordostecke des Wansees) vor, wo sie sich bis Anfang August behaupteten. Gleichzeitig drangen andere Abteilungen der Kaukasusarmee südlich des Ararat in die Ebene von Bajasid vor, besetzten am 8. Mai Teperes, überschritten die Kette des Owadjick Dagh, drangen in die Abagha-Ebene vor, besetzten am 11. Mai Berkeri, am 13. Mai Ardjesch und rückten am 19. Mai mit ihrer Vorhut in Wan ein. Gleichzeitig überschritt die Armee, die die Türken aus der Salmas-Ebene verdrängt hatte, die türkisch-persische Grenzkette und stieg in das Quellgebiet des oberen Zab hinunter, wo sie am 16. Mai Baschkaleh besetzte und durch das Hayoz auf Wostan (an der Südostecke des Wansees) vorrückte, um auf Bitlis weiter zu marschieren.

Die ganze Operation der russischen Armee bestand, nachdem Nordpersien von türkischen Truppen gesäubert war, aus einem konzentrischen Vorgehen längs der ganzen türkischen Ostgrenze in der Richtung auf den Wansee. Der Erfolg der Operationen war die Besetzung des Gebietes nördlich, östlich und südöstlich vom Wansee.

Am 26. Mai hatten die vorrückenden russischen Truppen Wostan, an der Südostecke des Wansees, besetzt und dadurch die Verbindung der in Nordpersien operierenden Armee von Ghalil Bey mit Bitlis und Erzerum gesperrt. Die Armee von Ghalil Bey musste daher versuchen, durch die kurdischen Gebiete südlich des Wansees oder über Mosul den Anschluss an die türkische Hauptarmee, die bei Erzerum stand, zu erreichen. Im Urmiagebiet konnte sie sich unter dem Druck der russischen Truppen nicht länger behaupten. Drei Wochen nach der Niederlage von Diliman, am 25. Mai, hatte Ghalil Bey Urmia geräumt. Die Russen rückten in Urmia ein und ermöglichten den zwangsweise islamisierten Christen, die noch zurückgeblieben waren, wieder zurückzutreten. Ghalil Bey blieb nur der Weg in das obere Zabtal, denn die Russen hatten bereits Diza, im Distrikt von Geber und Baschkaleh, erobert. Aber auch das schwer passierbare obere Zaptal, durch das der Weg nach Mosul herunterführt, war von den nestorianischen Bergsyrern bei

Djulamerk gesperrt worden. Diese hatten von den Massakern unter ihren Volksgenossen im Urmiagebiet gehört und waren entschlossen, sich gegen ein gleiches Schicksal zu verteidigen. Als ein halbunabhängiger Stamm, der, den Kurden gleich, in den wilden Bergen des Hakkari-Gebietes lebt, sind sie auch in Friedenszeiten bis an die Zähne bewaffnet, um sich gegen ihre kurdischen Nachbarn zu verteidigen. Chalil Bey blieb daher nichts anders übrig, als sich mit seiner Armee zwischen den Russen und den Bergsyrern durchzuschlagen, um auf halsbrecherischen Wegen über die kurdischen Berge Bitlis zu erreichen. Auf diesem Marsch wurde er von den russischen Truppen aus Richtung von Baschkaleh angegriffen. Sich langsam zurückziehend, hielt er hartnäckig stand und besetzte zuletzt eine fast unzugängliche Gebirgskette, 40 bis 50 Kilometer südlich von Baschkaleh. In diesen Felswüsten, deren Gipfel noch mit Schnee bedeckt waren, begann ein verzweifelter Kampf. Am 4. Juni wurden durch einen Angriff der Russen die Truppen von Chalil Bey zersprengt und in das Tal von Liwa herabgeworfen. Reste seiner Armee schlugen sich auf Bergpfaden nach Sört durch. Chalil Bey selbst gelangte auf Umwegen nach Bitlis und sammelte dort, was sich von seiner persischen Okkupationsarmee allmählich wieder zusammenfand. Die Kurden, die sich in Urmia an die Armee von Chalil Bey angeschlossen hatten, waren in die kurdischen Distrikte von Schemdinan, südöstlich von Urmia, entwichen.

Inzwischen hatte der Nordflügel der türkischen Kaukasusarmee aufs Neue die Offensive gegen Olti ergriffen. Da sie hier auf den hartnäckigen Widerstand der Russen stießen und nicht vorwärts kamen, verstärkten sie wieder ihren rechten Flügel, der gegen das Wangebiet operierte. In breiter Front drangen sie von Keslar Dagh bis zum Scharian Dagh vor, und suchten durch den Delibaba-Paß wieder in die von den Russen besetzte Alaschkert-Ebene vorzudringen. Ebenso rückten sie von Westen her gegen die

Russische Front vor und besetzten eine Linie, die vom Nimrud-Dagh, am Westende des Wansees über Karmuch und Pirhus, zum Nassik-See und über den Bulama-See nach Gob führte. Die Russen waren zuvor schon westlich des Nimrud-Dagh auf Bitlis vorgestoßen und bereits in die Ebene von Musch heruntergestiegen, wo sie Wardenis besetzten, hatten aber diese vorgeschobene Stellung wieder geräumt und sich auf die Linie Achlat-Melaskert zurückgezogen, als Truppen, die aus Mosul kamen, sich mit den Resten der Armee von Chalil Bey in Bitlis vereinigt hatten. Die Türken warfen nun ein Armeekorps von Erzerum gegen die russische Front. Am 8. August eroberten sie den Pass von Mergemer, der ihnen die Alaschkert-Ebene aufschloss. Die Russen aber warfen sie wieder zurück und hielten nach verschiedenen Kämpfen die Linie Gob-Achlat.

Während der Offensive der türkischen Armee räumten die Russen vom 31. Juli bis zum 2. August Wan. Die Türken hatten von Bitlis einen Vorstoß gegen Wan gemacht, dem die Russen auswichen, um nicht den Operationen nördlich des Wansees Truppen zu entziehen. So konnte Djevded Bey vier Tage nach dem Abzuge der Russen mit 400 Mann Wan besetzen. Er fand aber Wan leer, da die Russen die gesamte armenische Bevölkerung samt den amerikanischen und deutschen Missionaren mitgenommen hatten. Die Räumung der Stadt hatte Hals über Kopf stattgefunden. Die Amerikaner verließen Wan am 2. Juli, der Leiter des deutschen Waisenhauses mit seiner Frau und Tochter und den deutschen Missionarinnen am 3. August. Schwester Käthe schiffte sich mit 50 Kindern des deutschen Waisenhauses ein, um über den See zu fahren. Da das Boot von Kurden beschossen wurde, musste sie mit den Kindern am 8. August in die brennende Stadt Wan zurückkehren. Am 9. August kam Djevded Bey nach Wan und stieg in der deutschen Mission ab, wo Schwester Käthe ihn aufnahm, da sonst alles verbrannt war. Noch mancherlei war in der Stadt zurückgelassen worden. Die Kurden und

Türken fingen sofort an, zu plündern. Die etwa 400 Armenier, die von den 30 000 armenischen Bewohnern der Stadt noch zurückgeblieben waren, Greise, Frauen, Kinder und Kranke konnten sich zum größeren Teil in das Anwesen der deutschen Mission flüchten, wo wenigstens ihr Leben geschützt war. Was die Kurden von Armeniern noch vorfanden, schlugen sie tot, die Frauen nahmen sie mit. Schon nach vier Tagen verließen türkischen Truppen wieder Wan. Am 14. Juli kehrten die russischen Truppen wieder zurück und mit ihnen viele armenische Familien. Später wiederholte sich wie es scheint, dieser Wechsel der Belagerung noch einmal. Wan wurde von den Türken wieder besetzt und wieder geräumt. Die Russen kehrten zurück und haben seitdem Wan in Händen.

Schon die erste Räumung von Wan durch die Russen war ziemlich zwecklos. Vielleicht hatte die Heeresleitung nur die Absicht, die Armenier aus Wan herausholen. Denn der alte Grundsatz von Lobanoff-Rostowski: „Armenien ohne die Armenier" hat niemals aufgehört das leitende Prinzip der russischen Armenierpolitik zu sein.

Verwüstungen im Gebiet von Wan, Urmia und Salmas.

Zu der Zeit, als Wan durch türkische Truppen belagert wurde, sind die wehrlosen armenischen Dörfer des Wilajets systematisch verwüstet und die Einwohner, soweit sie sich nicht flüchten konnten, massakriert worden. Die Flucht, die Anfang April einsetzte, als die Alaschkertdörfer und die Abagha-Ebene geplündert wurden, nahm von Woche zu Woche größere Maßstäbe an. Nach einer Statistik über die Massaker sind in der Zeit von Ende Oktober 1914 bis Mitte Juni 1915 in Wilajet Wan und in den benachbarten Distrikten des Wilajets Erzerum 158 Dörfer geplündert und zerstört und gegen 26 000 Armenier massakriert worden. Die übrige Bevölkerung entzog sich dem sicheren Untergang durch die Flucht. Das Wilajet Wan, das vor dem Kriege 185 000 Armenier zählte, scheint gegenwärtig von Armeniern ausgeleert zu sein. Desgleichen die südöstlichen Gebiete des Wilajets Erzerum mit ca. 75 000 Armeniern. Was noch zurückgeblieben war oder bei dem Vormarsch der Russen seit Mitte Mai zurückkehrte, ist von russischer Seite evakuiert worden, als die russischen Truppen zeitweise Wan räumten (Mitte August). Alles was sich an armenischer Bevölkerung aus den türkischen Grenzgebieten vor dem Schwert hat retten können, befindet sich gegenwärtig auf russischem Boden, im Araxestal. Die Zahl der Flüchtlinge, die sich größtenteils um Etschmiadzin, den Sitz des armenischen Katholikos, gesammelt haben, soll 200 bis 250 000 betragen. Etwa 200 000 befinden sich auf russischem und 25 bis 50 000 (mit Einschluss der Nestorianer) auf persischem Gebiet. Außer denen, die sich in Urmia zu den amerikanischen Missionaren flüchten konnten, ist dies alles, was von der armenischen und syrischen Bevölkerung in den östlichen Wilajets und in Nordpersien übrig geblieben ist. Über die Verwüstungen, die die türkische Armee von Chalil Bey und die mit ihr vereinigten kurdischen Truppen im Urmia- und Salmasgebiet angerichtet haben, liegen einige Berichte aus Urmia vor:

Der deutsch-amerikanische Pfarrer Pfander aus Urmia schreibt unter dem 22. Juli 1915:

„Kaum waren die Russen fort, da begannen die Mohammedaner zu rauben und zu plündern. Fenster, Türen, Treppen, Holzwerk, alles wurde fortgeschleppt. Manche Syrer hatten ihren ganzen Hausrat und ihre Wintervorräte in Stich gelassen und waren geflohen. Alles fiel den Feinden in die Hände. Die Flucht war das Beste; denn die Zurückgebliebenen hatten ein trauriges Los. 15 000 Syrer fanden Schutz innerhalb der Missionsmauern, wo die Missionare sie mit Brot versorgten: Ein Lawasch (dünnes Matzenbrot) für eine Person am Tag. Krankheiten brachen aus, die Sterberate stieg bis auf 50 am Tag. In den Dörfern töteten die Kurden fast jeden Mann, dessen sie habhaft werden konnten. Sechs Wochen lang hatten wir einen osmanischen Soldaten als Wache. Dass ich in Deutschland geboren bin, half viel, und niemand hat uns ein Haar gekrümmt.

Soll ich berichten, wie die Türken an der Hauptstraße vor dem Stadttor einen Galgen errichtet hatten und viele unschuldige Syrer erhängt und andere erschossen wurden, die sie vorher lange Zeit im Gefängnis gehalten hatten? Ich will von all' dem Gräulichen schweigen. Nebst vielen anderen armenischen Soldaten haben sie einen hier vor dem Tore erschlagen und dicht hinter Frl. Friedemanns Mauer verscharrt, aber so nachlässig, dass ihn die Hunde zum Teil wieder herausscharrten. Eine Hand lag ganz offen. Ich nahm einige Schaufeln und wir warfen einen Hügel über ihn. Frl. Friedemanns Garten, das Eigentum der Deutschen Orient-Mission, wurde von den Mohammedanern zerstört, die Häuser zum Teil in Brand gesetzt. Mit Freuden haben wir die ersten Kosaken begrüßt, die nach 5 Monaten wieder erschienen. Man ist wieder seines Lebens sicher und braucht den Tag über die Tore nicht verschlossen zu halten."

Die frühere Leiterin des deutschen Waisenhauses in Urmia, Frl. Anna Friedemann, die zu Anfang des Krieges gezwungen wurde, ihr Waisenhaus zu räumen und russischen Offizieren zu überlassen, erhielt den folgenden Brief:

„Die neuesten Nachrichten sagen, dass bei den (amerikanischen) Missionaren (in Urmia) 4000 Syrer und 100 Armenier nur an Krankheiten gestorben sind. Alle Dörfer der Umgegend sind geplündert und eingeäschert worden, besonders Göktepe Gülpartschin, Tscheraguscha, 2000 Christen sind in Urmia und Umgegend niedergemetzelt worden; viele Kirchen sind zerstört und verbrannt worden, ebenso viele Häuser der Stadt."

Ein anderer Brief sagt:

„Sautschbulak wurde von den Türken dem Erdboden gleichgemacht. Für die Missionare war ein Galgen errichtet, doch eingetretene Hilfe verhinderte das Schlimmste. Eine Missionarin und ein Doktor sind gestorben."

Ein dritter Brief berichtet:

„In Haftewan und Salmas sind aus den Pumpbrunnen und Zisternen allein 850 Leichname herausgezogen worden, und zwar ohne Kopf. Warum? Der Oberstkommandierende der türkischen Truppen hatte für jeden Christenkopf eine Summe Geldes ausgesetzt. Die Brunnen sind mit Christenblut getränkt. Aus Haftewan allein sind über 500 Frauen und Mädchen den Kurden nach Sautschbulak ausgeliefert worden. In Dilmam wurden Scharen von Christen eingesperrt und mit Gewalt gezwungen, den Islam anzunehmen. Die männlichen wurden beschnitten. Gülpartschin, das reichste Dorf im Urmiagebiet, ist ganz dem Erdboden gleich gemacht worden; die Männer sind getötet, die hübschen Mädchen und Frauen weggeführt, ebenso in Babaru. Zu Hunderten flohen die Frauen in den tiefen Fluss, als sie sahen, wie viele ihrer Mitschwestern von den Banden am hellen Mittag auf den Straßen vergewaltigt wurden; ebenso in Mianduab im Suldusdistrikt. Die Truppen, die von Sautschbulak durchzogen, trugen das Haupt des russischen Konsuls aufgespießt nach Maragha. Im katholischen Missionshof in Fath-Ali-Chan-Göl sind 40 Syrer an den dort errichteten Galgen aufgehängt worden; die Klosterfrauen waren auf die Straße hinausgelaufen und hatten um Erbarmen gefleht, aber umsonst. In Salmas, in Khossrowa ist ihre ganze Station zerstört, die Klosterfrauen sind geflohen. Maragha ist zerstört. In Täbriz ist es nicht so schlimm. In Salmas wurden 1175, im Urmiagebiet 2000

Christen niedergemacht. An Typhus starben bei den Missionaren 4100. Alle Flüchtlinge zusammen, auch aus Tergawar, Wan, Adzerbeidschan, werden auf 300 000 geschätzt. In Etschmiadzin hat sich ein Komitee gebildet, um für die Armen zu sorgen. Über 500 Kinder wurden unterwegs auf den Straßen gefunden, wo die Flüchtlinge herkamen, darunter solche im Alter von neun Tagen. Im Ganzen sind über 3000 Waisen in Etschmiadzin gesammelt worden."

Über die Verwüstungen der armenischen Dörfer im Wilajet Wan, die von verschiedenen Seiten bestätigt sind, liegt auch noch ein d e u t s c h e r Bericht von Herrn Spörri, Leiter des deutschen Waisenhauses in Wan, vor, der von einer Reise berichtet, die er im Juni, also nach dem Einmarsch der Russen in das Wangebiet, in der Umgegend von Wan unternahm:

„Da liegt Artamid im Schmuck seiner reizenden Gärten vor uns. Aber wie sieht der Ort aus? Zum großen Teil ist er nur noch ein Trümmerhaufen. Wir sprachen dort drei unserer früheren Waisenknaben, die in der Zeit Furchtbares durchgemacht hatten. Wir reiten weiter über den Berg von Artamid. Unsere Blicke schweifen über das prächtige Tal Hanoz. Dort liegt vor uns Artananz, jetzt auch ganz zerstört. Weiterhin in dem kräftigen Grün liegt Wostan. Beim ersten Anblick könnte man es ein Paradies nennen, aber in den letzten Tagen ist es zur Hölle geworden. Wieviel Blut mag dort geflossen sein? Es war ein Hauptstützpunkt der bewaffneten Kurden. Am Fuß des Berges kommen wir nach Angegh. Auch dort wieder viele Häuser zerstört. 130 Personen sollen hingemordet sein. Wir lagerten uns hier angesichts der schwarzen Trümmer. Da lag vor uns ein „Amrodz", wie man sie hier so häufig sieht, ein aus Mistkuchen gebauter Turm. Man sagte uns, in diesem haben die Kurden die getöteten Armenier verbrannt. Schrecklich! Doch ist das immerhin noch besser, als wenn die Leichen der Erschlagenen, wie es an anderen Orten geschehen, lange unbegraben liegen bleiben, von Hunden aufgefressen werden und die Luft verpesten. Als wir dann nach Genn weiterreiten, kommen uns schon Bekannte aus dem Dorfe entgegen, die uns von dem Geschehenen berichten. Auch dort liegen die Stätten unserer früheren Wirksamkeit, Schule und Kirche, in Trümmern, und außerdem noch viele Häuser. Der Mann, bei dem wir sonst einzukehren pflegten, ist auch unter den Erschlagenen. Seine Witwe kann sich noch immer nicht fassen. Hier sollen es ungefähr 150 Ermordete sein. Es seien so viele Waisen in dem Orte, sagte man uns. Ob wir jetzt wieder welche aufnehmen wollten. Wir konnten keine bestimmte Antwort darauf geben.... Wir hatten einen wundervollen Blick von der Bergeshöhe, aber in den Dörfern sieht man überall geschwärzte und zerstörte Häuser."

Von dem Massaker von Ardjesch, das während der Belagerung von Wan stattfand, haben wir schon im amerikanischen Bericht gelesen. Um dieselbe Zeit wurden Achlat und Tadwan überfallen. Die Verwüstungen wurden später vervollständigt, als die Russen im August zeitweise die von ihnen nördlich des Wansees besetzten Gebiete räumten. Der ganze Norden und Nordosten des Wilajets Wan und die angrenzenden Distrikte des Wilajets Erzerum bis zur türkischen Grenze sind so gut wie ausgeleert. Die türkische Bevölkerung, nach türkischer Quelle in Zahl von etwa 30 000, ist vor den Russen her in das Wilajet Bitlis geflüchtet, die armenische Bevölkerung in den Kaukasus.

Die Berichte ergeben, dass bei dem Massaker im Wangebiet und in den persischen Distrikten von Salmas, Urmia und Sautschbulak zwischen armenischer und syrischer Bevölkerung kein Unterschied gemacht wurde. Auch die Bergsyrer sollen jetzt von türkischen Truppen zerniert sein. Am 30. September kamen in Salmas viele nestorianische Flüchtlinge aus Djulamerk im oberen Zaptal an. Diese Syrer erzählten, dass weitere 30 000 Nestorianer, unter ihnen auch der nestorianische Patriarch Marschimum, auf der Flucht seien und ihnen folgen würden. Sie seien von türkischen Truppen angegriffen und vertrieben worden. Weiter erzählten sie, dass 25 000 Bergsyrer von Kurden und türkischen Truppen umzingelt seien und sich schwerlich vor Vernichtung würden retten können. Ein

Bericht des nestorianischen Patriarchen.

Marschimum Benjamin, der im Oktober nach Chassrowa in Persien kam, teilt näheres über die Verfolgung seiner Kirche in der Türkei mit. Der Marschimum hat seinen Sitz in Kotschannes bei Djulamerk im oberen Zabtal. Er ist ein Mann von 25 Jahren. Das Patriarchat ist erblich in seiner Familie. Der Sitz des Patriarchates wurde im Jahre 1500 von Bagdad nach Kotschannes verlegt. Da die syrisch-nestorianischen Christen der Türkei teils aufgerieben, teils über die persische Grenze und nach Russland geflohen sind, hat der Patriarch vorläufig seinen Sitz nach Chossrowa in der Salmasebene verlegt. Dort machte er einem Besucher gegenüber die folgenden Mitteilungen:

„Mein Volk besteht aus 80 000 Seelen, die als freie Aschirets (Stämme) in der Türkei lebten. Sie hatten, wie die kurdischen Aschirets, weder Steuern zu zahlen noch Soldaten zu stellen. Kein türkischer Beamter kam in unser Gebiet. Unsere Stämme sind von alter Zeit her bewaffnet, schon die zehnjährigen Knaben werden im Waffendienst geübt, so dass wir uns mit unseren 20 000 Bewaffneten gegen die Raubüberfälle der um uns wohnenden Kurden schützen konnten. Als die Konstitution in der Türkei eingeführt wurde, schenkten wir den Versprechungen der Regierung Glauben, die uns Sicherheit verbürgte, und verkauften einen großen Teil unserer Waffen, da man uns glauben machte, dass auch die Kurden entwaffnet worden seien. Dadurch wurde unser Volk wehrlos. Nach der Erklärung des Djihad beschlossen die Türken, uns ebenso wie die Armenier auszurotten und ließen uns durch ihre

Truppen und durch die Kurden, in deren Mitte wir wohnen, überfallen. Unsere Lage verschlimmerte sich noch mehr, als Chalil Bey nach seinen Niederlagen in Salmas und im Urmiagebiet sich im April des Jahres mit seiner geschlagenen Armee durch unsere Täler zurückzog. Ende Mai brachen türkische Truppen aus Mosul in unser Gebiet ein. Mit dieser Zeit begannen die offiziellen Massaker und Verwüstungen in unseren Dörfern. Unser Volk verließ die Weideplätze und zog sich in das Hochgebirge von Betaschin zurück, wo es jetzt eingeschlossen ist. Die Lebensmittel drohen ihnen auszugehen, und es herrschen Epidemien. Es bleibt ihnen nur noch die Hoffnung, durchzubrechen, und über die persische Grenze zu fliehen."

Wie die „Frankfurter Zeitung" unter dem 4.2.1916 berichtet, ist der Patriarch nach Tiflis gekommen, und hat dort den Exarchen von Georgien, der dem russischen Synod unterstellt ist, gebeten, für ihn eine Erlaubnis zur Reise nach St. Petersburg auszuwirken. Die Reise soll bezwecken, eine Vereinigung der syrisch-nestorianischen Kirche mit der russisch-orthodoxen herbeizuführen. Nach der Behandlung, die den christlichen Kirchen in der Türkei seit der Erklärung des Dschihad zuteil geworden ist, hat dieser Entschluss nichts Verwunderliches. Die türkische Regierung treibt mit Gewalt Armenier und Syrer in die Arme Russlands. Ein Bild von dem Schicksal der Flüchtlinge gibt der folgende

Brief eines Flüchtlings aus Wan, der im Juli 1915 beim Rückzug der Russen Wan verließ.

(Schreiber dieses Briefes ist der Lehrer Parunag Ter Harutunian aus Wan, Adressatin Frl. Kohareg Bedrosian.)

Wagharschabad, den 27. August 1915

Liebes Fräulein!

Du wirst wohl aus den Zeitungen von der völligen Zerstörung von Wan gehört haben. Mitte April äscherten die

Türken mein Haus und unsere ganze Straße ein, in unserem Haus waren 250 Frauen und Kinder aus den Dörfern in der Umgegend von Wan und 50 aus der Stadt, die alle mit verbrannt sind. Es herrschte in Wan eine fürchterliche Pockenkrankheit, die täglich 60 bis 70 Kinder dahinraffte.

Im Juli mussten sich die Russen zurückziehen; infolgedessen mussten die überlebenden Armenier Wan verlassen. Meine Schwägerin mit meiner Frau, jede ein Kind in den Armen, und ich mit meinen zwei kleinen Buben, die 8 und 11 Jahre alt sind, mussten ohne jeden Proviant und Reisegepäck die Stadt verlassen. Von Wan bis Igdir – ach dieser Weg des Elendes und des Jammers, gleich der Hölle! – waren wir dreizehn Tage unterwegs, weil wir zu Fuß gehen mussten. Überall auf der Straße fanden wir Leichen. Auf den Feldern lagen die gefallenen Soldaten. In den Dörfern, die völlig verödet waren, war niemand mehr am Leben, außer den Hunden, die die Leichen fraßen. Unsere Karawane bestand, als wir Wan verließen, aus 872 Personen. Nur 93 davon sind in Igdir angekommen. Auch mein eignes Kind, der hoffnungsvolle Zolag, starb unterwegs, und ich konnte ihn nicht einmal begraben. Hingeworfen, weiter gezogen oder vielmehr weiter geschoben.

Wir hatten 8 Tage lang unsere Kuh mit, die geduldig abwechselnd unsere Kinder trug. Sie musste aber am 9. Tage unseres Elendes geschlachtet werden, um die Flüchtlinge am Leben zu erhalten.

Seit vier Wochen hüte ich das Bett und bin froh, dass ich noch am Leben bin. In Wan ist kein Mensch mehr, weder Türke noch Armenier. Hier sind wir mit noch 17 anderen in einem Zimmer einquartiert. Viele sterben durch Schmutz und Hunger. Sorge für Geld und Hilfe um Gottes willen, sonst können wir nicht am Leben bleiben.

In tiefer Trauer grüßt Dich Dein Lehrer
Parunag

7. Wilajet **Bitlis.**

Das Wilajet Bitlis zählte unter 398 000 Bewohnern 195 000 Christen, nämlich 180 000 Armenier und 15 000 Syrer. Von den übrigen 200 000 sind 40 000 Türken. Der Rest setzt sich zusammen aus 45 000 sesshaften Kurden, 48 000 Nomadenkurden, 47 000 Sasakurden, 10 000 Tscherkessen, 8 000 Kisilbasch und 5 000 Jesidis. Die Armenier verteilen sich über alle Gebiete des Wilajets, sind aber besonders stark vertreten in der Umgegend von Bitlis und in der Euphrat-Ebene von Musch mit 200 bis 300 Dörfern. Die Ebene von Musch wird im Süden durch die Tauruskette begrenzt. In den Hochtälern des Taurus, südlich dieser Kette, liegt das Gebiet von Sassun, das in den neunziger Jahren der Schauplatz der ersten armenischen Massaker unter Abdul Hamid war.

Die Vorgänge im Wilajet Bitlis hängen mit den Ereignissen im Wilajet Wan zusammen. Die endgültige Katastrophe vollzog sich erst, nachdem die Russen Wan wieder geräumt hatten. Aber bereits seit dem Februar, noch ehe die Armenier von Wan irgend daran dachten, dass sie sich gegen ein drohendes Massaker zu verteidigen hätten, sah es bunt genug im Wilajet Bitlis aus.

Seit dem Ausbruch des Krieges waren die Städte und die armenischen Dörfer von türkischen und kurdischen Banden angefüllt, die als Milizen in die Armee eingestellt waren. Die Gendarmen beschäftigten sich unter dem Vorwande von Requisitionen mit Räubereien und Plünderungen. Den Armeniern wurden alle für den Winter aufgesparte Vorräte an Lebens mitteln weggenommen, und man befürchtete für das Frühjahr eine Hungersnot. Außer den Armeniern, die zur Armee ausgehoben waren, wurden weiter Armenier jeden Alters in beliebiger Zahl zum Wegebau und zum Lasttragen requiriert. Die Lastträger hatten den Winter über durch die verschneiten Gebirge schwere Lasten bis zu 70 Pfund an die Kaukasusfront zu tragen. Schlecht genährt und ohne Schutz gegen Kurdenüberfälle, kam die Hälfte auf dem Wege um, oft kehrte auch nur ein Viertel zurück. Als nach den Kämpfen von Sarikamisch und Ardahan die Kaukasusarmee in Schnee und Eis einquartiert war, desertierten viele Soldaten. Aber auf fünf türkische Deserteure kam höchstens ein armenischer.

Einzelne Deserteure kehrten in ihre Dörfer zurück. Die Gendarmen gingen mit Listen von Deserteuren von Dorf zu Dorf, um die Auslieferung derselben zu verlangen. Zugleich nahmen sie Haussuchungen nach Waffen vor. Falls sich die Deserteure fanden, wurden ihre Häuser niedergebrannt und ihre Äcker eingezogen. Diese Razzias, die die Gendarmen veranstalteten, führten gelegentlich zu Zusammenstößen. Anfang März kam so der Kommissar Razim Bey und der Mülasim Djevded Bey mit 40 Zaptiehs in das armenische Dorf Zronk. Bei einem Kugelwechsel mit einem Flüchtling wird einem Gendarmen das Pferd unter dem Leibe weggeschossen. Er kehrt in das Dorf zurück, nimmt ein gutes Pferd von den Bauern, lässt sich 40 türkische Pfund als Ersatz für das tote Pferd zahlen, 25 Häuser anzünden, die Männer des Dorfes über die Klinge springen und konfisziert die Äcker. In Armedan werden türkische Freiwillige in armenischen Häusern einquartiert. Zum Dank für die Verpflegung vergewaltigt der Anführer die Schwiegertochter seines Quartierwirtes. Ähnliche Dinge wiederholen sich in anderen Dörfern.

Die Kurden in den Bergen hatten keine Lust, in den Krieg zu ziehen. Sie zogen es vor, armenische Dörfer zu plündern. Das war weniger beschwerlich und gewinnbringender. Der Mutessarif von Musch schien die Kurden erst bestrafen zu wollen, erklärte aber dann, er könne nichts machen. Der Kurdenstamm Abdul Medschid von Melasgert besetzte die Berge von Tschur, plünderte die armenischen Dörfer und massakrierte die Ein-wohner. Ein anderer Kurde, der Bruder des Kurdenscheichs Musa Bey, wollte sich in einem Gebiet die Plünderungen durch andere Kurden nicht gefallen lassen. Auch andere Kurdenscheichs widersetzten sich der Regierung. Als ihnen aber die Unabhängigkeit ihrer Aschirets (Stämme) zugesichert wurde, gingen sie mit der Regierung und hielten sich an den Armeniern schadlos.

Trotz aller Drangsalierungen verhielten sich die Armenier ruhig, ertrugen die Übergriffe und ließen sich zu keinem Widerstand verleiten. Sie beschwerten sich bei der Regierung, und zeitweise schien die Regierung sie auch schützen zu wollen. In Musch hielt sich zu der Zeit ein bekannter armenischer Führer, Wuhan Papasian, Abgeordneter des Parlaments für Musch, auf. Er vertrat die Interessen der Armenier beim Mutessarif von Musch und beim Wali von Bitlis. Ähnlich wie in Wan, versuchte man, durch Verständigung mit der Regierung dahin zu wirken, dass Streitigkeiten geschlichtet würden und die Ordnung, so gut es unter den anarchischen Zuständen möglich war, aufrecht erhalten würde.

Ende April änderte der Wali, wohl auf Veranlassung der Vorgänge in Wan, sein bis dahin noch scheinbar wohlwollendes Verhältnis zu den Armeniern. Am 1. Mai wurden 3 Armenier in Musch gehängt und das armenische Viertel ohne Veranlassung von Militär eingeschlossen. Der Wali drohte öffentlich mit einem Massaker. Zu gleicher Zeit wurden alle noch irgendwie tauglichen armenischen Männer zu den Wegebau- und Lastträgerkolonnen (Hamallar-Taburi) und ohne Rücksicht darauf, ob die Familien ohne Ernährer blieben, ausgehoben. So erhielt z.B. der Vorsteher des Dorfes Goms in der Musch-Ebene Befehl, 50 Ochsen und 50 Mann für Transportzwecke zu stellen. Trotzdem das Dorf nur 70 Männer, die Greise eingerechnet, hatte, brachte er 50 Ochsen und 45 Mann zusammen und bot für die 5 fehlenden Mann die Militärbefreiungsteuer an. Der Müdir von Agdschemak, der nach Goms gekommen war, wollte damit zufrieden sein, aber sein Begleiter, der Kurde Mehmed Amin, ein Feind des Dorfvorstehers, nahm das Fehlen der 5 Mann zum Anlass, den Dorfvorsteher auszupeitschen und 7 Armenier zu erschießen. Es kam zu einem Zusammenstoß, bei dem 7 Gendarmen und weitere 20 Armenier getötet wurden. Etliche Tage nach diesem Vorfall kam es zu einem Zwischenfall in dem Kloster Arakeloz. Dorthin hatten sich 80 Armenier geflüchtet. Truppen aus Musch, die das Kloster durchsuchten, brachen einen Streit vom Zaun, der blutig endete. Der Mutessarif von Musch schickte Truppen, forderte Auslieferung der Flüchtlinge, ließ sie aber nach weiteren Verhandlungen abziehen. Trotzdem ließ der Mutessarif die Leichen der Türken, die bei dem ersten Zusammenstoß umgekommen waren, nach Musch bringen und sagte in der Leichenrede öffentlich: „Für jedes Haar Eures Hauptes will ich Tausend Armenier hinschlachten lassen."

Zu derselben Zeit hörte man, dass armenische Wegearbeiter von ihren bewaffneten muhammedanischen Kameraden erschlagen wurden. Als dies systematisch fortgesetzt wurde, sagten sich die Armenier, dass diese Untaten nicht in dem Fanatismus ihrer muhammedanischen Kameraden, sondern in den Anordnungen der Regierung ihren Grund hatten, die die Armenier planmäßig auszurotten beschlossen hatte. Die Beschwerden des Bischofs wurden von der Regierung spöttisch abgewiesen.

Die Armenier waren verzweifelt. Was sollten sie tun? Kampffähige Männer waren kaum noch da. Die Frauen und Kinder waren den türkischen Truppen, den kurdischen Hamidiehs und der fanatisierten Menge preisgegeben.

Zu ihrer Überraschung fingen eines Tages plötzlich Türken und Kurden an, Freundschaft zu heucheln und sich mit ihnen wieder auf guten Fuß zu stellen. Die Erklärung dieser Wandlung war bald gegeben. Die Russen waren bis Gob und Achlat nördlich des Wansees vorgegangen und südlich des Sees marschierten sie auf Bitlis. Aber es kam nicht zur Besetzung von Bitlis. Auch der Vorstoß in die Muschebene wurde wieder zurückgenommen. Die Russen kamen nicht, und damit versank die letzte Hoffnung auf Rettung.

Einmal hatte der deutsche Konsul aus Mosul wegen der Plünderungen und Massaker in Wilajet Bitlis bei den türkischen Behörden interveniert. Eine Zeitlang schien das Eindruck zu machen, es dauerte aber nicht lange, so war alles wieder beim alten.

Stadt Bitlis.

Gouverneur von Bitlis war Mustafa Chalil, Schwager des Ministers des Innern Talaat Bey.

In der Stadt und Umgegend hatte er bereits alle männlichen Armenier zwischen dem 20. und 45. Jahre zum Heersdienste (d. h. zum Straßenbau und Lasttragen) ausheben lassen. Kirchen und Häuser der Armenier mussten für Einquartierung geräumt werden. Nach der Erklärung des Dschihad begannen die Mollahs, die Scheichs und die Banden, die von bekannten Räubern geführt wurden, ihre aufreizende Tätigkeit. Die Muhammedaner wurden bewaffnet, und in den Moscheen wurde der Christenhass gepredigt. Schon in den Monaten Dezember und Januar kam es zu mancherlei Untaten. Türken aus Bitlis hatten eine kurdische Bande gebildet und belagerten das Dorf Urdap. Sie nahmen den Bauern Pallabech Karabet und einige andere gefangen, führten sie gefesselt in die Stadt und folterten sie, indem sie ihnen die Bärte ausrissen. Eine andere Bande von 300 Mann unter Führung des Chumadji Farso (eines Nachkommen des berüchtigten Kurdenscheichs Djaleddin) und des Emirs Mehmed griff zehn armenische Dörfer im Gebiet von Gargar an, plünderte und verbrannte sie. Was nicht getötet wurde, floh nach Wan. Im Juni fand ein Massaker in Bitlis statt. Die Armenier von Bitlis und aus den Dörfern um Bitlis wurden in der Richtung auf Diarbekir abtransportiert. Die Männer wurden erschlagen, 900 Frauen und Kinder unterwegs, als man an den Tigris kam, ertränkt. Bei dieser Deportation muss auch der Deputierte Wramjan von Bitlis seinen Tod gefunden haben. Die türkische Version lautet: Armenier hätten ihn befreien wollen, weshalb die Gendarmen genötigt gewesen seien, ihn zu töten.

Die Ebene von Musch.

Am Morgen des 3. Juli begann die Metzelei in Musch. Die Kanonen wurden gegen den oberen Stadtteil gerichtet, so dass dort die Häuser einstürzten und eine Feuersbrunst ausbrach. Die Armenier verließen die Häuser und flüchteten sich in einen anderen Stadtteil, wobei sie zum Teil auf der Straße niedergemetzelt wurden. Der obere Stadtteil wurde gänzlich vernichtet. Nun richtete sich der Angriff gegen den Stadtteil „Brut". Die Armenier waren dort zusammengedrängt und sahen, wie ihre weiblichen Angehörigen geschändet, ihre Brüder getötet wurden. Nach der Zerstörung auch dieses Stadtteils wandten sich die Angriffe gegen den „Smareni"- Stadtteil. Dort wurden unbeschreibliche Gräuel begangen. Da keine Rettung mehr war, suchten die Armenier sich selbst zu töten. So sammelte Tigran Sinojan in Musch alle Mitglieder seiner Familie, 70 Personen, und reichte allen Gift. Nachdem sie dem Gift erlegen waren, legte er Feuer an das Haus und erschoss sich.

Andere Familien verbrannten ihre Häuser, um in den Flammen umzukommen, viele erschossen ihre Frauen und Kinder, um sie vor Schändung und Islamisierung zu bewahren.

Hadji Hagop fiel während eines Sturmes, aber seine Gefährten setzten die Verteidigung fort. Inzwischen waren alle Stadtteile außer „Zor" vernichtet und der übrig gebliebene Teil der armenischen Bevölkerung wurde in diesem am äußersten Ende der Stadt gelegenen Teil zusammengedrängt, etwa 10 bis 12 000 Personen.

Es kam der 4. Juli. Das Bombardement und die Angriffe der Kurdenhorden steigerten sich zu größter Heftigkeit. Aber auch die wenigen armenischen Verteidiger verdoppelten ihren Widerstand und erschossen Hunderte von Kurden. Was wollte das aber bedeuten? Die Häuser von Zor wurden allmählich in Trümmer geschossen und alle Armenier, welche am Leben geblieben waren, beschlossen, in der folgenden Nacht den an Zor grenzenden Fluss zu überschreiten und in die Berge von Goghu Gluch zu fliehen, in der Hoffnung, Sassun zu erreichen. In der elften Abendstunde setzte sich die Masse in der Richtung auf den Fluss in Bewegung. Aber die brennenden Häuser beleuchteten die Gegend auf 8 – 10 Kilometer Entfernung hin. Sie wurden von den Verfolgern bemerkt und beschossen. Viele fielen den Kugeln, andere dem Gedränge, und wieder andere den Wellen zum Opfer, und nur 5 – 6000 erreichten das andre Ufer und flohen in die Berge.

Die Kurden sammelten dann alle Verwundeten und etwa in der Stadt noch versteckten Armenier und verbrannten sie auf einem ungeheuren Scheiterhaufen.

Was sich aus der Ebene von Musch noch flüchten konnte, floh in die Berge von Sassun.

Sassun.

Sassun war nicht leicht zu bezwingen, das wussten die Türken aus der Zeit der Massaker von 1894/6. Bei Ausbruch des Krieges hatten die Kurden sie umschmeichelt und ihnen versprochen, ihre freundnachbarlichen Beziehungen aufrecht zu erhalten. Die Armenier ihrerseits versicherten die Kurden ihrer Freundschaft. So waren denn auch eine Zeitlang die Beziehungen ungetrübt. – Anfang 1915 begann die Regierung die Gegenden mit weniger dichter armenischer Bevölkerung (so die Dörfer Silivan, Bescherik, Miafarkin usw.) zu entwaffnen, die Armenier zu misshandeln, zu töten und zu vertreiben. Sie bewerkstelligten das so geschickt, dass die Runde ihrer Untaten nicht bis zu den armenischen Zentren drang. Erst Anfang März begann die Regierung auch gegen die Letzteren vorzugehen. Sie schickten Leute in den Bezirk von Zowasar, die in dem Dorfe Aghri die sofortige Auslieferung der Waffen forderten. Die Bauern bestritten, Waffen zu besitzen, und 50 von ihnen wurden getötet.

In gleicher Weise ging dann die Regierung in den Bezirken Chiank und Kulp*) vor. Die türkischen Beamten begaben sich mit vielen Kurden und Gendarmen dorthin und verlangten die Waffen. Die Bauern dieser Bezirke wandten ein, sie wären keine Rebellen, sondern der Regierung treu ergeben und besäßen keine Waffen. Als die Türken sie niederzumachen drohten, floh die armenische Jugend und versammelte sich in den Dörfern von Chiank: Ischchenzor, Ardchonk und Sewit. Darauf stürzten sich die Gendarmen und die Kurden auf die Dörfer und forderten außer den Waffen die Auslieferung der Flüchtlinge. Schließlich wurden die Frauen vergewaltigt und 3000 Männer als Hamallar Taburi (Armierungssoldaten) weggeführt. Diese wurden nach der Stadt Lidscheh gebracht, von dort weiter transportiert und zwischen Charput und Palu getötet. Nur 3 Personen konnten der Metzelei entgehen und in Dalvorik ihre Erlebnisse erzählen. Auf diese Kunde hin, verließen alle Armenier Chiank und Kulp und flüchteten nach Sassun.

Ähnlich ging es in dem Bezirk von Psank zu. Die Kurden von Scheko, Beder, Bosek, Modkan, Djallal und Gendjo griffen in Begleitung des Kaimakams die Armenier von Plank an.

Mitte Mai erklärte die Regierung die Armenier von

---

*) Diese zwei Bezirke, obgleich dem Sandschak Gendj angegliedert, gehören geographisch zu Sassun.

Psank als Rebellen und verlangte Auslieferung der Waffen. Darauf wurden aus einigen Dörfern Frauen geraubt. Ein großer Teil der Armenier, ca. 4000 Personen, wurde von Schepan Wartabed nach dem Kloster Mardin-Arakeloz (auf dem Berge Marat) gebracht, wo sie sich verschanzten und von den Kurden umzingelt wurden. Am 20. Mai kam es zu einem blutigen Kampf zwischen Belagerern und Belagerten. Anderthalb Monate konnten diese, trotz ihrer lächerlich geringen Kampfmittel, sich behaupten, bis ihnen dass Wasser abgeschnitten wurde. Sie schickten nach Sassun um Hilfe, aber die Hilfe blieb aus, und so versuchten sie durchzubrechen. Dabei kamen 2000 um; der Rest, mit dem Wartabed an der Spitze schlug sich durch.

Bisher war das eigentliche Sassun noch immer von Angriffen verschont geblieben. Die Sassuner zeigten sich streng loyal, und auch die Regierung trug Bedenken, gegen sie vorzugehen. Sie hatten viele der von der russischen Front geflohenen Kurdenfamilien freundlich bei sich aufgenommen, ihnen Kleidung und Nahrung gegeben und sie nach kurdischen Ortschaften weiterbefördert. Die Sassuner dachten nicht an Aufstand, sie hatten keine Waffen und auch nicht hinreichend Lebensmittel. Die Regierung aber fürchtete sie und ging sehr vorsichtig zu Werke. Erst als sie die Armenier in den Dörfern Zronk, Goms, Awsud, Muscheghaschen u.a. und in den Bezirken Chiank, Kulp, Psank und Zowasar z.T. vernichtet und z.T. vertrieben hatte, begann sie gegen Sassun vorzugehen. Der kurdische Agha von Chiank, der Müdir Kör-Slo schickte Gendarmen nach Dalworik, um die Auslieferung der Waffen zu fordern. Die Einwohner erklärten, dass sie der Zusicherung der Regierung, dass sie nach Ablieferung der Waffen das Volk in Ruhe lassen würde, keinen Glauben schenkten, nach dem alle Dörfer, die ihr Waffen übergeben hatten, vernichtet worden seien. So kehrten die Gendarmen unverrichteter Dinge zu dem Müdir zurück. Kör-Slo versuchte es noch zweimal, die Armenier zu überlisten. Als auch das nicht half, nahm sich der Mutessarif von Musch der Sache an. Er schickte den Wartabed Wartan, den Priester Chatschadur, die Efendis Gasem, Mussa, Mustafa und 10 andere Muhammedaner, um die Sassuner zu überreden, nach dem Dorfe Dapek zu kommen, wo der Kaimakam seinen Sitz hat. Der Kaimakam schickte nach Sassun, um die Dorfvorsteher zu sich zu bitten. Sie kamen und wurden sehr liebenswürdig aufgenommen. Die Efendis priesen ihre Loyalität und Treue. Als man aber auf die Frage Waffenauslieferung kam, erklärten die Armenier, von dem Volke keine Vollmacht zu besitzen. Man einigte sich, die Angelegenheit in einer Versammlung in Schenik zu verhandeln, wohin denn auch die übrigen Notabeln von Sassun kamen. Dort erklärten die Regierungsvertreter, dass Sassun keine Soldaten mehr stellen dürfe, weil die Sassuner Verrat geübt hätten. Die Armenier bestritten das und beschuldigten die Regierung, dass sie die Armenier, statt sie an die Front zu schicken, als Hamals (Last-Träger) verwende, und in entlegene Gegenden sende, um sie dort zu vernichten. Die Türken suchten das abzuleugnen und versicherten, dass die Regierung den Armeniern wohlwolle; in Anbetracht der ärmlichen Lage der Sassuner brauchten diese fortan keine Soldaten mehr zu stellen, man verlange von ihnen nur Lebensmittel und Kleidung für die Truppen. Die Sassuner versprachen das Gewünschte und noch mehr zu liefern, das Gleiche versprachen auch die Notabeln von Schenik, Senal, Geliagusan und Daluwor.

Darauf traten die Regierungsvertreter mit der Behauptung hervor, es sei der Regierung bekannt, dass die Sassuner in ihren Bergen Kosaken versteckt hätten. Sie müssten ausgeliefert werden, ebenso alle Waffen. Die Armenier bestritten, jemals Kosaken gesehen zu haben. Betreffs der Waffen erklärten sie, dass sie nie daran gedacht hätten, gegen die Regierung zu rebellieren. Warum denn die Kurden nicht entwaffnet würden? Sie hätten nur einige wenige Feuersteinflinten, die sie zum Schutze gegen die Raubtiere brauchten. So kehrten die Efendis, ohne etwas erreicht zu haben, nach Musch zurück.

Als die Regierung sah, dass die Entwaffnung bei Leuten von Sassun durch List nicht zu erreichen war, rief sie die benachbarten Kurdenstämme zusammen. Ende Juni wurde Sassun von ihnen umzingelt, von Osten her durch die Kurden von Scheko, Beder, Bosek und Djalall, von Westen her durch die Kurden von Kulp und ihren Scheichs Hussein und Hassan und die Kurden von Genasch und Lidsche, von Süden her durch die Kurden von Chian, Badkan und Baxran unter Chaldi Bey von Mealarkin und Hadschi Muschi Agha, von Norden her durch Kurdenbanden, die auf der Höhe von Kosduk zusammengezogen wurden; außerdem wurden türkische Truppen aus Diarbekir und Charput aufgeboten. Die Bevölkerung von Sassun zählt 20 000 Seelen. Außerdem waren in das Sassungebiet etwa 30 000 Frauen, Kinder und Greise aus den benachbarten Gebieten geflüchtet. Da Sassun selbst wenig Korn erzeugt, war die Ernährung dieser Flüchtlinge sehr schwierig. Schon im Winter war fühlbarer Mangel gewesen, aber die Regierung hatte den Leuten von Sassun nicht erlaubt, Vorräte in Musch einzukaufen. Seit dem Mai wurden die Lebensmittel immer knapper.

Die Kurden griffen zuerst das Dorf Aghbi (im Kreise Zowasar) und trieben die Schafherden weg. Dann überfielen die Kurden von Osten her die Dörfer Kop und German, töteten die sich widersetzenden Dorfbewohner und führten ihre Herden mit sich weg. Die Armenier zogen sich nun auf einen engeren Umkreis in die Antokberge zurück. Von da schickten sie eine Beschwerde an die Regierung, in der sie sich über die ungesetzliche Behandlung beklagten. Ihre Führer Ruben und WahanPapasian hielten gute Ordnung und waren bemüht, alles zu vermeiden, was der Regierung einen Anlass zum Einschreiten geben konnte.

Als Antwort auf die Beschwerde griffen am 18. Juli türkische Truppen die Armenier an, die sich zu ihrer Verteidigung auf Stellungen, die besser zu verteidigen waren, zurückzogen. Da die Armenier nur eine geringe Zahl von Bewaffneten und wenig Munition hatten, mussten sie sich zuletzt auf den Geben-Berg zurückziehen. Am 20. Juli war ihre Munition erschöpft, während die türkischen Truppen Artillerie gegen sie in Stellung brachten. Am Nachmittag des 21. Juli erging der Befehl, dass sich alle Armenier mit ihren Frauen und Kindern in der Ebene von Andoka sammeln sollten, wo sich schon der größte Teil der Bevölkerung und der Flüchtlinge befand. Es waren gegen 50 000, die dort zusammenkamen. Dort beschloss man, sich zu teilen und nach verschiedenen Richtungen auf unwegsamen Bergpfaden durch die belagernden Kurden durchzubrechen. Ein Teil floh in die Berge von Dalworik, ein Teil nach Zowasar. Ein Teil schlug sich über Krinkan-Giöl nach Kan durch, wo sie auf die von Musch geflüchteten Armenier stießen. Die Leute von Scheneck und Semal gingen über Korduk in das Tal von Amre und Zizern hinab, wo sie von den Kurden bis auf 87 Personen, die sich durchschlugen, vernichtet wurden. Die Leute von Aghbo kamen mit geringen Verlusten nach Zowasar und versteckten sich dort in den Felshöhlen. Die Leute von Geljegutzan und Ischchanzor wurden zur Hälfte aufgerieben. So wurde die Bevölkerung von Sassun zum Teil vernichtet, zum Teil in die Berge versprengt. Kurden und Türken streiften die Gegend ab, um die Versprengten abzuschießen. Von den Führern fielen Korion, Tigran und Hadschi. Am Leben blieben Ruben und Wahan Papasian, die sich mit kleinen Abteilungen in das Wan-Gebiet durchschlugen. Ende September trafen Ruben und Wahan Papasian in Eriwan ein. Sie schätzten die Zahl der damals vielleicht noch Lebenden, die sich nach verschiedenen Seiten zerstreut hatten, auf etwa 30 000. Da aber auch diese nur noch für kurze Zeit Lebensmittel hatten, muss man annehmen, dass sie inzwischen von den Kurden vernichtet oder Hungers gestorben sind.

III. Die westanatolischen Wilajets.

In den westanatolischen Wilajets ist das armenische Element nicht so zahlreich vertreten, wie in den ostanatolischen.

In dem Mutessariflik Ismid zählten sie 71 000, im Wilajet Brussa 90 000, im Wilajet Angora 67 500, im Wilajet Aidin (Smyrna) 27 000, im Wilajet Konia 25 000, im Wilajet Kastamuni 14 000, zusammen rund 300 000. Im Mutassariflik Ismid und Wilajet Brussa, die gegenüber von Konstantinopel und südlich des Marmarameeres liegen, fanden Vorbereitungen zur Deportation Ende Juli statt.

1. Ismid, Brussa.

Ein gewisser **Ibrahim Bey,** der sich in den Balkankämpfen als türkischer Komitatschi hervorgetan hatte und in Konstantinopel Aufseher am Gefängnis war, wurde in die Hauptplätze der Wilajets geschickt, nach Ismid, Adabazar, Bagtschetschik und anderen Orten, um dort Verhaftungen vorzunehmen und nach Waffen zu suchen. Vor drei Jahren hatte derselbe Ibrahim Bey in der Zeit der Reaktion im Auftrage des jungtürkischen Komitees in demselben Distrikt Waffen an die Armenier verteilt, damit sie, wenn nötig, die Herrschaft des Komitees gegen die Reaktion verteidigen sollten. Soweit Waffen vorhanden waren, waren sie schon freiwillig abgegeben worden. Als sich weitere Waffen nicht fanden, wurden die angesehenen Armenier ins Gefängnis gelegt und dort gefoltert. In Bagtschetschik ließ Ibrahim Bey 42 gregorianische Armenier, darunter einen Priester, verhaften und bis aufs Blut schlagen. Auch drohte er, den Ort niederzubrennen und mit den Einwohnern so zu verfahren, wie er es (im Jahre 1909) in Adana gemacht habe. Auch in Adabazar, Kür-Bejleng und anderen Orten wurden die angesehenen Armenier in die

Fallacha (den Stock) gesteckt und von ihm eigenhändig mit der Bastonade bearbeitet. Der Lehrer der gregorianischen Schule in Adabazar wurde zu Tode geprügelt, ein anderer geschlagen, bis er wahnsinnig wurde. Auch Frauen erhielten die Bastonade.

Ibrahim Bey rühmte sich, er habe von der Regierung Vollmacht, mit den Armeniern zu machen, was er wolle. In der Kirche von Bagtschetschik ließ er Grabungen nach Waffen veranstalten, fand aber nichts.

Um die Muhammedaner aufzureizen, wurden die lächerlichsten Lügen verbreitet. Ein türkischer Offizier erzählte, die armenischen Frauen hätten 10 000 Rasiermesser bei sich versteckt, um damit den Türken die Hälse abzuschneiden.

Am 30. Juli wurden die Ortschaften Bagtschetschik, Owatschik und Döngell mit ca. 20 000 Armeniern deportiert. Bagtschetschik wurde von 60 Saptiehs umzingelt, an Widerstand dachte niemand.

Nach und nach wurden alle armenischen Ortschaften ausgeleert. Der amerikanische Botschafter konnte nur erreichen, dass den Deportierten etwas mehr Zeit gelassen und die Deportation gegen 14 Tage aufgeschoben wurde.

In Brussa sollte ein gregorianischer Armenier aus guter Familie, namens Sedrak, Waffen ausliefern, hatte aber keine. Er wurde von der Polizei derart misshandelt, dass er Rippenbrüche erlitt. Dann wurde er mit den Worten: „er könne jetzt armenischer Minister werden", auf die Straße geworfen.

Dr. Taschjan und Dr. Melikset, Chefarzt des städtischen Krankenhauses in Brussa, wurden in Ketten nach Panderma gebracht und dort zu zehn Jahren Haft verurteilt. Dr. Melikset wurde in Ketten nach Brussa zurückgebracht und verschwand eines Tages. Als Beweis seiner revolutionären Gesinnung wurde eine Visitenkarte, die er vor sechs Jahren an seine Frau geschickt hatte, vorgezeigt, auf der die Worte standen: „Ich habe die betreffenden Leute aufgesucht."

In Adabazar wurden auch Frauen und Mädchen der gutsituierten Kreise in die armenische Kirche getrieben und einem Verhör wegen verborgener Waffen unterzogen. Als sie nicht auszusagen vermochten, verging man sich an ihnen aufs Schändlichste.

Auch in diesem Gebiet wurde die Deportation von den Beamten zu Gelderpressungen an vermögenden Armeniern benutzt. So wurden in Biledjik dem Penck Mordjikian 100 türk Pfd., dem Agop Mordjikian 150 türk. Pfd., den Gebrüdern Diragossian 100 türk. Pfd. abgenommen. In Trilia wurden von der Bevölkerung 1000 türk. Pfd. verlangt und ihr das Versprechen gegeben, sie nicht auszuweisen. Kaum war das Geld in den Händen der Beamten, so erfolgte die Deportation.

In Marmaradjik wurden 60 Personen getötet und die Mädchen bis zu 11 Jahren herab vergewaltigt.

Die Armenier dieser Distrikte wurden zum Teil mit der Bahn verfrachtet, in Viehwagen gestopft, einige Stationen weiter geschickt und auf freiem Felde ausgeladen. Ein deutscher Sanitätsbeamter sah an der Strecke zwischen Ismid und Eskischeher im August auf freiem Felde ungeheure Haufen von Menschen lagern, die er auf 40 bis 50 000 schätzte. An den Abfahrtstationen spielten sich, wie viele Augenzeugen berichteten, herzzerreißende Szenen ab. Die Männer und Frauen wurden voneinander getrennt und gesondert an verschiedene Orte verschickt. Arme Frauen verkauften vielfältig ihre Kinder, um sie am Leben zu erhalten, für einige Medschidies (Taler) an muhammedanische Familien.

Über die Art, wie bei den Verhören durch Polizeibeamte und Gendarmen in der Gegend von Ismid die Armenier behandelt wurden, liegt ein besonderer Bericht von einem Augenzeugen vor.

„Am 1. August begann man in der Kirche die Verhafteten mit Stöcken zu schlagen. Man wollte dadurch die Leute zwingen, Waffen, die sie etwa noch hätten, herauszugeben. Die meisten nahmen ihr Schicksal schweigend auf sich, da sie keine Waffen hatten. Eine Mutter warf sich zwischen den Polizisten und ihren schwindsüchtigen Sohn und empfing selbst die Streiche. Eine deutsche Frau versuchte ihren armenischen Mann zu retten. „Geh aus dem Wege oder ich schlage dich" schrie der Beamte. Als sie sagte, dass sie eine Deutsche sei, erwiderte er: „Ich kümmere mich nicht um deinen Kaiser, meine Befehle kommen von Talaat Bey!"

Einige vornehme Damen kamen, um bei dem Beamten Fürsprache einzulegen, und für ein oder zwei Tage ließen die Misshandlungen etwas nach. Dann kam der Tag des Schreckens. Der furchtbare Sonnabend. Frauen stürzten zu uns ins Haus und sagten: „Sie schlagen die Armenier tot, sie werden bald auch die Frauen erschlagen!" Ich lief zu dem Hause eines Nachbars und fand dort Männer und Frauen weinend. Die Männer waren aus der Kirche entkommen und erzählten unter Tränen, was sie dort erlebt hatten. „Sie schlugen uns fürchterlich", riefen sie, „und sagten, sie würden uns in den Fluss werfen. Sie wollen uns in die Verbannung schicken. Sie wollen Muhammedaner aus uns machen. Auch die Frauen wollen sie schlagen. Gleich werden sie ins Haus kommen."

Ein türkischer Soldat stand außerhalb der Kirche in Tränen aufgelöst. Er sagte, er habe wegen der furchtbaren Behandlung der Armenier drei Tage und Nächte geweint. Einige Leute waren zehn Tage lang in der Kirche eingeschlossen.

Nach 3 Tagen hörte das Schlagen auf und wir schöpften wieder Mut. Am Sonnabend wurden einige armenische Läden wieder geöffnet. Aber am nächsten Morgen in der Frühe, es war Sonntag, kam die Nachricht, dass alle Armenier, etwa 25 000 an Zahl, deportiert werden sollten. Sie sollten mit dem Güterzug nach Konia fahren, wenn sie die Fahrt bezahlen konnten, und dann mit dem Wagen nach Mosul, die anderen sollten zu Fuß gehen, eine Reise, die Wochen und Monate dauert.

Uns erreichten noch furchtbare Berichte von solchen, die sich zu Fuß aufgemacht hatten, und auch von solchen, die ihren letzten Besitz verkauft hatten, um die Fahrt bezahlen zu können. Geld mitzunehmen fürchteten sie sich. Die Armen hatten auch keins. Die Reichen mussten all ihr Eigentum zurücklassen. Nahmen sie Geld mit sich, so hatten sie nur Misshandlungen zu befürchten. Als der Mittwoch gekommen war, gab es keine Güterzüge mehr, um die, die fahren wollten fortzuschaffen. Jetzt wurden alle noch Zurückgebliebenen auf die Straße gesetzt; dort sollten sie warten, bis sie an die Reihe kämen."

2. Smyrna, Angora, Konia, Kastamuni.

Im westlichen Anatolien gab es niemals etwas, das einer „armenischen Frage" ähnlich gesehen hätte. Die Verhandlungen, die zwischen den Mächten und der Türkei über „Reformen in den von Armeniern bewohnten Provinzen" geführt worden sind, hatten sich immer nur auf die ostanatolischen Provinzen und höchstens noch auf Cilicien bezogen. Wollte man auch im westlichen Anatolien eine „armenische Frage" haben, so musste sie erst künstlich von der Regierung geschaffen werden. Die Art des Vorgehens aber erübrigte es, für die westanatolischen Armenier erst irgendeinen Anlass für die Deportation zu suchen. Man hatte vor zwei Jahren schon die griechischen Dörfer an der westanatolischen Küste und in der Umgegend von Smyrna ohne irgendwelchen Grund ausgeräumt und die Einwohner aus dem Lande verwiesen. Jetzt wünsche man sich auch der armenischen Bevölkerung zu entledigen. Auch hier hat verschiedentlich türkische Bevölkerung dagegen Einspruch erhoben, dass die Armenier deportiert werden sollten. Seit Jahrhunderten haben hier unter dem moralischen Druck, den schon die größere Nähe von Europa auf die Bevölkerung der Levantestädte ausübte, Türken, Armenier, Griechen und Juden in Frieden miteinander gelebt. In einzelnen Städten, wie Smyrna, war das christliche Element so überwiegend, dass nur ein Viertel der Bevölkerung auf die Türken entfiel. Smyrna hat unter 210 000 Bewohnern nur 52 000 Türken, dagegen 108 000 Griechen, 15 000 Armenier, 23 000 Juden, 6500 Italiener, 2500 Franzosen, 2200 Österreichern und 800 Engländern (meist Malteser). Die herrschende Sprache ist nicht die türkische, sondern die griechische. Die Armenier haben einen sehr bedeutenden Anteil am Handel. Der Import ins Innere liegt zum größten Teil in ihren Händen. Eine Deportation der Armenier von Smyrna war sinnlos, und kein Vorwand hätte dafür gefunden werden können. Gleichwohl erging der Befehl der Deportation an den Wali. Der Wali Rachmi Bey weigerte sich, den Befehl auszuführen; deshalb musste er nach Konstantinopel kommen, um sich zu rechtfertigen. Bis jetzt hat er die Deportation verhindern können. Sowohl in der Stadt als auch auf dem Lande ist die armenische Bevölkerung (ca. 30 000 von einer Gesamtbevölkerung von 1 400 000) verschont geblieben. Dies ist allein der Einsicht des Wali zu danken.

Das Wilajet A n g o r a zählt nach türkischer Statistik unter 892 000 Einwohnern 95 000 Armenier. Die Stadt Angora ist ein Hauptsitz der katholischen Armenier, die hier und in der Umgebung 15 000 Seelen zählen. Über die Vorgänge im Wilajet, die sich erst im Laufe des Monats August abgespielt haben, liegen folgende Nachrichten vor. Ende Juli wurden alle männlichen gregorianischen Armenier zwischen 15 und 70 Jahren mit Ausnahme einiger Greise aus Angora deportiert. Sie wurden 6 bis 7 Stunden hinter der Stadt bei dem Orte Beiham Boghasi von türkischen Banden, die dorthin bestellt waren, umzingelt und mit Schippen, Hämmern, Beilen und Sicheln umgebracht, nachdem vielen die Nasen und Ohren abgeschnitten und die Augen ausgestochen worden waren. Die Zahl der Opfer beträgt 500. Die Leichen blieben liegen und verpesteten das ganze Tal.

Nach weiteren zwei Wochen begann man die männlichen katholischen Armenier zu verhaften, die in zwei Abteilungen nacheinander die Stadt verlassen mussten. Der erste Trupp war 800 Personen stark, unter ihnen die Geistlichen, der zweite Trupp zählte 700 Personen. Sie mussten in der Richtung auf Kaisarije täglich 10 bis 12 Stunden marschieren und hatten weder Brot noch Geld. Wo sie geblieben sind, weiß man nicht.

Die dritte Karawane bestand aus den Frauen und Kindern der Stadt, denen der Münadi (d.i. Ausrufer) verkündete, dass sie binnen zwei Stunden auf dem Bahnhof sein müssten.

In der Eile konnten sie nur Weniges an Kleidung usw. mitnehmen. Am Bahnhof wurden sie vier bis fünf Tage in ein Kornmagazin eingesperrt, unter Hunger und Kälte leidend, und den Lüsten der Gendarmen ausgesetzt. Als man glaubte, dass sie mürbe geworden waren, wurde bekannt gemacht, dass alle, die den Islam annehmen würden, zurückbleiben könnten. Die sich dazu bereit erklärten, durften in die Stadt zurückkehren. Es waren etwa 100 Familien. Sie mussten ein Schriftstück unterschreiben, dass sie freiwillig zum Islam übergetreten seien, und wurden an muhammedanische Familien verteilt. Die übrigen wurden mit der Bahn nach Eskischeher und von dort nach Konia abtransportiert. Auch die an der Eisenbahnlinie arbeitenden armenischen Soldaten wurden aufgefordert, den Islam anzunehmen. Viele taten es; die sich Weigernden wurden getötet. Im Ganzen sollen 6000 Armenier im Wilajet Angora ermordet worden sein.

In Kaisarije wurden am 13. Juni, demselben Tage, an dem die 21 Hintschakisten in Konstantionopel gehängt wurden, zwölf Armenier, die Mitglieder politischer

Parteien waren, zum Tode verurteilt. Schon im Laufe des Mai hatte man 200 Notabeln und Daschnakzagan verhaftet. Auch der Aratschnort (Metropolit) von Kaisarije wurde verhaftet und zum Tode verurteilt. Priester wurden geschlagen, bis sie nicht mehr aufstehen konnten.

Jede Denunziation genügte, um eine Verhaftung zu bewirken. Die Dörfer um Kaisarije: Indjesu, Tomardze, Fenesse und andere wurden binnen weniger Stunden ausgeleert.

Das Sandschak Josgat hat unter 243 000 Muhammedanern 29 000 gregorianische, 1500 katholische und 500 protestantische Armenier. In Josgat wurde der Befehl gegeben, binnen zwei Stunden die Stadt zu verlassen. Unterwegs wurden die Männer abgesondert. Die Soldaten banden mit Weidenruten je fünf zusammen, legten ihre Köpfe auf gefällte Baumstämme und schlugen sie mit Knütteln tot.

In Dewank, eine halbe Stunde von Talas bei Kaisarije, hatten sich drei Deserteure versteckt, der eine bei seiner Frau, und waren nicht ausgeliefert worden. Zur Strafe wurde die ganze Bevölkerung deportiert und ihre ganze Habe verkauft. Alle Sachen wurden in der Kirche aufgestapelt, sogar die Schuhe der Kinder, und wurden dort feilgeboten. Was 100 Piaster wert war, erzielte etwa einen Preis von 5 Piastern.

In Ewerek, 40 km südlich von Kaisarije, hatte sich am 11. Februar des Jahres, also drei Monate, bevor die allgemeine Deportation beschlossen wurde, ein Zwischenfall ereignet, der nur lokale Bedeutung hatte. In einem Hause fand eine Explosion statt. Es stellte sich heraus, dass ein junger Armenier namens Kework, der kurz vor Kriegsausbruch von Amerika heimgekehrt war, versucht hatte, eine Bombe zu füllen, und dabei selbst verunglückt war. Der junge Mann erlag nach sechs Stunden seinen Verletzungen. Eine Deutsche, die damals in Ewerek lebte, berichtet, dass der Kaimakam und seine

Beamten sich in verständiger Weise benommen hätten. Der Kaimakam, der ein vernünftiger und wohlwollender Mann war, ließ zwar einige Leute verhaften, machte aber die armenische Bevölkerung des Ortes nicht für den Vorfall verantwortlich, weil er wusste, dass dieselbe mit dem zugereisten jungen Armenier nichts zu tun hatte. Dies missfiel dem Mutessarif von Kaisarije, der den Kaimakam absetzte und einen Tscherkessen Sefi Bey, einen wahren Unmenschen, an seine Stelle setzte. Dieser kam in die Stadt, ging mit der Peitsche in der Hand und mit einem Gefolge von Gendarmen in alle Häuser, nahm massenhafte Verhaftungen vor, so dass die Gefängnisse voll gestopft waren, und ließ die Gefangenen foltern. Nicht nur dass ihnen die Bastonade verabreicht wurde, sondern die Füße der Gefangenen wurden mit Schwefelsäure übergossen und angesteckt, die Brust mit glühenden Eisen gebrannt. Der Kaimakam ließ die Gefangenen, da sie nichts wussten und nichts aussagen konnten, nach Pausen von etlichen Tagen immer wieder aufs Neue foltern und mit derBastonade bearbeiten, bis ihre Füße von tiefen Wunden zerrissen waren. Viele Personen starben infolge der Folterungen. Einen Transport von 14 Personen, den der Kaimakam selbst begleitete, ließ er unterwegs erschießen.

Fräulein Frieda Wolf-Hunecke, die diese Dinge berichtet, fühlte sich nicht mehr sicher am Ort und wünschte nach Deutschland zurückzukehren. Der Mutessarif von Kaisarije wollte ihr aber keine Ausreiseerlaubnis geben, da „sie das Land mit schlechten Eindrücken verlassen würde". Durch Vermittlung der Botschaft kam sie dann heraus. Damals waren in Kaisarije 640 Armenier im Gefängnis. 30 von ihnen waren die Füße im Stock dermaßen zerschlagen worden, dass die ebenfalls gefangenen Ärzte nicht wussten, was sie damit tun sollten. Das Fleisch war von den Knochen gelöst und teilweise der schwarze Brand ausgebrochen. „Nach Aussage eines glaubwürdigen Mannes" schreibt Frl. Wolf-

Hunecke, „der selbst im Gefängnis war, sind die Füße der Gefangenen in den Stock gelegt worden; dann haben zwei Gendarmen zur Rechten, zwei zur Linken und zwei am Fußende stehend, abwechselnd die Füße mit dicken Stöcken bearbeitet, und wenn der Gefangene bewusstlos wurde, hat man ihm einen Eimer kaltes Wasser über den Kopf gegossen." Einen bekannten frommen Priester hat man in diesem Zustande drei Tage liegen lassen, während neben ihm ein junger Mann nach 5 Minuten an den Verletzungen verstorben war.

Der Fall von Ewerek, der sich im Februar des Jahres ereignete, ist nach allen vorliegenden Zeugnissen **der einzige Fall,** in welchem ein Armenier mit einer Bombe betroffen wurde. Der junge Mann, der eine alte Bombe zu füllen versuchte und den Versuch mit seinem Leben bezahlte, war ein zugereister Armenier, der weder mit der Ortsbevölkerung, noch mit einer der politischen Organisationen in Verbindung stand. Man versuchte, diesen jungen Mann später mit den Hintschakisten in Verbindung zu bringen, hat aber Beweise dafür nicht erbringen können.

Das Schicksal der Deportierten.

Wir haben bisher die Tatsachen festgestellt, die sich in den verschiedenen Provinzen an Ort und Stelle abspielten. Die Maßregel der Deportation schlug meist sofort in ein System der Vernichtung um. Zunächst war es auf die Beseitigung der männlichen Glieder der armenischen Nation abgesehen. Hierfür war bereits eine beträchtliche Vorarbeit geschehen, ehe der Befehl zur Gesamtdeportation erfolgte. Alle politischen und intellektuellen Führer des Volkes waren interniert und wurden ins Innere verschickt oder getötet. Die Militärpflichtigen waren zum Waffendienst eingezogen, alle noch arbeitsfähigen Männer, auch die vom

Militärdienst losgekauften, vom 16. bis zum 50. (jeweils auch bis zum 70.) Lebensjahre waren zu Lastträgerdiensten oder zum Wegebau von ihren Heimatsorten entfernt, auf die Bergstraßen und in die Steinwüsten des Innern geschickt worden. Beim Inkrafttreten des Deportationsbefehls wurden in der Regel die noch übrigen männlichen Bewohner der Städte und Ortschaften von den Frauen abgesondert und, sei es unmittelbar vor der Stadt oder während des Transportes, getötet. Über das Schicksal der zum Heeresdienst oder zum Straßenbau und Lastträgerdienst eingezogenen männlichen Bevölkerung kann man nur aus Berichten von Augenzeugen, die zufällig die Straßen des Innern bereist haben und die methodische Vernichtung ganzer Kolonnen festgestellt haben, Schlüsse ziehen.

Das Ergebnis der vorbereitenden Maßregeln war die Versetzung des armenischen Volkes in einen Zustand der Wehrlosigkeit, der für die Ausführung der Deportation keinerlei Gefahr mit sich brachte und nur einen geringen Aufwand an eskortierenden Mannschaften erforderte.

Nachdem der Hergang bei der Ausreise der Deportierten in den verschiedenen Wilajets beschrieben worden ist, ist es noch notwendig, das Schicksal der Unglücklichen, soweit dies möglich ist, auf der Reise zu ihren Verbannungsorten zu schildern.

Die Routen für den Abtransport, die von den verschiedensten Heimatsgebieten eingeschlagen wurden, ergeben sich aus dem Lauf der wenigen Straßen, die aus dem Innern nach den Bestimmungsorten der Deportation führen.

Eine planmäßige Umsiedelung einer Bevölkerung würde eine geordnete Verwaltung vor die schwierigsten Probleme stellen. Man müsste natürlich im Voraus Vorkehrungen für die Etappen der Wanderung treffen, für Transportmittel und Verpflegung auf dem Wege sorgen und in den Siedlungsgebieten alles vorbereiten, um so große Bevölkerungsmassen auch nur vorläufig unterzubringen und zu verpflegen. Eine Umsiedelung einer Bevölkerung, die in Haufen von Zehntausenden in bestimmten Distrikten sesshaft gemacht werden soll, stößt naturgemäß auf Rechte und Besitzverhältnisse der bereits ansässigen Bevölkerung, die nicht ohne weiteres willig ist, ihren Besitz mit neuen Nutznießern zu teilen. Nur ein vorzügliches Verwaltungssystem vermöchte solche Probleme zu lösen und und einem Zusammenstoß der alten und neuen Elemente vorzubeugen.

Bei der Deportation des armenischen Volkes in die Grenzdistrikte der arabischen Wüste hat man sich über diese Frage kein Kopfzerbrechen gemacht. Die Art der Behandlung, die die Deportierten auf dem Wege erlitten haben, lässt darauf schließen, dass den Urhebern der Maßregeln und den ausführenden Organen nicht viel daran lag, ob die deportierte Bevölkerung auf irgend eine Weise die Mittel zu ihrem Unterhalt erhielt, ja, dass es nicht unwillkommen zu sein schien, wenn sie schon unterwegs zur Hälfte umkam und am Ziel ihrer Wanderung an Krankheit und Hunger zugrunde ging.

Das Deportationsziel war nicht etwa, wie es hieß, das von der Bagdadbahn erschlossene mesopotamische Gelände, sondern die südlich davon sich ins Ungemessene ausdehnenden arabischen Wüsten. Die mesopotamischen Städte sind ja selbst ausgeräumt worden. Als Deportationsziel war das Gebiet zwischen Deir-Es-Sor am Euphrat (300 Kilometer südlich von Aleppo) und Mosul am Tigris bestimmt. Dies Gebiet ist nur unmittelbar am Euphrat und am Tigris mit spärlichen Ortschaften besetzt. Im Übrigen dient es als Weidegebiet für die streifenden Nomadenhorden der Araber. Die Zugänge zu diesem Gebiet führen über Aleppo in der Richtung aus Deir-es-Sor am Euphrat, über Urfa, Weranscheher und Risibin an den Nordrand der arabischen Wüste und über Djesireh in der Richtung auf Mosul. Spätere Transporte wurden auch über Damaskus nach dem Hauran dirigiert.

Der Halbbogen der Tauruskette, der das vordere und nördliche Anatolien gegen die mesopotamische Ebene abschließt, wird nur an wenigen Stellen auf einigermaßen gangbaren Straßen durchbrochen. Von Kleinasien her öffnet sich die Cilicische Pforte nach Cilicien. Durch die Amanuspässe führt der Weg nach Aleppo. Eine belebtere Verkehrsstraße führt aus den hocharmenischen Quellgebieten des Euphrat über Kharput, Diarbekir und Mardin in die mesopotamische Ebene. Von dieser Straße zweigt noch ein östlicherer Weg auf recht beschwerlichen Gebirgspfaden über Malatia und Adiaman ab, der bei Samsat den Euphrat überschreitet und in Urfa die Straße, die von Aleppo nach Diarbekir führt, erreicht.

Alles, was aus den Wilajets Erzerum und Trapezunt nach dem Süden transportiert wurde, musste durch die Kemachschlucht am Durchbruch des westlichen Euphrat den Weg über Egin und Arabkir nach Kharput oder Malatia einschlagen. Die Transporte aus dem Wilajet Sivas gingen wohl ebenfalls meist über Malatia oder Kharput. Die Taurusdörfer und das cilicische Gebiet auszuräumen, hatte am wenigsten Schwierigkeit, da hier die Straße über Marasch und Aintab nach Urfa oder Aleppo und der Weg der Bagdadbahn nördlich des Amanus-Gebirges offen stehen. Um die Bevölkerung aus den mittel- und westanatolischen Provinzen in die arabischen Wüsten zu transportieren, stand, sei es die Bagdadbahn, sei es die alte Straße längs der Bagdadbahn zur Verfügung. Die Bahn durfte nur von denjenigen benutzt werden, die sich von dem Rest ihrer Habe ein Billet lösen konnten, um sich dafür einen Viehwagenplatz zu sichern. Aber auch die Züge wurden meist wieder entleert, da sie für Militärtransporte dringender nötig waren. Einen Teil der cilicischen Bevölkerung hat man in die Sumpfgebiete des Wilajets Konia abgeführt. Teilweise wurde für Familien aus dem Ismid- und Brussagebiet das System der Zerstreuung angewendet. Einzelne Familien und Personen, meist Männer, Frauen und Kinder getrennt, wurden in kleinen Trupps von 10 bis 20 Personen auf muhammedanische Dörfer verteilt, um dort islamisiert zu werden.

Aus den östlichen Wilajets führte nur die Straße über Bitlis und Sört an den Tigris nach Djesireh und Mosul hinunter. Diese Transporte sind zum Teil unterwegs vernichtet oder in den Fluten des Tigris ertränkt worden.

Eine Zufluchtstätte jenseits der türkischen Grenze konnten nur die Bewohner der Grenzdistrikte des Wilajets Erzerum und die Umwohner des Wansees erreichen. Aus Dörfern bei Sueidije am Ausfluss des Orontes konnte sich ein Haufen von 4058, darunter 3004 Frauen und Kinder, auf den Dschebel-Musah flüchten. Er wurde an der Küste von einem französischen Kreuzer aufgenommen und nach Alexandrien geborgen.

Über den Zustand der Karawanen, die Kharput und die Straßen Marasch-Aintab-Aleppo-Urfa-Rasul-Ajin passierten, liegen Berichte von Augenzeugen vor.

Amerikanischer Konsularbericht.

Aus Kharput schreibt der amerikanische Konsul Leslie A. Davis:

Kharput, den 11. Juli 1915

„Wenn es sich einfach darum handelte, von hier fort nach einem andern Ort zu ziehen, so wäre das erträglich; aber jedermann weiß, dass es sich bei den jetzigen Ereignissen darum handelt, in den Tod zu gehen. Wenn darüber noch ein Zweifel herrschte, ist er beseitigt worden durch die Ankunft einer Reihe von Transporten, die aus Erzerum und Erzingjan kommend, sich auf mehrere tausend Personen beliefen. Verschiedene Male habe ich ihr Lager besucht und mit einigen der Leute gesprochen. Einen jammervolleren Anblick kann man sich schlechthin nicht denken. Fast ausnahmslos sind sie zerlumpt, hungrig, schmutzig, krank; das ist kein Wunder angesichts der Tatsache, dass sie beinahe zwei Monate unterwegs sind, nie die Kleider gewechselt haben, keine Gelegenheit zum Waschen, keine Unterkunft und nur wenig zu essen hatten. Die Regierung hat ihnen ein paar dürftige Rationen verabreicht. Ich beobachtete sie eines Tages, als ihnen das Essen gebracht wurde. Wilde Tiere hätten nicht gieriger sein können. Sie stürzten sich auf die Wachen, die das Essen brachten, und die Wachen schlugen sie mit Knütteln zurück. Mancher hatte daran für immer genug und blieb tot liegen. Wenn man sie sah, konnte man kaum glauben, dass das menschliche Wesen seien.

Geht man durch das Lager, so bieten einem die Mütter ihre Kinder an und flehen, dass man sie nehmen solle. Was schön war, haben sich die Türken unter Kindern und Mädchen schon ausgewählt. Sie werden als Sklaven zu gelten haben, wenn sie nicht noch zu Schlimmerem benutzt werden. Sie haben zu diesem Zweck auch ihre Ärzte da gehabt, um die Mädchen, die ihnen gefielen, zu untersuchen und sich die Besten zu nehmen.

Männer sind nur noch wenig unter ihnen, die meisten sind unterwegs getötet worden. Alle erzählen dieselbe Geschichte, dass sie von Kurden angegriffen und ausgeraubt worden sind. Die meisten waren immer aufs Neue angegriffen worden und viele, besonders die Männer, waren dabei getötet worden. Auch Frauen und Kinder wurden mitgetötet. Naturgemäß starben viele unterwegs an Krankheit und Erschöpfung. An jedem Tag, den sie hier zubrachten, gab es Todesfälle. Mehrere ganz verschiedene Transporte sind hier angekommen und nach ein oder zwei Tagen anscheinend ohne bestimmtes Ziel weiter geschoben worden. Die hier angekommenen bilden alle miteinander nur einen kleinen Teil von denen, die aus ihrer Heimat aufbrachen. Wenn man fort fährt, sie so zu behandeln, wird es möglich sein, sich ihrer in verhältnismäßig kurzer Zeit zu entledigen.

Unter denen, mit welchem ich zu sprechen Gelegenheit hatte, waren drei Schwestern. Sie waren in einem amerikanischen Kollege erzogen worden und sprachen ausgezeichnet englisch. Sie sagten, ihre Familie sei die reichste in Erzerum gewesen und habe bei der Abreise 25 Köpfe gezählt. Jetzt waren noch 14 Überlebende vorhanden. Die 11 anderen, darunter der Mann der einen Schwester, waren, wie sie erzählten, vor ihren Augen von den Kurden hingeschlachtet worden. Der älteste männliche Überlebende war 8 Jahre alt. Als sie von Erzerum aufbrachen, besaßen sie Geldmittel, Pferde, persönliches Eigentum. Aber alles hatte man ihnen geraubt, selbst ihre Kleidung. Einige von ihnen sind nach den Worten der Schwestern vollständig nackend gelassen worden, andern ließ man nur ein Kleidungsstück. Als sie ein Dorf erreichten, bekamen die Gendarmen von einigen der eingeborenen Frauen Kleider für sie.

Ein anderes Mädchen, mit dem ich sprach, war die Tochter des protestantischen Pfarrers in Erzerum. Sie sagte, jedes einzelne Familienmitglied, das mit ihr ausgezogen war, sei getötet worden. Sie sei ganz allein übrig geblieben. Diese und einige andere sind die wenigen Überlebenden von der oberen Schicht der Deportierten. Sie sind in einem alten Schulhause gleich außerhalb der Stadt untergebracht, das niemand betreten darf. Sie sagten, sie seien eigentlich gefangen; nur einen Brunnen in der Nähe des Gebäudes durften sie benutzen. Da sah ich sie zufällig. Alle anderen lagern auf einem großen freien Feld und haben keinerlei Schutz gegen die Sonne.

Der Zustand dieser Menschen weist deutlich auf das Schicksal derer, die schon von hier fortgezogen sind und noch fortgehen werden. Bis jetzt hat man nichts mehr von ihnen gehört, und ich bin der Meinung, man wird überhaupt nichts mehr von ihnen hören. Das System, das man befolgt, scheint folgendes zu sein: Man lässt Kurdenbanden sie unterwegs abfangen, um besonders die Männer und beiläufig auch Frauen und Kinder zu töten. Die ganze Maßregel scheint mir das best organisierte und erfolgsreichste Massaker zu sein, das dies Land jemals gesehen hat."

Dem **Bericht eines deutschen Beamten von der Bagdadbahn** entnehmen wir Folgendes:

„Als die Bewohner der cilicischen Dörfer auszogen, hatten viele noch Esel als Reit- oder Packtiere mit sich. Die die Transporte begleitenden Soldaten ließen aber die Katerdschis (Eseltreiber) auf ihnen reiten, weil Befehl gegeben sei, kein Deportierter, sei es Mann oder Frau, dürfe reiten. Bei dem Transport aus Hadjin brachten die Katerdschis diejenigen Lasttiere, in deren Gepäck sie Geld oder wertvollere Sachen vermuteten, gleich direkt auf ihre Dörfer, sonstiges Vieh, das die Leute mitgenommen hatten, wurde ihnen unterwegs mit Gewalt genommen oder für einen so lächerlichen Preis abgekauft, dass sie es ebenso umsonst hätten hergeben können. Eine Frau, deren Familie ich kenne, verkaufte 90 Stück Schafe für 100 Piaster, die zu anderen Zeit 60 — 70 türkische Pfund (etwa 1300 Mk.) gebracht hätten, d. h. sie erhielt für 90 Stück den Preis von einem Stück. Den Dorfbewohnern von Schehr war erlaubt worden, ihre Ochsen, Wagen und Lasttiere mitzunehmen. Bei Gökpinar wurden sie gezwungen, den Fahrweg zu verlassen und den kürzeren Fußweg durchs Gebirge einzuschlagen. Ohne irgendwelche Wegzehrung oder sonstige Habe mussten sie weiter wandern. Die begleitenden Soldaten erklärten rundweg, sie hätten solchen Befehl.

Am Anfang erhielten die Deportierten von der Regierung pro Kopf und Monat (nicht pro Tag!) ein Kilogramm Brot. Sie lebten von dem, was sie noch mitgenommen hatten. Sodann wurden ihnen kleine Geldbeträge gezahlt. Ich hörte von 30 Personen, die früher wohlhabend waren, in dem Tscherkessendorf Bumdudch (Memdidsch, auf den Ruinen des alten Bambyke), 1¹/₂ Tagereisen von Aleppo, dass sie in **30 Tagen 20 Piaster** erhalten hatten, nicht etwa pro Kopf, sondern die **30 Personen zusammen. Also für jede Person 10 Pfennig pro Monat.** Durch Marasch kamen in den ersten Tagen etwa 400 barfüßige Frauen, auf dem Arm ein Kind, auf dem Rücken ein Kind (oft genug ein totes), ein anderes an der Hand. Von den Armeniern von Marasch, die später selbst deportiert wurden, wurden für 50 Pfd. (ca. 900 Mark) Schuhe gekauft, um die Durchziehenden damit zu versehen. Zwischen Marasch und Aintab wollte die muhammedanische Bevölkerung in einem türkischen Dorfe einem Transport von etwa 100 Familien Wasser und Brot verabreichen. Die Soldaten ließen es nicht zu. Die amerikanische Mission und die Armenier von Aintab, die später auch deportiert wurden, machten es möglich, **während der Nacht** den Transporten, die an Aintab vorüber kamen — sie zählten insgesamt etwa 20 000, meist Frauen und Kinder — Brot und Geld zu bringen. Es waren dies die Dörfer aus dem Sandschak Marasch. Die Transporte durften nicht nach Aintab hereinkommen, sondern lagerten auf freiem Felde. Bis nach Nisib (9 Stunden südlich von Aintab auf dem Wege zum Euphrat) konnten die amerikanischen Missionare solche nächtlichen Verproviantierungen vornehmen.

Während des Transportes wurden die Deportierten zuerst ihrer Barschaft, dann aller Habseligkeiten beraubt. Ein deportierter protestantischer Pfarrer sah, wie einer Familie 43 Pfund, einer anderen 28 Pfund abgenommen wurden. Der Pfarrer selbst ist jung verheiratet und musste seine junge Frau, die ihr erstes Kind erwartete, in Hadjin zurücklassen. **Übrigens sind vier Fünftel der deportierten Frauen und Kinder. Drei Fünftel davon gehen barfuß.** Ein Mann aus Hadjin, den ich persönlich kenne, der ein Vermögen von mindestens 15 000 Pfund (ca. 270 000 Mark) hatte, war gleich den anderen unterwegs seiner Kleidung beraubt worden, so dass hier für ihn Kleider erbettelt werden mussten. Ein besonderer Kummer der Deportierten ist es, dass sie ihre Toten nicht beerdigen können. Sie bleiben irgendwo am Wege liegen. Frauen schleppen ihre toten Kinder oft noch tagelang auf dem Rücken mit. In Bab, 10 Stunden östlich von Aleppo, wurden die Durchkommenden für einige Wochen provisorisch untergebracht, aber man erlaubte ihnen nicht, zurückzugehen und die auf dem Wege Gestorbenen zu begraben.

Am schwersten ist das **Los der Frauen, die unterwegs niederkommen.** Man lässt ihnen kaum Zeit, ihr Kind zur Welt zu bringen. Eine Frau gab in einer Nacht einem Zwillingspaar das Leben. Am Morgen musste sie mit zwei Kindern auf dem Rücken zu Fuß weiter ziehen. Nach zweistündigem Marsch brach sie zusammen. Sie musste die beiden Kinder unter einem Busch niederlegen und wurde von den Soldaten gezwungen, mit den andern Reisegefährten weiterzuziehen. Eine andere Frau kam während des Marsches nieder, musste sofort weitergehen und brach zusammen. Eine weitere Frau wurde in der Nähe von Aintab von amerikanischen Missionarinnen umringt, als sie niederkam. Man konnte nur erreichen, dass sie ein Tier besteigen durfte und mit ihrem in Lumpen gehüllten Kind im Schoß weiter zog. Diese Beispiele wurden allein auf der Strecke von Marasch bis Aintab beobachtet. Hier fand man beim Aufräumen des eine Stunde zuvor von einem Transport verlassenen Khans ein neugeborenes Kind. In Marasch fand man in Tasch-Khan 3 neugeborene Kinder in Mist eingebettet.

Unzählige Kinderleichen findet man unbeerdigt am Wege liegen. Ein türkischer Major, der vor 3 Tagen mit mir zurückkam, sagte, dass viele Kinder von ihren Müttern unterwegs zurückgelassen würden, weil sie sie nicht mehr nähren könnten. Größere Kinder werden den Müttern von den Türken weggenommen. Der Major hatte ebenso wie seine Brüder je ein Kind bei sich; sie wollten dieselben als Muhammedaner aufziehen. Eins der Kinder spricht deutsch. Es muss ein Waisenkind aus einem deutschen Waisenhaus sein. Die unterwegs niedergekommenen Frauen der Transporte, die hier durchkamen, schätzt man auf 300.

Hier verkaufte eine Familie in bitterster Armut und Verzweiflung ihr 18 jähriges Mädchen für 6 Lira (ca. 110 Mark) an einen Türken. Die Männer der meisten Frauen waren zum Heeresdienst eingezogen worden. Wer die Stellungsorder nicht befolgt hat, wird erhängt oder erschossen, so kürzlich sieben in Marasch. Die Militärpflichtigen werden aber meist nur zum Straßenbau herangezogen und dürfen keine Waffen tragen. Die Heimkehrenden finden ihr Haus leer. Vor zwei Tagen traf ich in Djerabulus einen armenischen Soldaten, der von Jerusalem kam, um auf Heimaturlaub in sein Dorf Geben (zwischen Zeitun und Sis) zu gehen. Ich kenne den Mann seit Jahren. Hier erfuhr er, dass seine Mutter, seine Frau und seine 3 Kinder in die Wüste deportiert seien. Alle Erkundungen nach seinen Angehörigen waren fruchtlos.

Seit 28 Tagen beobachtet man täglich Leichen im Euphrat, die stromabwärts treiben, zu zweien mit dem Rücken zusammengebunden, zu drei bis acht an den Armen zusammengebunden. Ein türkischer Oberst, der in Djerabulus stationiert ist, wurde gefragt, warum er die Leichen nicht beerdigen lasse, worauf er erwiderte, er habe keinen Auftrag, und zudem könne man nicht feststellen, ob es Muhammedaner oder Christen seien, da ihnen die Geschlechtsteile abgeschnitten seien. (Muhammedaner würden sie beerdigen, Christen nicht.) Leichen, die ans Ufer angeschwemmt waren, fraßen die Hunde. Auf andere, die an den Sandbänken hängen blieben, ließen sich die Geier nieder. Ein Deutscher sah bei einem einzigen Ritt sechs Paar Leichen den Strom hinab treiben. Ein deutscher Rittmeister erzählte, er habe seinem Ritt von Diarbekir nach Urfa zu beiden Seiten des Weges zahllose Leichen unbeerdigt liegen sehen, lauter junge Männer mit durchschnittenen Hälsen. (Es waren die zum Militärdienst eingezogenen Straßenarbeiter. Vergl. Seite 62 und 63.) Ein türkischer Pascha äußerte sich gegen einen angesehenen Armenier: „Seid froh, wenn ihr wenigstens in der Wüste ein Grab findet, das haben viele von Euch nicht."

Nicht die Hälfte der Deportierten bleibt am Leben. Vorgestern starb am Bahnhof hier eine Frau, gestern 14 und heute Vormittag weitere 10. Ein protestantischer Pfarrer von Hadjin sagte einem Türken in Osmanieh: „Von diesen Deportierten bleibt nicht die Hälfte am Leben." Der Türke antwortete: „Das bezwecken wir ja nur."

Es soll nicht vergessen sein, dass es auch Muhammedaner gibt, die die Greuel, die man an den Armeniern verübt, missbilligen. Ein muhammedanischer Scheich, eine angesehene Persönlichkeit in Aleppo, äußerte in meiner Gegenwart: „Wenn man über die Behandlung der Armenier spricht, so schäme ich mich, dass ich ein Türke bin."

Wer am Leben bleiben will, ist gezwungen, den Islam anzunehmen. Um dies zu befördern, werden hier und da einzelne Familien auf rein muhammedanische Dörfer geschickt. Die Zahl der Deportierten, die hier und in Aintab durchgekommen sind, beträgt bis jetzt etwa 50 000. Von diesen erhielten neun Zehntel am Abend vor der Abreise den Befehl, dass sie am Morgen aufzubrechen hätten. Der größere Teil der Transporte geht über Urfa, der kleinere über Aleppo. Jene in der Richtung auf Mosul, diese in der Richtung nach Deir-Es-Sor. Die Behörden sagen, sie sollen dort angesiedelt werden, aber, was dem Messer entgeht, wird zweifellos verhungern. In Deir-es-Sor am Euphrat sind von Transporten etwa 10 000 angelangt. Von den übrigen hat man bisher keine Nachricht. Von denen, die in der Richtung auf Mosul geschickt werden, sagt man, sie sollen 25 Kilometer von der Bahnstrecke entfernt angesiedelt werden; das soll wohl heißen, man will sie in die Wüste treiben, wo ihre Ausrottung ohne Zeugen vor sich gehen kann.

Was ich schreibe, ist nur in geringer Bruchteil all der Grausamkeiten, die seit zwei Monaten hier geschehen, und die mit jedem Tage an Umfang zunehmen. Es ist nur ein Bruchteil von dem, was ich selbst gesehen und von Bekannten und Freunden, die Augenzeugen waren, erfahren habe. Für das, was ich berichte, kann ich jederzeit die Daten und Personen, welche Zeuge waren, angeben."

Auszug aus dem Bericht der Armenierin Mariza Kejejjan.

Aus Husseinik (eine halbe Stunde von Kharput), welche bis nach Aleppo transportiert wurde und dort, da sie in Amerika naturalisiert war, einen Paß für Alexandrien erhielt.

2. November 1915

„Nach Ostern fanden in Kharput, Meresch und den Dörfern der Umgegend viele Verhaftungen statt. Die Verhafteten wurden in den Gefängnissen gefoltert. Man schlug sie, riß ihnen Haare und Nägel aus und bearbeitete sie mit glühenden Eisen, nachdem man sie mit Stricken festgebunden hatte. Ein Soldat setzte sich auf den Leib einer schwangeren Frau, die anderen schlugen sie, um sie zu zwingen, anzugeben, wo ihr Mann verborgen sei.

Wir wurden am 4. Juli deportiert und zunächst nach Diarbekir auf den Weg gebracht. Wir waren ungefähr 100 Familien und hatten Lasttiere mit uns. Am zweiten Tage kamen wir an vielen Leichnamen von Männern vorüber, vermutlich waren es die Zweihundert, welche mit Bjag Wartabed 10 Tage vor uns verschickt worden waren. Einen Tag und eine Nacht lang tranken wir nur Wasser, das mit Blut vermischt war. Auch am dritten Tage kamen wir auf dem Wege nach Arghana an Leichenhaufen vorüber. Hier waren die Männer und die Frauen gesondert getötet worden.

Am sechsten Tage kamen wir in ein Kurdendorf. Hier verlangten uns die Gendarmen unser Geld und allen Schmuck, den wir noch hatten, unter Bedrohung unserer Ehre ab. Am neunten Tage nahmen sie uns auch alle Wäsche fort. Als wir nach Diarbekir kamen, wurden alle unsere Lasttiere abgeführt und eine Frau und zwei junge Mädchen von den Gendarmen weggeschleppt. 24 Stunden lang saßen wir im Sonnenbrand vor den Mauern von Diarbekir. Aus der Stadt kamen Türken und nahmen uns unsere Kinder weg. Gegen Abend hatten wir uns zum Aufbruch bereit gemacht, als wir von Türken, die aus der Stadt kamen, angegriffen wurden. Da ließen wir alles, was wir noch an Gepäck hatten, im Stich und stoben auseinander, um unser Leben und unsere Ehre zu retten. In der Nacht wurden wir noch dreimal von Türken angegriffen und die Mädchen und junge Frauen weggeschleppt.

Am folgenden Tage wurden wir viele Stunden nach Süden weiter getrieben, ohne Wasser zu finden. Mehrere von uns brachen vor Hunger und Durst zusammen. Jeden Tag wurden wir angegriffen und misshandelt. Einige von uns wurden weggeführt. Eine, Frau die Widerstand leistete, als man ihre Töchter wegnehmen wollte, wurde von einer Brücke herabgestürzt, so dass sie einen Arm brach. Dann wurde sie mit einer ihrer Töchter von einem Felsen herabgestürzt. Als die andere Tochter dies sah, stürzte sie sich ihnen nach, um mit ihrer Mutter und Schwester zusammen zu sterben.

Als wir in die Nähe von Mardin kamen, ließ man uns 8 Tage lang im Sonnenbrand auf freiem Felde liegen. In der Nähe war ein Wasserbassin. Während der Nacht ließen die Türken das Bassin auslaufen und über das Feld fließen, auf dem wir lagerten. Dann schossen sie auf uns und raubten Frauen und Kinder. Eines Abends gab man Befehl zum Aufbruch. Alle Tage geschahen dieselben Schändlichkeiten und Schändungen und unsere Karawane schmolz immer mehr zusammen. Nur ein Gendarm aus Mardin hat uns anständig behandelt. (Vermutlich ein Araber.)

Wir kamen nach Weranschehir und dann nach Ras-ul-Ajin. Bevor wir nach Ras-ul-Ajin kamen, trafen wir drei Zisternen an, die ganz mit Leichen angefüllt waren.

In Ras-ul-Ajin fanden wir andere Frauen, die von Erzerum, Egin, Keghi und anderen Orten verschickt waren und ebenfalls auf dem Wege nach Deir-es-Sor waren. Oftmals hat man uns vorgeschlagen oder zwingen wollen, den Islam anzunehmen. Wir haben geantwortet, dass wir uns lieber in das Wasser stürzen oder sterben als den Islam annehmen würden. Die geistlichen Scheichs waren über diese Antwort sehr erstaunt und sagten: „Wir haben niemals Leute gesehen, die, einer wie der andere, ihre Ehre und ihre Religion mit solchem Eifer verteidigen."

In Ras-ul-Ajin trafen wir Arakel Agha, der von Aleppo gekommen war, um zu sehen, ob er jemand retten könnte. Es gelang ihm, einige von uns nach Aleppo mitzunehmen. Die Armenier von Aleppo gaben uns zu essen. Wir hatten 24 Stunden lang nichts bekommen. In Aleppo waren Deportierte aus verschiedenen Gegenden von Armenien, die 4 Monate unterwegs gewesen waren. Sie waren so erschöpft, dass täglich etwa 40 starben. Die Männer waren im Tal von Scheitan Deresi mit Äxten und Säbeln erschlagen worden. Man hatte sie zuvor ihre Gräber graben lassen und dann massakriert. Ein armenischer Soldat erzählte mir, wie die Türken die Armenier in den Euphrat geworfen hätten. Er selbst ist mit 5 Kameraden entkommen, indem er den Fluss durchschwamm. Sie waren 3 Tage unterwegs und sahen überall am Wege Leichen liegen.

Während unserer ganzen Reise haben wir von den türkischen Behörden nichts zu essen bekommen. Nur in

Diarbekir hat man jedem ein Brot gereicht und ebenso in Mardin während der 8 Tage, die wir dort lagerten, täglich ein steinhartes Brot. Unsere Kleider waren verfault, und wir alle durch die Leiden fast irrsinnig geworden. Viele wussten, als man ihnen neue Kleider reichte, nicht mehr, wie sie dieselben anziehen sollten. Als sie das erste Mal wieder badeten und sich von allem Schmutz reinigten, bemerkten viele, dass sie die Haare verloren hatten."

Aus dem Berichte eines Missionars über das Schicksal der Deportierten aus Mersiwan.

„Böse Taten werden im Finstern vollbracht. Kurz nach Mitternacht holten die Gendarmen etwa 300 Gefangene heraus, banden ihre Hände, verboten ihnen irgendwelche Vorräte oder Kleider oder Betten mitzunehmen. Angeblich sollten sie nach Amasia gehen, aber 3/4 Stunden weit, auf dem Wege nach Zileh (Zela), — dem berühmten Orte, von dem Julius Cäsar seine Botschaft: „veni, vidi, vici" nach Rom sandte — wurden sie alle mit Äxten erschlagen. Tag für Tag wurden sie in dieser Weise „verschickt". Den Aussagen der Beamten nach wurden in dieser Weise 1215 Männer getötet. Nach dem Zeugnis von türkischen Augenzeugen war an dem Hinrichtungsort ein großes Zelt aufgerichtet worden, wo die Opfer aufs Genaueste ausgefragt und durchsucht wurden. Die Fragen, die man stellte, waren hauptsächlich nach Waffen, angeblichen revolutionären Plänen und Namen von Personen. Dann wurden ihnen alle wertvollen Dinge, die sie besaßen, weggenommen.

In einiger Entfernung vom Zelt war eine große Grube gegraben. Die Gefangenen wurden jeweils etwa fünf herangeführt, nur in ihrer Unterkleidung, die Hände auf dem Rücken zusammengebunden, dann knieten sie hin und wurden durch Axtschläge auf den Kopf oder durch Dolchstiche ins Jenseits befördert. Das ist von Augenzeugen konstatiert worden, auch von Gendarmen, die an der blutigen Arbeit selbst teilgenommen haben.

Nachdem man sich der Männer auf diese Weise entledigt hatte, ließ man die Greise und die Knaben unter 18 Jahren mit den Worten los: „Seine Majestät der Sultan hat euch Verzeihung gewährt, geht und betet für ihn."

Es ist unmöglich, zu beschreiben, wie diese Freigelassenen sich wenn sie ihr Heim wieder erreichten. Sie hüpften vor Freude, glaubten sie doch, alles sei vorüber, und würden für die Überlebenden nun bessere Tage folgen. Ach, diese Freude dauerte nur einen einzigen Tag. Am nächsten Tag schon machte der städtische Ausrufer in den Straßen der Stadt bekannt, dass alle Armenier, Frauen und alte Leute, nach Mosul aufzubrechen verpflichtet wären. Da erst ging den Armen die volle krasse Wahrheit auf. Bis dahin hatten sie sich immer noch Illusionen gemacht, dass durch irgendeine Wendung der Weg der Befreiung sich auftun würde und müsste. Die Hoffnung, dass das Schlimmste nicht eintreten würde, hatte sie bisher nie verlassen.

Nachdem ich mit vielen Türken, Beamten und anderen, gesprochen habe, bin ich der Überzeugung, dass alle Männer, die weggeführt werden, auch getötet werden."

Am Ziel der Verschickung.

„In Deir-Es-Sor", so berichtet eine deutsche Missionarin, Fräulein L. Möhring, unter dem 12. Juli 1915, „einer großen Stadt*) in der Wüste, etwa sechs Tagereisen von Aleppo entfernt, fanden wir den großen Khan ganz überfüllt. Alle zur Verfügung stehenden Räume, Dächer und Veranden waren von Armeniern eingenommen, in der Hauptsache Frauen und Kinder, doch auch eine Anzahl von Männern hockten auf ihren Decken, wo irgend sie etwas Schatten findenkonnten. Sobald ich hörte, dass es Armenier seien, ging ich hin, um mit ihnen zu reden. Es waren die Leute von Furnus, aus der Gegend von Zeitun und

*) „Deir-Es-Sor" am Euphrat ist nur von muhammedanischen Arabern bewohnt.

Marasch, die da auf engem Raum zusammengepfercht, einen überaus traurigen Anblick boten. Auf meine Frage nach Kindern aus unsern Waisenhäusern brachte man einen Zögling von Schwester Beatrice Rohner, Martha Karahaschian. Sie erzählte mir Folgendes: Türkische Polizisten waren eines Tages nach Furnus gekommen und hatten eine große Zahl Männer festgenommen und weggeführt, die Soldaten werden sollten. Wohin man sie brachte, war weder ihnen noch ihren Familien bekannt. Den Zurückgebliebenen wurde gesagt, dass sie in Zeit von vier Stunden ihre Häuser zu verlassen hätten. Soviel sie tragen konnten, war ihnen erlaubt mitzunehmen, ebenso Reittiere. Nach Ablauf der gesetzten Frist mussten die armen Leute unter Führung von Saptiehs aus ihrem Dorf hinausziehen, nicht wissend wohin, oder ob sie es je wieder sehen würden. Anfangs, solange sie noch in ihren Bergen waren und Lebensmittel hatten, ging es ganz gut. Man hatte ihnen Geld und Brot versprochen und gab ihnen dies auch in der ersten Zeit, pro Kopf, soviel ich mich erinnere, 30 Para (12 Pfg.). Sehr bald aber hörten diese Rationen auf, und es gab nur noch Bulgur (gedörrten Weizen) 50 Dram (150 Gr.) pro Kopf und Tag. Auf diese Weise waren die Furnusleute nach vierwöchentlicher beschwerlicher Reise über Marasch und Aleppo in Deir-Es-Sor angelangt. 3 Wochen lagen sie schon dort im Khan und wussten nicht, was aus ihnen werden sollte. Geld hatten sie nicht mehr, und auch die von den Türken gegebenen Lebensmittel waren sehr spärlich geworden. **Schon tagelang hatten sie kein Brot mehr gehabt.** In den Städten hatte man sie nachts eingesperrt und ihnen nicht erlaubt, mit den Einwohnern zu reden. So hatte auch Martha in Marasch nicht ins Waisenhaus gehen dürfen. Traurig erzählte sie mir: Wir hatten zwei Häuser, und alles mussten wir lassen, jetzt sitzen Muhadjirs (aus Europa ausgewanderte Muhammedaner) darin. Ein Massaker war in Furnus nicht gewesen, und auch die Saptiehs hatten die Leute gut behandelt. Gelitten hatten sie hauptsächlich aus

Mangel an Nahrung und Wasser, auf dem Marsch durch die glühend heiße Wüste. Als Dailadji (Bergbewohner), wie sie sich nannten, empfanden sie die Hitze doppelt schwer.

Die Armenier behaupten den Grund für ihre Vertreibung nicht zu kennen.

Am nächsten Tag, bei der Mittagsrast trafen wir auf ein ganzes Armenierlager. Die armen Leute hatten sich nach Art der Kurden primitive Ziegenhaarzelte gemacht und rasteten da. Zum größten Teil aber lagen sie schutzlos auf dem glühenden Sand unter sengender Sonne. Der vielen Kranken wegen hatten die Türken einen Ruhetag erlaubt. Etwas Trostloseres, wie solche Volksmenge in der Wüste, unter den gegebenen Umständen, kann man sich gar nicht vorstellen. An der Kleidung konnte man erkennen, dass sie in gewissem Wohlstande gelebt hatten, und nun stand ihnen das Elend im Gesicht geschrieben. **Brot, — Brot, — war die allgemeine Bitte.** Es waren die Leute von Geben, die man mit ihrem Prediger vertrieben hatte. Dieser erzählte mir, es stürben täglich 5 bis 6 Kinder und Kranke. An diesem Tage hat man kurz vorher die Mutter eines etwa neunjährigen Mädchens beerdigt, das nun ganz allein stand. Man bat mich flehentlich, das Kind mit ins Waisenhaus zu nehmen. Der Prediger erzählte ganz die gleiche Geschichte wie das Mädchen in Deir-Es-Sor.

Wer die Wüste nicht selbst kennt, kann sich auch nicht annähernd einen Begriff von Not und Mühsal der deportierten Armenier machen. Sie ist gebirgig, aber meist schattenlos. Tagelang führt der Weg über Felsen und ist sehr beschwerlich. Auf der linken Seite von Aleppo kommend, hat man stets den Euphrat, der sich wie ein gelber Lehmstreifen dahin zieht, jedoch nicht nahe genug, um aus ihm schöpfen zu können. Unerträglich müssen die Durstqualen der armen Menschen sein, kein Wunder, dass so viele erkranken und sterben.

Ein Beutel steinhartes Brot aus Bagdad wurde mit großem Dank hingenommen. „Wir tauchen es in Wasser, und dann essen es die Kinder", sagten die beglückten Mütter.

Am Abend im Dorfe angekommen, fanden wir wieder solch ein Armenierlager vor. Diesmal waren es die Leute aus Zeitun. Es war die gleiche Not und die gleiche Klage über Hitze, Mangel an Brot und Belästigung von Seiten der Araber. Ein im Waisenhaus in Beirut von Kaiserswerter Diakonissen erzogenes Mädchen erzählte uns in gutem Deutsch von ihren Erlebnissen.

„Warum lässt Gott das zu? Warum müssen wir so leiden? Warum schlägt man uns nicht gleich tot? Bei Tage haben wir kein Wasser für die Kinder, und diese schreien vor Durst. Nachts kommen die Araber und stehlen unsere Betten und Kleider. Sie haben uns Mädchen weggenommen und sich an Frauen vergangen. Können wir auf dem Marsch nicht weiter, werden wir von den Saptiehs geschlagen." Sie erzählten auch, dass sich Frauen ins Wasser gestürzt hätten, um der Schande zu entgehen, dass Mütter mit ihren neugeborenen Kindern das Gleiche getan, weil sie aus ihrer Not keinen Ausweg sahen.

Auf der ganzen Wüstenreise war Mangel an Lebensmitteln. Ein schneller Tod, zusammen mit der Familie, erscheint den Müttern leichter, als langsam dem eigenen und der Angehörigen Hungertod ins Auge zu sehen.

Am zweiten Tage nach Aleppo, im Amanusgebirge, trafen wir noch einmal Armenier; diesmal die Leute von Hadjin und Umgebung. Sie waren erst neun Tage unterwegs. Im Vergleich zu denen in der Wüste, lebten sie noch in glänzenden Verhältnissen, sie führten Wagen mit Hausrat, Pferde mit Fohlen, Ochsen und Kühe und sogar Kamele mit sich. Endlos war der Zug, der sich da das Gebirge hinaufzog, und ich musste mich fragen, wie lange sie ihre Habe noch behalten würden. Noch waren sie auf heimatlichem Boden, im Gebirge, und hatten von den Schrecken der Wüste keine Ahnung. Es war dies das letzte, das ich von Armeniern sah. Vergessen lassen sich solche Erlebnisse nicht."

Zweiter Teil.

Die Schuldfrage.

1. Der Charakter der Ereignisse.

Aus unserm Bericht geht unzweifelhaft hervor, dass die Deportation von der Zentralregierung in Konstantinopel angeordnet und durchgeführt worden ist. Eine so umfassende Maßregel, die sich auf ein Gebiet von 880 000 Quadratkilometer erstreckt (Armenien, Kurdistan, Klein-Asien, Nordsyrien und Mesopotamien, d. h. auf ein Gebiet, das ebenso groß ist als Deutschland, Österreich und die Schweiz zusammengenommen), kann nicht irgendwelche zufälligen und unkontrollierbaren Ursprünge gehabt haben.

Es ist in der deutschen Presse, die mangels eigner Nachrichten auf Vermutungen angewiesen war und ihre Urteile über Dinge, die „hinten in der Türkei" vor sich gehen, mehr aus der Phantasie, als aus der Kenntnis von Tatsachen schöpfen musste, lang und breit ausgeführt worden, dass es sich bei den armenischen Massakern und Deportationen um Dinge handle, die etwa mit den Judenverfolgungen des Mittelalters zu vergleichen seien. „Der Ottomane ist arglos und gutmutig" schreibt Graf Reventlow in der „Deutschen Tageszeitung", „er bietet ein überaus bequemes Objekt zur Ausnutzung bis zu einem gewissen Augenblick und Grade, wo ihn die Verzweiflung erfasst und er sich mit Gewalt gegen seine Peiniger erhebt. Wie bedauerlich an sich, vom Standpunkt der Zivilisation gesehen, solche gesetzlose Selbsthilfe sein mag, so liegt doch auf der Hand, dass gerade die Armenier...am wenigsten Mitleid und gefühlvolle Erregung der Kulturwelt verdienen." Natürlich ist dem Verfasser unbekannt, dass 80 v. H. der armenischen Bevölkerung und zwar gerade diejenigen, die in erster Linie von der Deportation betroffen wurden, Bauern sind, die sich vermutlich nicht mit der Aussaugung der ihnen benachbarten räuberischen Kurden abgegeben haben. Auch beruht alles, was man in der deutschen Presse über Charakter und Bedeutung des armenischen Handels als selbstverständliches und nicht erst zu beweisendes Urteil zu lesen gewohnt ist, auf nicht mehr als der Kenntnis einer Redensart, die im Orient je nach Bedarf abwechselnd auf Armenier, Juden oder Griechen angewendet wird. Die Grundannahme aber, dass es sich bei der Deportation und Vernichtung des armenischen Volkes um „gesetzlose Selbsthilfe" handle, ist so sehr aus der Luft gegriffen, dass sie nicht erst der Widerlegung bedarf.

Eine beträchtliche Anzahl von Regierungsbeamten im Innern, wie der Wali Djelal Bey in Aleppo, der Wali Rachmi Bey in Smyrna, der Wali Djelal Bey in Erzerum, die Mutessarifs von Malatia Nabi Bey und Rechid Pascha und viele Kaimakams, haben sich mit oder ohne Erfolg gegen die Durchführung der Maßregel gesträubt. Die türkische Bevölkerung, die überall im Frieden mit den Armeniern lebte, hat sich vielfältig gegen die Deportation ihrer Mitbürger aufgelehnt und gegen deren Vernichtung bei den Behörden Verwahrung eingelegt. Die Bevölkerung von Erzerum hat eine Eingabe an die Zentralregierung gemacht. Die Türken von Alaschkert telegraphierten nach Konstantinopel und erhoben Einspruch gegen die Behandlung der Armenier. Die Türken von Wan haben ihre armenischen Mitbürger wissen lassen, dass sie nur gezwungen gegen sie kämpften; ein unberücksichtigt gebliebener Protest wurde von mehreren vornehmen Türken gegen den von dem Gouverneur angestifteten Bürgerkrieg erhoben. In mehreren Orten von Nikomedien hat die Bevölkerung den Abzug der Armenier zu verhindern versucht. In Adabasar versammelten sich die Muhammedaner der Stadt am Bahnhof, um sich der Verschickung zu widersetzen. Dasselbe geschah in Mudania, so dass der Befehl zunächst zurückgenommen wurde. In einem Dorf in der Nähe von Kaiserije weigerten sich die Türken, die im besten Einvernehmen mit ihren christlichen Nachbarn lebten, die Armenier ziehen zu lassen und erklärten dem Kaimakam, wenn er die Deportation ausführen würde, würden sie mitgehen. Auch hier musste der Kaimakam den Deportationsbefehl vorläufig zurücknehmen. Der Pöbel in den Städten hat sich zwar, soweit es die Regierung zuließ, an der Plünderung armenischer Habseligkeiten beteiligt, **nirgends aber handelte es sich dabei um einen Ausbruch von Volksleidenschaften**, sondern um eine willkommene Gelegenheit zum Diebstahl. Denn die Regierung war es, die Äcker, Häuser, Warenbestände und Hauseinrichtungen der Deportierten mit Beschlag belegte und nach dem Abzug zu Spottpreisen verauktionierte.

Was geschehen ist, ist eine in größtem Maßstabe durchgeführte Expropriation von anderthalb Millionen Staatsbürgern, die durch ihre zähe Arbeitskraft am meisten zur Hebung der wirtschaftlichen Kultur des Landes beigetragen hatten.

Die europäische Vorstellung, dass die verschiedenen Religions- und Rassenelemente der Türkei nicht im Frieden miteinander zu leben vermöchten, ist grundfalsch. Die Bevölkerung hat seit Jahrhunderten zusammengelebt. Ebenso wie Muhammedaner und Christen in Bosnien und der Herzegowina friedlich beisammen wohnen, würden Araber und Syrer, Armenier und Kurden, Türken und Griechen, Drusen und Maroniten im schönsten Frieden zusammenleben und zusammenarbeiten, wenn es etwas einer europäischen Regierung Ähnliches in der Türkei gäbe. Die alte Regierungsweisheit der türkischen Sultane war das divide et impera, ein Grundsatz, durch den die Bevölkerung der Türkei allmählich auf den vierten Teil ihres ursprünglichen Bestandes herunter dividiert worden ist. Die jetzige Maßregel der türkischen Regierung, die das dünnbesäte Land aufs Neue entvölkert, ist dagegen nicht durch Aufhetzung der Bevölkerungsteile gegeneinander, sondern auf dem Verwaltungswege, zustande kommen.

Wir sind in den Berichten wiederholt der Tatsache begegnet, dass die Provinzialregierung in ihren Anordnungen sei es gehemmt sei es gefördert wurde durch Organe einer Nebenregierung, die, obwohl unverantwortlich, doch den Charakter einer höheren Instanz trug. Es ist die Organisation der Klubs des „Komitees für Einheit und Fortschritt", die tatsächlich ebenso, wie einst das Spionagesystem Abdul Hamids, die Regierungshandlungen im Innern entscheidend bestimmt. Diese Organisation ist nicht eine Parteiorganisation im europäischen Sinne, denn sie besteht nur aus Führern und hat keine Volksmassen hinter sich. Sie ist nur eine dünne Schicht türkischer Intellektueller und ihrer Werkzeuge. Vor der Niederschlagung der türkischen Opposition im Jahre 1912 hatte die gegenwärtige Organisation noch mit einem Widerstande von Seiten der Anhänger der liberalen Opposition und der vornehmen Alttürken zu rechnen. Zurzeit besitzt sie die Alleinherrschaft und sorgt dafür, dass bei den Wahlen nur die von dem „Komitee für Einheit und Fortschritt" bezeichneten Kandidaten gewählt werden. Eine Opposition im türkischen Parlament gibt es vorläufig nicht. Obwohl nur der Regierungsapparat, mit dem die militärischen Behörden zusammenwirken, eine Maßregel, wie die der Expropriation und Deportation des armenischen Volkes durchführen konnte, so war doch augenscheinlich das „Komitee für Einheit und Fortschritt" und seine Organe in den Provinzen die Seele des ganzen Unternehmens. Es sorgte dafür, dass die Dinge nach Wunsch vonstatten gingen und nirgends durch Regungen des Wohlwollens oder der Menschlichkeit gehemmt wurden. Insbesondere lag auch die Organisation der Banden, für die alle nur brauchbaren Elemente, Kurdenstämme, berüchtigte Räuberbanden und entlassene Sträflinge, verwendet wurden, in den Händen der jungtürkischen Klubs. Die türkische Bevölkerung ist von dem Vorwurf freizusprechen, dass sie „in gesetzloser Selbsthilfe" sich an ihren armenischen Mitbürgern, mit denen sie im Frieden lebte, vergriffen habe. Es braucht aber nicht erst gesagt zu werden, dass die systematisch organisierten Kurdenhorden und Verbrecherbanden, die auf die Deportierten losgelassen wurden, nicht lange eingeladen zu werden brauchten, nach ihren eigenen Gelüsten mit den unglücklichen Opfern der Deportation zu verfahren. Die große Masse der Erschlagenen kommt aber nicht auf Rechnung dieser legalisierten gesetzlosen Elemente, sondern auf Rechnung der Regierungsorgane, der Gendarmerie und der türkischen Milizen.

2. Die Lage beim Ausbruch des Krieges und während der ersten Kriegsmonate.

Wir haben bis jetzt die Ereignisse in Konstantinopel zurückgestellt, weil sie am Sitz der Zentralregierung stattfanden und mit der Frage des Ursprungs der Gesamtmaßregel zusammenhängen.

In den Berichten sind die wenigen Akte des Widerstandes, die im Verlauf der Ereignisse vorgekommen sind, wie die geringfügigen Vorgänge in Zeitun, der bald niedergeworfene Widerstand in Schabin-Karahisar und die Selbstverteidigung der Armenier von Wan eingehend zur Sprache gekommen. Diese drei Vorgänge, zu denen vielleicht noch ein oder der andere bei näherer Kenntnis der ganzen Tragödie hinzukommen mag, standen in keiner Verbindung miteinander. Die drei Plätze sind jeder vom andern rund 400 Kilometer entfernt, und die Vorgänge, wie sie zeitlich auseinander fielen, standen sachlich in keinerlei Zusammenhang. Auf irgendwelche Spuren einer planvollen gegen die Regierung gerichteten Bewegung sind wir nirgends in den Berichten gestoßen. Nur die Verfolgung war planvoll und wurde methodisch durchgeführt. Auch ist von Seiten der türkischen Regierung die Behauptung, dass das armenische Volk als solches sich einer revolutionären Erhebung schuldig gemacht habe, nicht aufgestellt worden.*) Monatelang war in der türkischen Presse zu lesen, wie treu die Armenier zu ihrem türkischen Vaterlande hielten.

Die armenische Presse ohne Ausnahme forderte bei Kriegsbeginn in Aufrufen das armenische Volk zur Verteidigung der Einheit des ottomanischen Vaterlandes auf. Das Blatt Azatamart führte aus: „Wir widersetzen uns Okkupation des vom armenischen Volkes besiedelten Gebietes durch Fremde. Das armenische Volk darf nicht zu einem Handelsartikel noch zu einem Spekulationsobjekt einer fremden Regierung werden. Der armenische Soldat wird mit Entschlossenheit an allen Grenzen, die vom Feinde überschritten werden sollten, kämpfen." Der Patriarch der armenisch-gregorianischen Kirche Msgr. Sawen, der seinen Sitz in Konstantinopel hat, richtete an alle armenischen Bistümer und Vikariate der Türkei telegraphisch ein Rundschreiben, in dem er hervorhebt, dass „die armenische Nation, deren Jahrhunderte alte Treue bekannt sei, in dem gegenwärtigen Augenblick, in dem sich das Vaterland mit mehreren Mächten im Krieg befände, ihre Pflichten erfüllen und allen Opfern zustimmen müsse für die Erhöhung des Ruhmes des ottomanischen Thrones, mit dem sie fest verbunden sei, und für die Verteidigung des Vaterlandes". Die Bischöfe und Vikare werden aufgefordert, in diesem Sinne ihre Gemeinden zu beraten. In allen armenischen Kirchen wurde für den Sieg der ottomanischen Waffen gebetet. Die armenischen Erzbischöfe im Innern sandten aus Erzerum, Wan

*) Die Presslüge von einer „armenischen Revolution" stammt aus dem Kopenhagener Interview des Jung-Ägypters Rifaat Bey verg. S. 137/138

usw., Telegramme an die Pforte, dass „die Armenier, die niemals vor irgend einem Opfer zur Verteidigung des Vaterlandes zurückgeschreckt seien, auch diesmal zu allen Opfern bereit sein würden". Diese Kundgebungen wurden von der türkischen und deutschen Presse mit Befriedigung aufgenommen und festgestellt „dass die Haltung der armenischen Presse und der armenischen Bevölkerung seit Ausbruch der russisch-türkischen Feindseligkeiten in jeder Beziehung loyal" sei. Die in Deutschland und Österreich lebenden Armenier äußerten und betätigten sich in demselben Sinne. In Wien wurde ein armenisches Hilfskomitee für den Roten Halbmond gebildet. Einer Abordnung desselben erklärte der türkische Botschafter Hussein Hilmi Pascha, der Präsident des ottomanischen Roten Halbmondes, „dass die türkische Regierung nie an der Treue und Ergebenheit der Armenier gezweifelt hätte."

Die zur türkischen Armee einberufenen armenischen Soldaten, die sich bereits im Balkankriege nach türkischem Zeugnis als vollkommen zuverlässig bewährt und ausgezeichnet tapfer geschlagen hatten, empfingen ebenso in den Anfangsmonaten des Krieges von höchsten militärischen Stellen das allerbeste Zeugnis. In der Militärschule von Konstantinopel meldeten sich zur Ausbildung als Reserveoffiziere mehr Armenier als Türken. Über 1500 Armenier, hauptsächlich aus den gebildeten und wohlhabenden armenischen Kreisen, traten in den Ausbildungskursus ein. Sie drängten sich dazu, mit der Waffe zu dienen und wünschten nicht in Post- und Telegraphendienst und dergl. beschäftigt zu werden.

Als der Kriegsminister Enver Pascha im Februar von der Front zurückkehrte, sprach er dem armenischen Patriarchen seine besondere Zufriedenheit über die Haltung und Tapferkeit der armenischen

Soldaten aus, die sich in ausgezeichneter Weise geschlagen hätten.

Besonders erwähnte er noch ein sehr glückliches Manöver, das ein Armenier Namens Ohannes Tschausch mit seinen Leuten ausgeführt habe, durch das sein Stab aus einer sehr kritischen Lage befreit worden sei. Der Mann wurde noch auf dem Platze dekoriert. Als Enver Pascha durch Erzingjan kam, sandten ihm die armenischen Bischöfe ein Begrüßungsschreiben, das er in der liebenswürdigsten Weise beantwortete. Dem Bischof von Konia erwiderte er auf eine Adresse, die er ihm im Namen der armenischen Gemeinde eingereicht hatte, nach dem Osmanischen Lloyd, der deutschen Zeitung von Konstantinopel, vom 26. Februar 1915: „Ich bedaure, bei meinem kürzlichen Aufenthalt in Konia Eure Hochwürden nicht haben sprechen zu können. Ich habe inzwischen das Schreiben erhalten, das Sie die Güte hatten, an mich zu richten, in dem Sie mich mit Anerkennung überhäufen. Ich sage Ihnen meinen Dank dafür und benütze die Gelegenheit, um Ihnen zu sagen, dass die armenischen Soldaten der ottomanischen Armee ihre Pflichten auf dem Kriegstheater gewissenhaft erfüllen, was ich aus eigener Anschauung bezeugen kann.

Ich bitte, der armenischen Nation, die bekannt ist für ihre vollkommene Ergebenheit der kaiserlich Ottomanischen Regierung, den Ausdruck meiner Genugtuung und Dankbarkeit zu übermitteln.

      Enver, Kriegsminister, Vizegeneralissimus der
                  Kaiserlichen Armee."

Bis in den fünften Kriegsmonat hinein seit Ausbruch der türkisch-russischen Krieges lagen keine Anzeichen dafür vor, dass die Zentralregierung gegen die Armenier missgestimmt sei oder dass die leitenden armenischen Kreise zu irgendwelchem Misstrauen Anlass gegeben hätten. Was war geschehen oder welche Gründe hatte die türkische Regierung, ihre Haltung gegen die Armenier, deren

Loyalität wiederholt anerkannt war, zu ändern? Ist die Regierung irgendwelchen revolutionären Komplotts auf die Spur gekommen? oder wann und wie ist das Gespenst einer armenischen Revolution aufgetaucht?

Noch am vierten Juni gibt die türkische Regierung die folgende Erklärung ab:

„Es ist völlig falsch, dass in der Türkei Mordtaten oder gar Massenmorde an den Armeniern stattgefunden hätten (was die Regierungen der Entente in der Agence Havas vom 24. Mai behauptet hatten). Die Armenier von Erzerum, Terdjan, Egin, Sassun, Bitlis, Musch und von Cilicien hatten überhaupt keine Handlung begangen, die die öffentliche Ordnung und Ruhe hätte stören oder Maßregeln seitens der Regierung hätte erforderlich machen können.".*) Der türkische Generalkonsul in Genf Zia Bey setzt sogar noch am 27. August auf Anweisung der Pforte allen in neutralen Blättern verbreiteten Nachrichten von Armenier-Massakern ein formelles Dementi entgegen und schrieb, zu einer Zeit, wo die Gesamtdeportation bereits vollendet war: „Die gesamte armenische Bevölkerung, Männer, Frauen und Kinder erfreuen sich in vollständiger Sicherheit des Schutzes der Behörden; es hat einige Schuldige gegeben, die durch gesetzmäßig gebildete Gerichte verurteilt worden sind." Wir stehen also der merkwürdigen Tatsache gegenüber, dass die türkische Regierung nicht nur in den ersten Monaten, sondern bis zum September, abgesehen von einzelnen Exekutionen Schuldiger, mit dem Verhalten der armenischen Nation zufrieden gewesen sein will und von einer Gesamtverschwörung des armenischen Volkes, die hätte bestraft werden müssen, nichts gewusst hat.

*) Zwar war zu dieser Zeit Cilicien schon ausgeleert und die allgemeine Deportation hatte begonnen.

Trotzdem berichtet der Jungägypter Dr. Rifaat, ein Mitglied des Komitees für „Einheit und Fortschritt" in einem Interview des Kopenhagener „Extrabladed" vom 14. Oktober, das durch die ganze deutsche Presse gegangen ist, von „einer alle in der Türkei wohnenden Armenier umfassenden Verschwörung, die die eigentliche Existenz des Landes bedrohte und Konstantinopel den Alliierten in die Hände spielen sollte". Er will sogar wissen, dass „zum Unglück für die Armenier der Aufstand zu zeitig losbrach, und dass gleichzeitig der Haupteingeweihte in Konstantinopel die ganze Verschwörung an die Regierung verriet". Er fährt fort: „Zahlreiche durch die Untersuchung zutage gebrachte Dokumente erwiesen klar, dass die Engländer den größten in der Geschichte der Türkei bekannten Aufruhr organisiert haben. Zahlreiche Verschworene wurden verhaftet und bestraft, darunter der Hauptleiter des Aufruhrs in Arabien, Scheich Abdul Kerim. Obwohl er und seine Anhänger Muhammedaner waren, wurden dennoch 21 davon gehängt, 100 zu schweren Gefängnisstrafen verurteilt."

Wenn Dr. Rifaat etwas von einer arabischen Verschwörung weiß, so können wir das nicht nachprüfen. Jedenfalls ist eine „arabische" keine „armenische" Verschwörung. Von einer umfassenden armenischen Verschwörung hat die türkische Regierung kein Wort gesagt. Dagegen lässt sich aus der Zahl von 21 Gehängten und dem übrigen Inhalt des Interviews der bündige Schluss ziehen, dass Dr. Rifaat die öffentliche Meinung absichtlich irregeführt hat, in dem er das bereits vor dem Kriege aufgedeckte Komplott der türkischen liberalen Opposition, das den Sturz der gegenwärtigen Regierung und die Ermordung von Talaat Bey und anderen jungtürkischen Führern zum Ziele hatte, für „eine alle in der Türkei wohnenden Armenier umfassende Verschwörung" ausgegeben hat.

3. Das Komplott der türkischen liberalen Opposition.

Über das türkische Komplott, das der Regierung in Konstantinopel durch den „Haupteingeweihten" (den Polizeispitzel Mehemed Midhat, einen türkischen Offizier aus Akova) verraten wurde, liegen ausführliche Mitteilungen vor, die im „Tanin" unter dem Titel „Eine politische Komödie" veröffentlicht und durch den „Osmanischen Lloyd", die deutsche Zeitung von Konstantinopel, in zwölf Nummern übersetzt und wiedergegeben wurden. (Nr. 126 bis Nr. 137 vom 09. bis 22. Mai 1915). Da dies Komplott der türkischen Opposition dazu benutzt wurde, um den Anschein zu erwecken, als ob die türkische Regierung einer sozusagen „alle in der Türkei wohnenden Armenier umfassenden „Verschwörung" auf die Spur gekommen sei, geben wir das Wesentliche des Berichtes wieder.

Das Komplott geht auf das Jahr 1912 zurück und war bereits aufgedeckt worden, ehe der europäische Krieg ausbrach. Bekanntlich ist die gegenwärtig herrschende jungtürkische Partei seit der Begründung der Verfassung zweimal gestürzt worden, einmal im Jahre 1909 durch die alttürkische Partei, als Abdul Hamid noch nominell regierte, und einmal im Jahre 1912 durch eine Opposition, die sich innerhalb des Komitees für Einheit und Fortschritt („Hürriyet ve Ittihad", auch kurz „Ittihad" genannt) gebildet und die Majorität erlangt hatte. Den Anstoß zu diesem zweiten Sturz gab die neu gebildete Offiziersliga unter Führung des Oberst Zadit Bey. Die dis-sentierenden Mitglieder des Komitees vereinigten sich mit der Partei der liberalen Union „Hürriyet ve Ittilaf", auch kurz „Ittilaf" genannt) und arbeiteten am Sturz der Regierung. Das erste Opfer der Diktatur der Offiziersliga war der Kriegsminister Mahmud Schewket Pascha, der am 10. Juli sein Amt niederlegen musste, das zweite Opfer das jungtürkische Kabinett, das am 16. Juli de-missionierte, das dritte Opfer die türkische Kammer, die von dem neuen Ministerium Muktar Pascha am 5. August nach Haus geschickt wurde. Die Partei der liberalen Union, welche jetzt mit Männern aus dem alten Regime wie Achmed Muktar Pascha und Kiamil Pascha zusammenarbeitete, hatte zwar nicht das Heft in Händen, aber sie bedeutete doch einen wichtigen Faktor im politischen Leben. Ihre Führer waren Prinz Sabaheddin, Ismail von Gümüldschina und der Hodscha Sabri Efendi. Das Ministerium der „Böjükler" (großen Männer), das die bedeutendsten Politiker der alten Zeit zur Rettung des Vaterlandes umfasste, verlor den Balkankrieg und die europäische Türkei. Als Kamil Pascha im Begriff war, einen Frieden zu schließen, der den Verlust Adrianopels einschloss, ergriffen die gestürzten Führer der jungtürkischen Partei aufs Neue die Zügel. Bei dem Putsch, den Enver Bey inszenierte, kam der Kriegsminister Nasim Pascha um, und die gegenwärtigen Führer Talaat Bey und der Enver Pascha saßen im Sattel. Mit diesem Umschwung der Dinge beginnt die Verschwörungsarbeit der Partei der Liberalen Union. Ihre erste Tat war die Ermordung des Kriegsministers Mahmud Schewket Pascha am 11. Juli 1913. Dies Attentat wurde mit einer rücksichtslosen Verfolgung aller Mitglieder der türkischen Opposition beantwortet, deren Führer ins Ausland flohen. Auf diese Zeit geht das Komplott zurück, das sich den Umsturz der gegenwärtigen Regierung zum Ziel gesetzt hatte, aber durch den Verrat eines „Haupteingeweihten" rechtzeitig entdeckt wurde. Die Führer der Opposition hatten sich in Paris mit dem erbittertsten Feind des Komitees, Scherif Pascha, der über große Mittel verfügte, in Verbindung gesetzt. Leiter des Komplotts waren Prinz Sabaheddin, Oberst Zadit, Ismail aus Gümüldschina und Scherif Pascha, der die Mittel liefern musste. Verwickelt in das Komplott wurde Armenier Sabahgülian, früheres Mitglied eines Hintschakisten-Komitees in Ägypten, aus dem er bereits ausgeschlossen worden war. Im letzten Stadium wurden angeblich der griechische Gesandte in Konstantinopel, sein Archivar und andere griechische und türkische Elemente zugezogen. Zuletzt sei man auch an Venizelos und Lord Kitchener herangetreten, der aber nur für den Fall des Gelingens irgendeiner Tat Mittel in Aussicht gestellt haben soll. Ein junger türkischer Offizier, Midhat Efendi, einer der Mitbegründer jener Offiziersliga der „Vaterlandsretter" (Halaskiaran Dschemijeti), wurde unvorsichtigerweise in Paris in die Geheimnisse der Verschwörung eingeweiht. Er gab sich dazu her, nicht nur das Komplott der Polizei in Konstantinopel mitzuteilen, sondern auch zwei Jahre lang durch falsche Vorspiegelungen den Schein zu erwecken, als ob er in Konstantinopel als Werkzeug der Verschwörung tätig sei. Die im „Tanin" veröffentlichte Korrespondenz, die eine Reihe wichtiger Briefe von Ismail aus Gümüldjina und Scherif-Pascha enthält und die ganzen Fäden der Verschwörung bloßlegt, ist von Midhat-Efendi der Polizei ausgeliefert worden. Die Briefe sind sämtlich vor dem Kriege geschrieben und datieren vom 31. Juli 1913 bis zum 22. Juli 1914. In dies Komplott war, wie gesagt, durch Oberst Zadit auch der Hintschakist Sabahgülian in Ägypten hineingezogen worden.

Die Hintschakisten haben als revolutionäre armenische Partei in den neunziger Jahren in Russland eine gewisse Rolle gespielt. Die Partei edene kleine Auslandsgruppen und zählte in der Türkei nur noch wenige einflusslose Mitglieder. Sie war durch die Partei der Daschnakzagan verdrängt worden, die zusammen mit den Jungtürken die Einführung der Konstitution und den Sturz Abdul Hamids herbeigeführt hatten und sich seitdem zu der gegenwärtigen jungtürkischen Regierung gehalten hatten. Der Hintschakist Sabahgülian, der von seinen Landsleuten bereits abgeschüttelt war, schickte einen gewissen Paramaß mit drei anderen jungen Leuten nach Konstantinopel. Die Konstantinopeler Hintschakisten wollten nichts von ihm wissen und verweigerten jede Mitwirkung an dem Komplott.

Im Jahre 1913 hatte in Constanza eine Konferenz von Hintschakisten stattgefunden, bei der gegen eine Minorität von Stimmen eine Resolution gefasst worden war, dass man die türkische Regierung, wenn sie nicht gewisse Reformen bewillige, mit allen Mitteln bekämpfen müsse. Die türkischen Hintschakisten lehnten die Resolution ab und erklärten den Kongress für inkompetent, im Namen der türkischen Hintschakisten zu sprechen. Folgerichtig lehnten sie auch jetzt, als die vier ägyptischen Armenier nach Konstantinopel kamen, jede Mitwirkung ab. Die vier Armenier wurden in Konstantinopel von der Polizei ausfindig gemacht und **noch vor dem Kriege** in Haft gesetzt. Die Führer des türkischen Komplotts, die in Paris, Ägypten und Athen saßen, wurden von Midhat Efendi weiter an der Nase herumgeführt, bis sie selbst unter sich uneins wurden und eine Aktion aufgaben. **Mittel von England haben sie nicht erhalten.** Dann erst wurde durch die Veröffentlichung des „Tanin" die ganze Geschichte aufgedeckt.

Wie man sieht, spielten die vier auswärtigen Armenier in der ganzen Komplottgeschichte eine nur untergeordnete Rolle und waren von ihren türkischen Kameraden zurückgewiesen worden. Hätte man diese Verschwörer, als man sie gefasst hatte, einfach gehenkt, so hätte die Sache weiter nichts auf sich gehabt und niemand würde auf den Gedanken gekommen sein, die **Verschwörung der Führer der türkischen Oppositionspartei für eine armenische Revolution** auszugeben. Man ließ aber die vier verhafteten Armenier ein gutes Jahr im Gefängnisund holte sie erst am 17. Juni dieses Jahres heraus, um sie auf dem Platz vor dem Kriegsministerium mit noch 17 andern Armenier, die man ebenfalls für Mitglieder des Hintschakkomitees ausgaben, zu henken. Die übrigen 17 waren in das Komplott nicht verwickelt, die türkische Polizei hatte aber eine Liste der Mitglieder der Hintschakistenkonferenz in Constanza in die Hände bekommen und einige dieser Mitglieder ebenfalls verhaftet. Andere, deren Namen man aus Briefadressen oder Tagebuchnotizen als Bekannte der verhafteten Hintschakisten festgestellt hatte, wurden mitgehenkt, um den Schein einer großen Verschwörung zu erwecken. Niemand wusste, dass es sich um eine Sache handelte, die längst vor dem Kriege gespielt hatte. Als die Armenier von Konstantinopel am 17. Juni die Bekanntmachung des Platzkommandanten von Konstantinopel von der Hinrichtung der 21 Armenier und der Verurteilung in contumatiam der beiden ägyptischen Hintschakisten Sabahgülian und Dirtat in der Zeitung lasen, waren sie aufs Höchste betroffen, denn sie wussten, dass diese demonstrative Exekution, die auch durch die deutsche Presse bekannt gemacht wurde, die Ankündigung eines Schlages gegen das armenische Volk bedeutete.

Das türkische Komplott, das von den Führern der türkischen Opposition geplant worden war, wurde durch die Veröffentlichung des „Tanin" unter der Spitzmarke „Eine politische Komödie" nur ins Lächerliche gezogen, und auch von einer Verfolgung der beteiligten griechischen Elemente ließ man nichts verlauten, nur die Beteiligung von vier ägyptischen Hintschakisten wurde an die große Glocke gehängt. Von jungtürkischer Seite wurde indessen offen zugestanden, dass die Partei der Daschnakzagan, wie überhaupt das armenische Volk in der Türkei mit dem ganzen Komplott nichts zu tun gehabt hat.

Die Geschichte der Verschwörung der liberalen türkischen Opposition gegen die gegenwärtigen Machthaber musste etwas eingehender dargelegt werden, da, wie auch die Veröffentlichung des Interviews von Dr. Rifaat beweist, der Versuch gemacht worden ist, aus der Exekution der 21 Hintschakisten einen Beweis für eine mit englischem Gelde organisierte umfassende armenische Revolution zu konstruieren. Leider ist die deutsche Presse auf diesen plumpen Versuch hineingefallen.

4. Das armenische Patriarchat.

Eine Verschwörung, noch dazu eine „alle in der Türkei wohnenden Armenier umfassende Verschwörung" lässt sich nicht improvisieren. Sie müsste von irgendeiner Seite organisiert sein, die alle Fäden über das ganze Reich hin von der Hauptstadt bis zum Kaukasus und vom Schwarzen Meer bis nach Cilicien und Mesopotamien in der Hand hatte. Das Unternehmen hätte umso sorgfältiger vorbereitet sein müssen, da die Zeit des Krieges ohne Frage der ungünstigste Zeitpunkt für eine armenische Revolution gewesen wäre. Die wehrhafte Mannschaft des Volkes war zur Armee einberufen, der Rest arbeitsfähiger Männer zum Straßen- und Lastträgerdienst ausgehoben. Das Land stand unter Kriegsrecht und die türkische Armee war mobilisiert. Irreguläre Milizen durchstreiften das Land, die muhammedanische Bevölkerung war bewaffnet, die armenische entwaffnet. Sollten die in den Dörfern und Städten zurückgebliebenen Frauen, Kinder, Kranken und Greise und der kleine Rest männlicher Bevölkerung, der sich freigekauft hatte oder als dienstuntauglich zurückgeblieben war, eine Revolution inszenieren? Es wäre der helle Wahnsinn gewesen.

Welches waren die Organisationen, die für die Vorbereitung einer Revolution in Betracht gekommen wären?

Nur zwei kommen in Frage: das Patriarchat und die Daschnakzagan. Die Armenier in der Türkei sind kirchlich und parteipolitisch organisiert. Von einer dieser beiden Seiten müsste die angebliche Revolution geplant gewesen sein.

Die kirchliche Organisation des armenischen „Millets" (Nation) ruht auf alter staatsrechtlicher Grundlage, die seit der Zeit der Eroberung durch die Türken nicht angetastet worden ist. Das Patriarchat vertritt auch in bürgerlicher Beziehung das armenische Volk bei der Pforte. Neben dem Patriarchat steht als Vertretungskörper die armenische Nationalversammlung. Obwohl die Repräsentanten derselben aus allen Teilen des Reiches gewählt werden, so ist sie doch im Wesentlichen nur eine Vertretung der besitzenden Klassen von Konstantinopel. Von ihren 160 Mitgliedern sind ordnungsmäßig 120 Vertreter der Hauptstadt und 40 Vertreter der Provinz. Aber auch diese 40 Provinzvertreter werden wegen der Schwierigkeit der Reiseverbindung mit dem Innern aus der Zahl der Konstantinopeler Intellektuellen gewählt. Der Charakter des Patriarchats mit seiner kirchlichen Organisation und ebenso der Charakter einer derartig zusammengesetzten Nationalversammlung sind naturgemäß konservativ. Wenn von Seiten armenischer Politiker an der Haltung des Patriarchats und der Nationalversammlung Kritik geübt wurde, so lag dieselbe immer in der Richtung, dass die Patriarchen mehr den Charakter von osmanischen Staatsbeamten als von Vertretern der Nation trügen und dass die Nationalversammlung, auch wo es sich um wichtige Interessen des armenischen Millets (Nation) handelte, zu fügsam und nachgiebig gegenüber dem herrschenden Regime wäre. Der gegenwärtige Inhaber des Patriarchats-Stuhles war vor seiner Erwählung Bischof in Diarbekir und als ein trefflicher Seelsorger seines Sprengels bekannt. Er war anderen Kandidaten, die eine schärfere politische Physiognomie hatten, vorgezogen worden, da man für die Friedensära nach dem Balkankriege mehr an die kirchlichen als an die politischen Aufgaben des Patriarchats dachte. Msgr. Sawen ist seinem ganzen Charakter nach von dem Typus eines politischen Intriganten so fern als nur möglich. Er hat schwer unter dem Schicksal, das seine Nation und seine Kirche traf, gelitten, ist aber niemals auch nur auf den Gedanken gekommen, etwas wie einen Widerstand gegen die Regierungsgewalt zu planen. Er hat alle in seiner Kompetenz liegenden Schritte getan, hat die unglückliche Lage seines Volkes während des Krieges den Ministern solange in ernsten Bitten und Beschwerden vorgetragen, bis sich die Türen vor ihm verschlossen und er sich von der völligen Ohnmacht seines Amtes überzeugen musste. Nicht einmal die geringsten, auf die kirchliche Versorgung der Deportierten bezüglichen Wünsche, wie die Entsendung von Priestern an die Verschickunksorte mit den für die Erfüllung der kirchlichen Bräuche notwendigen kirchlichen Requisiten wurden gewährt. Er musste es ruhig mit ansehen, dass mit der Vernichtung des Volkes zugleich die Rechte des Patriarchats außer Kraft gesetzt und die kirchliche Organisation des armenischen Volkes vernichtet wurde. Die folgende Liste von kirchlichen Würdenträgern, die im Lauf der Massaker und Deportationen beseitigt wurden, sagt mehr von den Leiden des Patriarchats als es irgendwelche weiteren Ausführungen vermöchten.

Liste der kirchlichen Würdenträger.

1. Diarbekir:
   Der Wartabed (Archimandrit) Tschekhlarian — lebendig verbrannt.
2. Ismid:
   Der Erzbischof Hovagim — verbannt.
3. Armasch:
   Der Bischof Mesrop, Abt des Klosters Armasch — verbannt.
4. Brussa:
   Der Vartabed Taniklian — eingekerkert.
5. Kaisarije:
   Der Bischof Behrigian — eingekerkert.
6. Siwas:
   Der Bischof Knel Kalzmskrian — ermordet.
7. Urfa:
   Der Wartabed Kasparian — verbannt.
8. Schabin-Karahissar:
   Der Wartabed Torikian — gehenkt.
9. Samsun:
   Der Wartabed Hammazaß — verschickt.

10. Trapezunt:
   Der Wartabed Turian – eingekerkert.
11. Baiburt:
   Der Wartabed Turian — gehenkt.
12. Kemach:
   Der Wartabed Hemajak — verschickt.
13. Kharput:
   Der Wartabed Korenian — ermordet.
14. Tscharsandjak:
   Der Wartabed Nalbandian — gehenkt.
15. Aleppo:
   Der Bischof Nerses Danielian — verschickt.
16. Bitlis:
   Der Wartabed Kalenderian — verschickt.
17. Erzerum:
   Der Bischof Saadedian — ermordet.

Von den kirchlichen Würdenträgern der übrigen Sprengel fehlen die Nachrichten. Von 17 Prälaten wurden somit 7 deportiert, 3 eingekerkert, gehenkt, 3 ermordet und einer lebendig verbrannt. Das Schicksal der übrigen wird schwerlich ein andres sein.

Da gegen das Patriarchat und seine Hierarchie von der Regierung niemals die Anklage erhoben worden ist, dass es sich revolutionärer Umtriebe schuldig gemacht habe, fällt die Möglichkeit, die kirchliche Organisation mit einer angeblich geplanten armenischen Revolution zu belasten, aus. Es bleibt also die politische Organisation der Daschnakzagan, auf die der Verdacht geworfen werden könnte, dass sie mit dem Gedanken an eine Revolution umgegangen oder eine Erhebung des armenischen Volkes vorbereitet habe.

5. Daschnakzagan.

Die Partei der Daschnakzagan („Verbündeten") entstand Ende der achtziger Jahre. Sie war damals, ebenso wie die gegenwärtig in der Türkei herrschende jungtürkische Partei revolutionär. Ihre Führer standen in der absolutistischen Zeit mit den Führern des Komitees für Einheit und Fortschritt in enger Verbindung und arbeiteten mit diesen am Sturz des Hamidischen Regiments und der Einführung der Konstitution. Sie glaubten mit den Jungtürken, dass es nur durch die Einführung der Konstitution möglich sein würde, die verschiedenen Bevölkerungselemente des Osmanischen Reiches untereinander zu versöhnen und die Rassen- und Religionsgegensätze zu überbrücken. Auf ihrem Pariser Kongress vom Jahre 1907 beschlossen die Daschnakzagan, alle nationalen Gruppen der Türkei durch die Losung „Einführung der Konstitution" miteinander zu vereinigen. Auf ihre Einladung kamen Ende 1907 die Vertreter aller politischen Parteien der Türkei, die im Gegensatz zum Absolutismus Abdul Hamids standen, Jungtürken, Armenier, Griechen, Bulgaren, Israeliten, in Paris zusammen. Es gelang den Daschnakzagan die damaligen Führer der in Feindschaft lebenden jungtürkischen Gruppen, Achmed Riza und Prinz Sabaheddin, miteinander zu versöhnen. Auf diesem Kongress übernahmen für den Fall des Gelingens ihrer Pläne die jungtürkischen Führer die folgenden Verpflichtungen:

1. Sultan Abdul Hamid abzusetzen,
2. in dem neuen konstitutionellen Staatswesen die bürgerliche Gleichberechtigung der Religionen und Nationalitäten einzuführen,
3. das parteiische Verwaltungssystem, das die nichtmuhammedanischen Nationalitäten unterdrückte, dementsprechend abzuändern.

Einige Monate nach diesem Kongress brach die Revolution aus und die Konstitution wurde eingeführt. Unbeschreiblicher Jubel herrschte damals in der ganzen muhammedanischen und christlichen Bevölkerung des Reiches. Christen und Moslems, Priester und Mollahs umarmten sich auf den Straßen. Man war im Rausch des Entzückens über die gewonnene Freiheit „ein einig Volk von Brüdern" geworden. In Konstantinopel zog eine Prozession von türkischen Notabeln, Mollahs und Hodschas mit den Armeniern in die armenische Kirche der Dreieinigkeit (Yerortutiun), um dort große Reden zu schwingen und die armenischen Opfer der Verfolgungen Abdul Hamids zu beklagen. Die Türken sagten zu den Armeniern: „Ihr seid glücklich zu preisen, ihr wisst, wo eure von Abdul Hamid hingeschlachteten Opfer begraben sind; die unsrigen aber liegen auf dem Meeresgrunde oder sind in den Wüsten Arabiens verschwunden. Wir wollen mit euch auf euren Friedhof gehen und an den Gräbern eurer Toten, an deren Blut wir unschuldig sind, den Sieg der Freiheit feiern. Kommt ihr mit uns, um auf dem Befreiungshügel den Tag unserer Erlösung festlich zu begehen." So geschah es. Das Einvernehmen zwischen Christen und Moslems, Armeniern und Türken konnte nicht inniger sein, und alle Welt glaubte an eine glückliche Zukunft des Reiches.

Die jungtürkischen Führer hielten sich nicht an ihre Versprechungen. Abdul Hamid blieb auf dem Thron. Erst ein Jahr später musste nach dem vorübergehenden Sieg der Reaktion die Absetzung Abdul Hamids nachgeholt werden. In den April 1909 fiel auch das Massaker von Adana, bei dem unter Mitwirkung von jungtürkischen Truppen 20 000 Armenier umgebracht wurden. Ein schlimmes Vorzeichen! Das Komitee für Einheit und Fortschritt hatte die früheren Zusagen seiner Führer, die die Gleichberechtigung der Nationalitäten und Religionen verbürgten, vergessen. Es wandte sich schnell einem panislamischen Programm zu, in der Hoffnung, so die türkischen Massen zu gewinnen und die reaktionäre Propaganda aus dem Felde zu schlagen. Trotzdem blieben die Daschnakzagan an der Seite der Jungtürken und hielten ihr politisches Zusammengehen mit dem Komitee für Einheit und Fortschritt aufrecht. In der Zeit ihrer gemeinsamen Verbannung waren sie Kameraden der jungtürkischen Führer gewesen, waren persönlich mit ihnen befreundet und waren entschlossen, ihnen treu zu bleiben. Trotz mancher Enttäuschungen und trotz des Massakers von Adana blieben sie der Überzeugung, dass einzig die jungtürkischen Führer (die gegenwärtig die Regierung des türkischen Reicheswin Händen haben) aufrichtige Anhänger und Verteidiger der Konstitution seien. Dies lies sie über manches hinwegsehen, was sie hätte zurückstoßen müssen. Aber auch die Jungtürken kamen, wenn sie eine Zeitlang ihre eigenen Wege gegangen waren, immer wieder zu den Daschnakzagan zurück. Sobald nämlich ihre eigene Herrschaft in Gefahr war, baten sie die Daschnakzagan um ihre Hilfe, machten ihnen größere Versprechungen als zuvor und rüsteten sie für den Fall eines Bürgerkrieges mit Waffen aus, um die Konstitution zu verteidigen. Solche Vereinbarungen wurden mündlich und schriftlich getroffen und von den jungtürkischen Führern mit ihren Namen unterzeichnet. Sobald die letzteren wieder Oberwasser hatten, vergaßen sie ihre Versprechungen und fragten nichts nach dem Missmut der Daschnakzagan. Als die Krisis des Jahres 1911 die Auflösung des Parlaments herbeigeführte und die Jungtürken fürchteten, das die Wahlen für sie ungünstig ausfallen könnten, näherten sie sich aufs neue den Daschnakzagan, schlossen ein Wahlabkommen mit ihnen ab und sicherten ihnen, entsprechend der armenischen Bevölkerungszahl von ca. 2 Millionen, 19 Parlamentssitze zu. Durch Unterschrift der angesehensten Vertreter des Komitees für Einheit und Fortschritt wurde das Wahlabkommen besiegelt. Gemeinsame Wahlaufrufe wurden unterschrieben und überall im Reich agitierten die Daschnakzagan für die Jungtürken. Als die Letzteren während der Wahlkampagne das Heft wieder in die Hand bekamen, richteten sie die Sache so ein, dass die Armenier nicht nur keine 19, sondern statt der früher innegehabten 12 nur 9 Sitze bekamen. Diese 9 Sitze waren überdies zum Teil mit Kreaturen des Komitees besetzt, die das Vertrauen der Armenier nicht besaßen. Trotz all dieser Enttäuschungen blieben die Daschnakzagan den Jungtürken treu, wie gesagt aus dem einzigen Grunde, weil sie sie für die einzig aufrichtigen Vertreter des konstitutionellen Prinzips hielten. Weder während des tripolitanischen Krieges noch während des Balkankrieges dachten sie daran, die Schwäche des Reiches für eigennützige Pläne auszunützen. So traten sie auch in den gegenwärtigen Krieg mit der Zuversicht ein, dass ihre seit sieben Jahren bewiesene Loyalität und Treue endlich ihre Früchte zeitigen würde.

Beim Ausbruch des europäischen Krieges, Ende Juli und Anfang August 1914, tagte im Theaterklub zu Erzerum mit Zustimmung des Ministers des Innern Talaat Bey ein Kongress der Daschnakzagan.

Die Möglichkeit eines russisch-türkischen Krieges musste ins Auge gefasst werden, und es wurde mit voller Aufrichtigkeit beschlossen, in diesem Falle strengste Loyalität gegen die osmanische Regierung einzuhalten und, gegen wen es immer sei, die Unabhängigkeit und Souveränität der Türkei mit bewaffneter Hand zu verteidigen. Die türkischen Armenier wussten, dass ihre Volksgenossen im Kaukasus gezwungen sein würden, im russischen Heer gegen die Türkei zu kämpfen. Das politische Programm der Daschnakzagan vertrat grundsätzlich den Standpunkt, dass die Zukunft des armenischen Volkstums in der Türkei besser gesichert sei, als in Russland. Ihr Programm, das durch seine innere Logik für sich selbst spricht, beruhte auf folgendem Gedankengang:

Das armenische Volk, das in der Türkei gegen 2 Millionen, in Russland gegen 1 3/4 Millionen zählt, kann weder in Russland noch in der Türkei auf eine Autonomie rechnen. Es muss daher die Vorteile des Gleichgewichts zwischen diesen beiden Ländern benutzen, um seine nationale Eigenart zu schützen, die durch ein völliges Aufgehen in Russland gefährdet wäre. Keine Nation ist so sehr an der Existenz der Türkei interessiert als die armenische. Denn nur im Zusammenhang mit einem größeren Staatswesen vermöchte sie wirtschaftliche und kulturelle Bedeutung zu erlangen, vorausgesetzt, dass ihr normale Existenzbe-dingungen gegeben würden. Die Armenier selbst müssten eine Türkei schaffen, wenn sie nicht existierte, um an ihr einen Rückhalt gegen die russische Expansion zu haben.

Der Beweis, dass dieses Programm und die daraus folgende loyale Haltung gegenüber der jungtürkischen Regierung bis zu dem Tage der völlig unerwarteten Verhaftung und Verschickung ihrer Führer die strenge Richtlinie aller Absichten und Maßnahmen der Daschnakzagan gewesen und geblieben ist, kann lückenlos erbracht werden.

Zu dem Kongress in Erzerum stellten sich auch zwei Mitglieder des jungtürkischen Zentralkomitees ein, Ömer Nadji und Dr. Behaeddin Schakir, die mit den Führern der Daschnakzagan über die Mitwirkung der Armenier bei dem kommenden Kriege gegen Russland verhandelten. Sie regten an, ob man nicht die Kaukusarmenier gegen Russland revolutionieren könne, wie man ein gleiches mit den Georgiern und Tataren des Kaukasus vorhatte. Die Daschnakzagan erklärten dies für nicht wohl möglich. Nach den Verfolgungen der Jahre 1903 bis 1905, bei denen der Statthalter des Kaukasus regelrechte Massaker unter den Armeniern durch die Tataren hatte veranstalten lassen, war mit der Übernahme der Statthalterschaft durch Fürst Woronzoff Daschkoff ein völliger Wechsel des bisherigen Systems eingetreten. Die über die Armenier verhängten Maßregeln, Entziehung ihres Kirchen- und Schulvermögens, wurden rückgängig gemacht, und die Kaukasusarmenier hatten sich wieder einer loyalen Behandlung von Seiten der russischen Regierung zu erfreuen. Zwar dauerte die Unterdrückung der Partei der Daschnakzagan, die sich zu einem Werkzeug für die russische Regierung nicht hergab, noch an, aber die armenische Bevölkerung und die armenische Kirche hatte sich über keinerlei Repressalien zu beschweren. Ein den Russen genehmer Katholikos in Etschmiadzin wurde gewählt. Hätten die Jungtürken auch nur die gleiche Haltung gegen die armenische Bevölkerung der Türkei bis zum Kriege eingenommen, sie hätten nicht nur, wie es der Fall war, auf die Loyalität der türkischen Armenier rechnen können, sie würden vielleicht auch das Band zwischen den Kau-kasusarmeniern und der russischen Regierung gelockert haben. Besonders eine Maßregel machte auf die russischen Armenier den allerschlechtesten Eindruck. Im Jahre 1913 war auf Drängen der Großmächte, insbesondere Rußlands, endlich ein Reformplan für die Verwaltung der von Armeniern bewohnten sieben östlichen Wilajets ausgearbeitet und damit ein Versprechen eingelöst, das die Türkei auf dem Berliner Kongreß im Jahre 1878 ihren armenischen Untertanen und den sechs Großmächten gegeben hatte. Die Ausarbeitung des Reformprogramms war von Seiten der übrigen Mächte Rußland und Deutschland als den wirtschaftlich am meisten an der Türkei interessierten überlassen worden. Der deutsche Botschafter, Baron von Wangenheim, hatte sich mit Erfolg bemüht, das Programm in Grenzen zu halten, durch die die Souveränitätsrechte der Türkei nicht angetastet wurden, um die Pforte zur Annahme des Programms willig zu machen. Am 26. Januar/8. Februar 1914 war das Programm von der Pforte angenommen worden. Zwei Generalinspektoren, der Holländer Westemenk und Norweger Hoff, wurden berufen und trafen im Frühjahr in Konstantinopel ein. Bei Ausbruch des europäischen Krieges waren sie im Begriff, ihr Amt anzutreten. Hoff befand sich bereits in Wan. Sofort nach Ausbruch des europäischen Krieges nahm die Pforte das Reformprogramm zurück und schickte die Generalinspektoren nach Haus. Ein unverzeihlicher Fehler. Wären die Generalinspektoren im Lande geblieben, so hätten die Ereignisse, die zum Verlust von Wan führten, verhütet werden können und das Vertrauen des armenischen Volkes in die Aufrichtigkeit der Reformabsichten wäre nicht erschüttert worden.

Auch sonst erlebten die türkischen Armenier böse Enttäuschungen. Auf dem Kongress von Erzerum war mit den jungtürkischen Führern vereinbart worden, dass ein bekannter Daschnakzagan, Alojan, in den Kaukasus gesandt werden sollte, um die russischen Armenier dazu zu bewegen, dass sie sich soweit es in den Grenzen der Loyalität möglich war, zurückhalten und alle provokatorischen Handlungen vermeiden sollten, um nicht die Loyalität der türkischen Armenier zu kompromittieren. Alojan wurde auf der Reise nach dem Kaukasus, noch auf türkischem Boden, ermordet. Auch die Bewegungsfreiheit der Führer der türkischen Daschnakzagan wurde eingeschränkt. Der Minister des Innern Talaat Bey nötigte seinen Freund Aknuni und andere Daschnakzagan, wie Rostam und Wrazian, die sich in den Provinzen der gemeinsamen Sache widmen wollten, in Konstantinopel zu bleiben, um sie dort überwachen zu lassen. Durch diese Beweise eines illoyalen Misstrauens wurde Garo Pastermadschan, der Deportierte von Erzerum, derartig konsterniert, dass er Ende August, also $2^1/2$ Monate vor dem Ausbruch des russisch-türkischen Krieges, in den Kaukasus, wo er zu Haus ist und Fabriken besitzt, und von wo er lange Zeit verbannt war, zurückkehrte. Da er in Tiflis sein Geschäft hat, war das sein gutes Recht. Aber es war sein persönlicher Entschluss, der von allen andern Führern der Daschnakzagan missbilligt wurde. Er hatte bis dahin mit ganzer Seele das Programm vertreten, dass das Schicksal des armenischen Volkes an das Schicksal der

Türkei gebunden sei und war in seinem Herzen durchaus antirussischer Gesinnung gewesen. Sein impulsives Temperament aber hatte den Stoß, von dem sein Vertrauen getroffen war, nicht überwunden. Er kehrte in den Kaukasus zurück, hat aber niemals ein Gewehr abgeschossen und ist im Kaukasus tätig gewesen, um den Unterhalt der armenischen Flüchtlinge zu organisieren.

Noch eine Sache, die beiläufig auf dem Kongress zu Erzerum zur Sprache kam, verdient erwähnt zu werden. Von kurdischer Seite war den Daschnakzagan der Vorschlag zugegangen, die Türkei im Stich zu lassen und gemeinsam die Waffen gegen die Regierung zu erheben. Der Vorschlag stammte von bekannten türkischen Kurdenscheichs, die, wie jedermann wusste, in russischem Solde standen und schon längst mit Russland konspiriert hatten. Ebenso wurde von russischer Seite den Armeniern zugemutet, im Geheimen Waffen an die Kurden zu liefern. Beide Vorschläge wurden von der Schwelle weg abgewiesen. Die Daschnakzagan wollten nichts mit irgendwelchen illoyalen Machenschaften und Verschwörungen gegen die Türkei zu tun haben.

Als der Ausbruch des russisch-türkischen Krieges in sicherer Aussicht stand, richtete das Büro der Daschnakzagan in Konstantinopel an die Zentralkomitees am 10./23. Oktober eine Proklamation folgenden Inhalts:

„Kameraden, wie Sie wissen, hatte der achte Parteitag zu der anberaumten Zeit seine Arbeiten angefangen und beendet. Indem wir die Ausführung unserer Beschlüsse den lokalen Organisationen überlassen, wollen wir hiermit Ihre Aufmerksamkeit auf den Ernst der Lage lenken, in die unser Land infolge des allgemeinen Krieges versetzt wurde. Es ist jetzt mehr als je notwendig, alle Kräfte anzuspannen, um unser Volk vor einem Unglück zu bewahren. Um unsererseits zur Aufrecherhaltung der allgemeinen Ordnung und Sicherheit beizutragen, muss jeder Anlass zu irgendwelchen Zwischenfällen oder politischen Missverständnissen unter den verschiedenen Elementen der Bevölkerung vermieden werden.

Indem wir Ihnen ein besonderes Maß von Arbeitskraft in diesen besonderen Zeiten wünschen, senden wir Ihnen unsere freundschaftlichen Grüße.

Das Bureau von Konstantinopel"

Die weitere Korrespondenz des Bureaus, die bis zur allgemeinen Deportation vorliegt, bewegt sich unentwegt auf der Linie der Loyalität. Die Verbindung mit dem jungtürkischen Komitee, die zur Bestürzung der Führer allmählich abzureißen drohte, wird immer wieder angeknüpft. Nach und nach kommt die Sorge zum Ausdruck, dass die ungeordneten Zustände in den Provinzen und die panislamische Tendenz der Regierung eines Tages Anlässe zu einem Schlage gegen die christlichen Nationalitäten suchen könne. Mit wachsender Beängstigung werden die Symptome registriert, die dieser Befürchtung Recht zu geben scheinen. Jeder denkbare Weg wird beschritten, um die Regierung von der Loyalität der Daschnakzagan zu überzeugen. Die persönlichen Beziehungen der Führer der Daschnakzagan mit den jungtürkischen Führern werden angespannt, um das drohende Verderben aufzuhalten, bis endlich die schmerzliche Überzeugung zum Ausdruck gelangt, dass alle Loyalität und Treue der Daschnakzagan gegen das jungtürkische Komitee umsonst war und dass ihr Vertrauen nur dazu gemissbraucht wurde, um sie über die Absichten der türkischen Regierung zu täuschen.

Die Lektüre dieser Korrespondenz macht einen erschütternden Eindruck. Man sieht, wie sich ein Steinchen auf der Höhe eines Schneefeldes löst, wie der Ball ins Rollen kommt und wächst, bis endlich eine ungeheure Lawine in die blühenden Gefilde des armenischen Volkes niederrast und wahllos Dörfer, Städte, Besitz, Kultur und Menschenleben in einer ungeheuren Katastrophe begräbt.

Es ist notwendig, den Vorgängen, wie sie von Konstantinopel berichtet werden, im Einzelnen zu folgen, um einen Einblick in den Zusammenhang der Ereignisse und in Tatsachen zu gewinnen, die von fern betrachtet, kaum glaublich erscheinen.

Aknuni, ein Mann von hoher Bildung und weitem Horizont, der die gleichen Sympathien bei Türken wie bei Armeniern genoss, und als Führer der konstitutionellen Armenier sichtbar im Vordergrund stand, als Schriftsteller ebenso bedeutend wie als Mensch, war ein persönlicher Freund des allmächtigen Ministers des Innern Talaat Bey. Aknuni besucht Talaat Bey und spricht mit ihm über die Lage der Armenier in der Provinz. Darauf gibt Talaat den telegraphischen Befehl nach Erzerum, dass man die Armenier und insbesondere die Daschnakzagan gut behandeln solle.

„Es gibt in der Tat keine Ursache," heißt es nach der Mitteilung über diese Untersuchung in der Parteikorrespondenz*) (29. Sept./12. Oktober 1914), „weshalb die Regierung gegen uns Misstrauen hegen könnte. Das Gegenteil sollte der Fall sein. Sie wissen, dass unser Kongress beschlossen hat, dass jeder Armenier seine Pflicht als ottomanischer Untertan erfüllen und sich willig der Mobilmachung unterziehen soll. Wir sind daher berechtigt zu erwarten, dass die Regierung unsere Loyalität anerkannt, denn wir sind bereit, alles, was in unsern Kräften steht, für die Aufrechterhaltung <u>der Unantast</u>barkeit des Osmanischen Reiches und für die

*) Die Parteikorrespondenz des Bureaus von Konstantinopel, der die obigen Auszüge entnommen sind, war für die verschiedenen Zentralkomitees im Inland und Ausland bestimmt. Sie enthält alle Nachrichten, die das Bureau aus dem Inneren erhielt, und berichtet über die Vorgänge in Konstantinopel. Der intime Charakter der Korrespondenz bringt es mit sich, dass man die Stimmungen, Urteile, Sorgen und Überlegungen, wie sie unter dem wechselnden Eindruck der Ereignisse entstehen, mit voller Deutlichkeit und Unbefangenheit verfolgen kann und einen unmittelbaren Eindruck von der Wahrhaftigkeit des Berichteten gewinnt.

Verteidigung unseres Vaterlandes zu tun." (Schon damals waren in den Provinzen vielerlei Unregelmäßigkeiten und Übergriffe gegen die Armenier von Seiten der Gendarmerie und der Lokalbehörden vorgekommen. Die Korrespondenz fährt daher fort:) „Bei dem Vorgehen gegen die Armenier im Innern scheint es sich nicht um Maßnahmen der Zentrale zu handeln, sondern um Maßregeln der Lokalbehörden. Wahrscheinlich verdanken wir dieses verfehlte Vorgehen verleumderischen Denunziationen (journals). Es ist traurig, dass dieses System aus der Zeit Abdul Hamids auch in die konstitutionelle Regierung Eingang gefunden hat, was böse Folgen haben kann."

Einige charakteristische Auszüge aus der Partei-Korrespondenz, die den Lauf der Dinge wiederspiegeln, mögen hier folgen:

7./20. Oktober: "Wir erfahren, dass sich die Lage im Innern von Tag zu Tag verschlimmert. Infolge der allgemeinen Mobilisierung wurde der Belagerungszustand erklärt. Seitdem ist die ganze Lage verändert. Die Armenier haben der Mobilisierung Folge geleistet. Wir haben alles getan, was in unsern Kräften stand, und unsere Ratschläge gegeben, dass jeder Armenier seine Pflichten als ottomanischer Untertan erfülle. Immerhin hat es wie unter den Türken auch unter unserm Volk einige gegeben, die der Mobilisierungsorder nicht gefolgt sind; die Regierung hat sehr strenge Maßregeln gegen sie erlassen; die, welche sich nicht melden, werden damit bestraft, dass ihre Häuser verbrannt werden. Deserteure werden füsiliert. Leider treffen diese Füsilaiden auch völlig Unschuldige. Im Wilajet Wan waren fünf solche Fälle. Ähnliches gab es in Cilicien."

24. November /7. Dezember 1914: „Man hat weder Aknuni noch Scharikian erlaubt, Konstantinopel zu verlassen; man will die Führer der Daschnakzagan in der Hand behalten."

26. Dezember/8. Januar 1914/15: „Es scheint, dass die Haltung der kaukasischen Armenier die Regierung enttäuscht hat. Man sieht dies aus ihrem Verhalten gegen die Armenier überhaupt und gegen die Daschnakzagan insbesondere. Nun ist es natürlich sehr schwer, unsere türkischen Freunde davon zu überzeugen, dass wir Daschnakzagan nicht nur keinen Anteil an dem Verhalten der russischen Armenier haben, sondern auch überzeugte Anhänger der Erhaltung der Türkei und Gegner der Einverleibung Armeniens in Russland sind. Wir haben von Wan einen Brief vom 16./29. November erhalten, der die Lage als sehr schwierig schildert. Die Requisitionen haben den Charakter einer Ausplünderung angenommen; die Dörfer werden vollständig ausgeleert. Unter dem Vorwande der Bestrafung von Deserteuren haben die Gendarmen zahllose Häuser niedergebrannt und Güter konfisziert. Gegen die Muhammedaner, bei denen viel mehr Desertionen vorkommen, tut man nichts dergleichen. Neulich hat man alle Räuber amnestiert und bewaffnet. In einigen Orten hat man bekannte Verbrecher aus den Gefängnissen freigelassen und ihnen Waffen gegeben. Die Schritte unserer Kameraden bei der Regierung bleiben fast immer ohne Erfolg."

Im Januar kommen die ersten Nachrichten über böse Zustände im Wilajet Erzerum. Die Daschnakzagan wenden sich an den Wali Tasin Bey, der verspricht, binnen zwei Tagen die Missetäter, die in den Dörfern gehaust haben, zu bestrafen. Aber nach zehn Tagen geschieht dasselbe in anderen Dörfern. Die Armenier werden von Türken gewarnt. Zum ersten Mal hören sie von dem „Plan einer allgemeinen Metzelei".

20. Januar /2. Februar: Weitere beunruhigende Nachrichten aus den Wilajets Erzerum und Bitlis. „Hier in Konstantinopel ist das Misstrauen der Regierung gegen die Daschnakzagan so groß, dass man mit ihr kaum über die Lage sprechen kann."

20. Februar/5. März: Beunruhigende Nachrichten aus dem Wilajet Wan über Misshandlungen und Totschläge in den Dörfern durch Gendarmerie und Tschettehs.

27. Februar/12. März: Nachrichten über ein Massaker in den Alaschkert- dörfern, die nach dem Rückzug der russischen Armee (seit 22.12.14.) von Hamidieh-Kurden geplündert wurden. „Alle in den Dörfern zurückgebliebenen jungen Frauen und Mädchen wurden geraubt und gezwungen, den Islam anzunehmen. Als die Russen Mitte Januar zurückkamen, fürchtete die muhammedanische Bevölkerung wegen ihrer Untaten an der christlichen bestraft zu werden. Sie verließen mit ihren Familien die Dörfer und wurden von der Regierung in der Gegend von Malaskert und Bulanek in armenischen Dörfern untergebracht. Die Flüchtlinge zählten ungefähr zweitausend Familien. In allen diesen Gebieten sind die Kurden und Tschettehs die einzigen Truppen, über die die Regierung verfügt. Es gibt nicht einen regulären Soldaten. Wären reguläre Truppen da gewesen, das Unglück wäre nicht geschehen. Man hat den Alai-Kurden die Verteidigung des Landes anvertraut. Welch ein ungeheurer Fehler der Regierung! Wahan Papasian (Parlamentsmitglied für Wan) tat Schritte bei der Regierung, dass die Muhadjirs (muhammedanische Flüchtlinge) nicht in die Ebene von Musch geschickt würden. Der Mutessarif von Musch versprach, sie nach Diarbekir zu schicken, hat aber nicht Wort gehalten." Es folgen beunruhigende Nachrichten über die allgemeinen Zustände im Wilajet Wan und Siwas, besonders über Requisitionen und das Schicksal der als Lastträger ausgehobenen Armenier, die vielfältig unterwegs umkommen oder erschlagen werden. Dann kommen die ersten Nachrichten aus Cilicien, Dört-Jol und Hadjin, mit der Schlussfolgerung: „Die Absicht der Regierung scheint darauf hinzugehen, die Armenier aus ihren Zentren zu entfernen. Obwohl wir mit ganzem Herzen unsere Bürgerpflicht erfüllen, misstraut uns doch die Regierung mit ungerechtfertigtem Zweifel. Hier in Kon-

stantinopel fangen die Türken an, die Stadt zu verlassen und nach Eskischeher und Konia überzusiedeln; falls die Dardanellen forciert werden sollten, soll der Sitz der Regierung nach Konia verlegt werden. Auch das Patriarchat wurde davon benachrichtigt, dass es in diesem Falle mitüberzusiedeln habe."

2./15. März: „Das Memorandum von Wramjan hat nichts genützt und nur die Regierung gegen ihn eingenommen, so dass sein Leben in Gefahr ist"

11./24. März: „Aus offiziellen Quellen hören wir, dass es in Zeitun einen Zusammenstoß gab." Folgen weitere Nachrichten über Untaten von Gendarmen im Wilajet Bittlis, in Terdjan und Baiburt.

Aus Baiburt wird geschrieben: „ Die ganze Bevölkerung lebt unter dem Albdruck eines allgemeinen Massakers. Die Regierung hat Befehl gegeben, dass alle armenischen Soldaten entwaffnet werden sollen. Im Falle des unbedeutendsten Anlasses sollen alle niedergemetzelt werden."

20. März/2. April 1915: Aus den Wilajets Erzerum und Bitlis wird wachsende Beunruhigung über die Plünderungen in den Dörfern und die allgemeine Unsicherheit gemeldet. Die ökonomische Lage der Armenier ist entsetzlich, sie werden allmählich zu Bettlern gemacht. Weder im Frühjahr noch im Herbst konnte man die Felder besäen. „Die Furcht vor einem allgemeinen Massaker hängt über unsern Häuptern. Die Türken sagen uns: ‚Ihr Armenier seid an dem Unglück dieses Krieges schuld, und wir werden euch vernichten.

Es ist die höchste Zeit, die Aufmerksamkeit auf die Zustände in Armenien zu lenken, sonst werden wir statt eines Armenien bald nur einen Haufen von Ruinen haben."

In Konstantinopel hatte sich bis dahin nichts ereignet, was befürchten ließ, dass die Regierung gegen das armenische Element in der Hauptstadt einschreiten könnte.

Gründe zu einem Misstrauen gegen die loyale Bevölkerung lagen nicht vor. Ebenso wenig hatte man den Führern der Daschnakzagan oder dem Patriarchat etwas vorzuwerfen. Da kam am 18./31. März das erste Anzeichen, das hinter den Kulissen der Regierung etwas vorging. Das weitere Erscheinen der Tageszeitung „Azatamart", des Organs der Daschnakzagan, wurde ohne sichtbaren Grund vom Kriegsgericht verboten. Als Vorwand diente ein Artikel über die Verwaltung der protestantischen-armenischen Gemeinden. Einer der Redakteure des Azatamart, der persischer Untertan war, wurde verhaftet und trotz der Intervention des persischen Konsuls ins Innere verschickt.

Noch niemand wusste, was dies Vorgehen zu bedeuten hatte. Nur merkte man, dass die Regierung ein auffallendes Misstrauen gegen die Armenier hege, für das man Gründe nicht ausfindig machen konnte. Die ungewisse und schwüle Stimmung hielt noch drei Wochen an. Man ahnte nicht, was inzwischen vorbereitet worden war. Da, am Sonntag, den 12./25. April, wurde die armenische Bevölkerung von Konstantinopel von einer fast unglaublichen Kunde überrascht.

Am Sonnabend war seit dem frühen Morgen die ganze Polizei in Bewegung. Nach einer vorbereiteten Liste nahm man den Tag über einzelne Verhaftungen vor. Dann fanden von neun Uhr abends bis Sonntag früh ununterbrochen Verhaftungen statt. Fast alle, im Vordergrunde des öffentlichen Lebens stehenden Armenier, besonders auch die Führer der Daschnakzagan, wurden verhaftet und mit ihren Tresors und Papieren in Automobilen auf die Polizei gebracht. Von Mitternacht an wurde die Redaktion von Azatamart besetzt, alle Insassen verhaftet, das Haus geschlossen. Ein Gendarm bewachte das Tor. Aknuni wurde in seiner Wohnung verhaftet, wo sich gerade auch zwei andere Führer der Daschnakzagan, Wartkes und Heratsch, befanden. Der letztere ging zur Redaktion des Azatamart, wo man ihn auch verhaftete. Am nächsten

Morgen waren 235 Armenier, die führenden Männer aus der besten Gesellschaft, in den Händen der Polizei und wurden sofort ins Innere transportiert.

Die beiden armenischen Parlamentsmitglieder Wartkes und Sohrab, persönliche Freunde von Talaat Bey und anderen hervorragenden Mitgliedern des jungtürkischen Komitees, hatte man noch auf freiem Fuß gelassen. Sie gingen zu Talaat Bey, um ihn um eine Erklärung der unbegreiflichen Vorgänge zu bitten. Talaat Bey antwortete: „Die Euren sind von den Bergen herabgekommen und haben Wan mit Hilfe der armenischen Bevölkerung besetzt." (Die Armenier von Konstantinopel wussten noch nichts von den Vorgängen in Wan, die offenbar am gleichen Tage sofort telegraphisch nach Konstantinopel gemeldet waren und die Verhaftung der armenischen Führer zur Folge hatte. Die Annahme von Talaat Bey, dass auswärtige Armenier nach Wan gekommen seien und die dortigen Ereignisse veranlasst hätten, war irrtümlich. Vergleiche die eingehende Darstellung in dem Bericht Seite 81 ff.) Auf die Frage von Wartkes, warum man denn völlig Unbeteiligte verhafte, antwortete Talaat Bey: „Ich konnte mich dem nicht widersetzen." Er gab noch Wartkes den freundschaftlichen Rat, sich nicht öffentlich zu zeigen. Wartkes ging darauf zu dem Polizeichef Bedri Bey und sagte zu ihm: „Soweit habt ihr die Sache kommen lassen." Bedri Bey antwortet: „Djanum (meine Seele), was haben wir getan?" Wartkes: „Ihr geht darauf aus, unser Volk aufzureizen und zur Verzweiflung zu treiben." Bedri Bey: „Ich gebe dir drei Tage Zeit, Konstantinopel zu verlassen und dich an einem nur von Türken bewohnten Ort niederzulassen." Wartkes: „Meine Frau ist krank, ich brauche wenigstens zehn Tage." Bedri Bey: „Es bleibt bei dem was ich gesagt habe."

An anderen Stellen wurde geantwortet, „Die Regierung habe zwar keinen bestimmten Verdacht, aber sie fürchte, es könne etwas geschehen, darum habe man aus Vorsicht die Verhaftungen vorgenommen".

Zu den Verhafteten gehörten die folgenden Personen: Aknuni, allbekannter Publizist und Politiker, Parlamentsmitglied; Zartarian, Redakteur des Azatamart; Chajak, Heratsch, führende Daschnakzagan: Schahbas, Jurist; Schahmil, Jurist; Mofses Bedrosian, Jurist; Scharikian, Advokat; Kalfajan, Bürgermeister von Makriköy; Dr. Daghavarian, Arzt, Vizepräsident der armenischen Nationalversammlung; Dr. Torkomian, Präsident der Ärztegesellschaft, einer der ersten Ärzte von Konstantinopel; Dr. Paschajan, Arzt; Dr. Mirza Bendjian, Arzt; Dr. Nergiledschian, Arzt; Jirajr, Verleger; Stepan Kürktjian, Verleger; Adom Schahin, Druckereibesitzer; Diran Kelekian, Redakteur von „Sabah"; Ketschian, Redakteur von „Bysantion" (Konservatives armenisches Organ); Gigo und Gawrosch, bekannte Herausgeber humoristischer Blätter; Hamparzumian, Journalist; Djavuschian, Schriftsteller; Tigran Tschögürian, Schriftsteller; Aram Andonian, Publizist; Artasches Harutunian, Kritiker; Jervand Obian, bekannter Humorist; Siamanto, Dichter; Warujan, Schuldirektor und Dichter; Marsbeduni, Pädagoge (österreichischer Untertan); Dr. Barseghian, Gelehrter; Leon Larenz, Novellist; Melkom Gürdjian, Armenist und Schriftsteller (Pseudonym Herant); Aram Tscharek, Dichter; Erzbischof Hemajak; Wartabed Balakian; Wartabed Komitas (beide haben in Deutschland studiert); Wartabed Hovnan; Priester Hussik; Kerowsaljan, protestantischer Pfarrer; Nerses Sakarian, Aram Aschott, bekannte Intellektuelle, des weiteren alle Mitglieder der Klubs von Skutari und Kumkapu. Viele Doktoren, Apotheker, bekannte Priester, kurz alle im Vordergrund stehende Männer.

Von diesen wurden später 8 wieder freigelassen, darunter der Jurist Bedrosian als bulgarischer Untertan, die Ärzte Dr. Torkomian und Dr. Nergiledschian, der Redakteur Kelekian, der Pfarrer Kerowsaljan und die beiden Wartabeds Balakian und Komitas. Der letztere, ein bekannter Musikgelehrter, soll auf Fürsprache des Thronfolgers Prinz JussufIzzeddin (verstorben) frei gekommen sein. Die Sultanfamilie ist bekanntlich sehr musikalisch.

In der nächsten Zeit folgten methodisch weitere Verhaftungen, so dass im Ganzen gegen 600 armenische Intellektuelle von Konstantinopel ins Gefängnis wanderten. Nur sehr wenige wurden davon auf besondere Fürsprache nachträglich wieder freigelassen und aus dem Verbannungsort zurückgeschickt.

Zugleich mit den Verhaftungen begannen die peinlichsten Nachforschungen und Haussuchungen, die noch geraume Zeit fortgesetzt wurden, in der Hoffnung, irgendwelche Schuldbeweise zu finden, durch die die Verhaftungen nachträglich begründet werden konnten. Sogar in den Schulen von Gedik Pascha, Kumkapu, Jenikapu, Psamatia, in den Kirchen und im Patriarchat wurde alles durchgewühlt, in der Hoffnung, irgendetwas zu finden, woraus man einen Schuldbeweis für die Armenier konstruieren konnte. Aber es fand sich nichts. Das Resultat aller Nachforschungen war gleich Null. Wenn man den Maßstab eines Rechtsstaates anlegen will, ein beschämender Beweis für die Grundlosigkeit der Verhaftungen.

Von Seiten des Patriarchats und aller Instanzen, die etwa in Frage kamen, wurden Schritte getan, um womöglich noch der Verschickung Einhalt zu tun und Sicherheiten zu erwirken, die einer weiteren Ausdehnung der Maßregel Schranken setzten könnten. Die Verschickung aber nahm unbehindert und ungestört ihren Verlauf. Von führenden Persönlichkeiten waren Sohrab und Wartkes zurückgeblieben.

Der Abgeordnete Sohrab gehörte nicht zu den Daschnakzagan. Er war Parlamentsmitglied für Konstantinopel und stand in nahen persönlichen Beziehungen zu den führenden Männern der türkischen Regierung. Als im März 1909 die jungtürkische Regierung gestürzt worden war und Abdul Hamid wieder das Heft in die Hand bekam, war das Leben der jungtürkischen Führer keinen Pfennig wert.

Damals flüchteten sich die Männer, die gegenwärtig an der Macht sind, in die Häuser ihrer armenischen Freunde. Halil Bey, Minister des Auswärtigen,*) der heute neben Talaat Bey und Enver Pascha den größten Einfluss besitzt, floh damals in die Wohnung seines Freundes Sohrab, der ihn mit eigener Lebensgefahr 14 Tage bei sich versteckt hielt, bis die Reaktion niedergeworfen und Sultan Abdul Hamid entthront war. Mahmud Schewket Pascha und Talaat Bey hatten sich ebenfalls bei ihren armenischen Freunden versteckt, andere Jungtürken waren in die Redaktion des Azatamart geflüchtet. Auch in den Provinzen fanden die Jungtürken bei den Armeniern Schutz vor ihren reaktionären Feinden. In Erzerum brachten die Daschnakzagan die jungtürkischen Führer in die Konsulate und ihre Häuser, und als ein Teil von ihnen gefangen nach Baiburt transportiert wurde, eskortierten die Daschnakzagan den Transport, um ihre politischen Freunde vor einem Überfall zu schützen. Obwohl sich inzwischen in den freundschaftlichen Beziehungen zwischen Jungtürken und Daschnakzagan nichts geändert hatte, waren jetzt alle diese Dienste vergessen und die damaligen Lebensretter wurden gleich allen andern führenden Armeniern in die Verbannung geschickt. Der Abgeordnete Sohrab hatte auch sonst sich als wertvollen Mitarbeiter der jungtürkischen Regierung erwiesen. Als hervorragender Jurist wurde er von den Führern der Regierung um die Ausarbeitung von Gesetzentwürfen gebeten, auch in der Kammer war er unermüdlich in den Kommissionen tätig.

---

*) Bis vor kurzem war er Kammerpräsident.

Auch Wartkes**) Parlamentsmitglied für Erzerum, der unter Abdul Hamid $7^1/_2$ Jahre im Gefängnis war, war ein persönlicher Freund der führenden Männer. Ihren persönlichen Beziehungen zu Talaat Bey dankten es die Abgeordneten Sohrab und Wartkes, dass sie zunächst noch nicht verschickt wurden.

Bei der Schließung des Redaktionslokals der Zeitung Azatamart war der Kassenbestand von 450 türkischen Pfund und alles vorrätige Papier beschlagnahmt worden. Da nicht nur die Redakteure, sondern auch alle Setzer, der Portier und Leute, die zufällig im Hause waren, verhaftet und verschickt worden waren, wünschte man wenigstens so viel zu erreichen, dass das beschlagnahmte Geld zu Gunsten der Familien der Redakteure und Angestellten der Zeitung verwendet werden möchte. Talaat Bey versprach, die Sache zu regeln. Wegen dieser und ähnlicher Verhandlungen blieben Sohrab und Wartkes noch mit den Männern der Regierung in Verbindung. Sie versuchten das Los der Verschickten zu erleichtern.

Als Verschickungsort der 600 Notabeln von Konstantinopel waren drei nur von Muhammedanern bewohnte Plätze in der Nähe von Angora bestimmt worden. Die Männer, die bisher politisch tätig gewesen waren, wurden nach dem Dorf Ajasch bei Angora geschickt, die mehr unpolitischen Intellektuellen nach Tschangri (einem Städtchen zwischen Angora und Kastamuni) und nach Tschorum (zwischen Tschangri und Amasia). In Angora sollte ein Kriegsgericht gebildet werden, um über die Verschickten abzuurteilen. Später scheint man, da sich kein Material zu Anklagen fand, von einem Rechtsverfahren Abstand genommen zu haben. Dagegen beschloss man, die hauptsächlichsten

**) Wartkes (Rosenpferd) ist der Schriftstellername des Abgeordneten Ohannes Seringülian. Die Armenier nennen sich gern untereinander bei Zunamen, die sie sich geben, und die so allgemein gebraucht werden, dass bekanntere Armenier auch in der Öffentlichkeit meist nur mit ihren Zunamen genannt werden.

Führer noch weiter ins Innere zu transportieren, über Adana und Aleppo bis nach Diarbekir.

Wartkes und Sohrab blieben zunächst noch in Konstantinopel. Kam Wartkes zu seinen jungtürkischen Freunden, so hieß es: „Warum kommen Sie nicht öfter?" Es schien, als ob man auf freundschaftlichem Wege noch etwas ereichen könnte. Vielleicht war die Verschickung der Intellektuellen nur eine Vorsichtsmaßregel gewesen. Die jungtürkischen Führer hatten Grund, ein schlechtes Gewissen gegenüber ihren armenischen Freunden zu haben. Versprechungen, die sie in der Zeit der Not gemacht hatten, waren nicht gehalten worden, und die Reformen wurden in dem Augenblick, wo sie verwirklicht werden sollten, wieder rückgängig gemacht. Vielleicht schlossen die Jungtürken von sich auf ihre armenischen Freunde und dachten, dass sie in solchen Fällen ihren politischen Kameraden die Treue nicht gehalten, sondern auf Rache gesonnen hätten. So mochte das Vorgehen gegen die Daschnakzagan aus dem schlechten Gewissen der jungtürkischen Führer erklärbar sein. Da aber die Daschnakzagan ein gutes Gewissen hatten, versuchten sie immer noch, die Männer der Regierung von ihrem Irrtum zu überzeugen, ohne zu verhehlen, wie sehr sie sich durch das Vorgehen ihrer Freunde gegen sie persönlich verletzt fühlten. Noch am 1. Mai schrieb Wartkes an seine Parteifreunde: „Das Unglück unserer Kameraden hat uns gelehrt, dass unsere loyale Haltung der Regierung gegenüber völlig vergeblich gewesen ist. Vielleicht kann man die Maßregel, wenn auch nicht verhindern, so doch wenigstens mäßigen. Wir bemühen uns, die Regierung davon zu überzeugen, dass wir keine separatistischen Bestrebungen haben und keine andere Souveränität als die des Sultans wünschen. Wir sehen deutlich, dass die Regierung nicht davon überzeugt ist, wir hätten eine revolutionäre Bewegung gegen sie organisiert und seien ihre Gegner. Sie ist beinahe vom Gegenteil überzeugt, denn die Haussuchungen und Nachforschungen, bei denen nichts gefunden wurde, waren ein vollständiges Fiasko. Nur die Ereignisse in Wan und Siwas (Schabin-Karahisar) haben sie irre gemacht, so dass sie eine allgemeine Bewegung zu fürchten schien. In den Provinzen wird die Lage immer schlimmer. Wir können ihnen auf keine Weise begreiflich machen, dass alles, was im Innern vorgeht, das Ergebnis der schlechten Aufführung ihrer Beamten ist. Die Erklärung des Belagerungszustandes hat die Bedingungen dafür geschaffen, und der allgemeine Kriegszustand hat die Beamten in die Lage gesetzt, straflos alles zu tun, was ihnen beliebt."

Am 12. Mai besuchte Wartkes Talaat Bey in seinem Hause. Talaat Bey war nicht imstande, irgendwelche revolutionären Pläne der Daschnakzagan als Ursache der Verschickung geltend zu machen. Bezeichnenderweise griff er auf die früheren Reformbestrebungen der Armenier, die ja auch die Ursache der Massaker unter Abdul Hamid gewesen waren, zurück.*)

Talaat sagte zu Wartkes: „In den Tagen unserer Schwäche" (nach der Rückeroberung von Adrianopel!) „seid ihr uns an die Kehle gefahren und habt die armenische Reformfrage aufgeworfen. Darum werden wir die Gunst der Lage, in der wir uns jetzt befinden, dazu benutzen, euer Volk derart zu zerstreuen, dass ihr euch für fünfzig Jahre den

---

*) Diese Reformbestrebungen hatten für die Armenier niemals etwas anderes zu erreichen gehofft, als Sicherheit von Leben und Eigentum und Schutz vor räuberischen Kurden. Wenn die Großmächte wiederholt auf diese Reformen zurückkamen und die Wünsche der Armenier unterstützten, so war dies durch den Berliner Vertrag (§ 61) von 1878 begründet. Auch Deutschland hatte sich im Jahre 1913 in hervorragender Weise an den Reformverhandlungen beteiligt und die Pforte zur Annahme des in der Note vom 26. Januar/8. Februar 1913 formulierten Reformprogramms bewogen. Aus den Verhandlungen der Mächte und den Zugeständnissen der Pforte wurde jetzt den Armeniern ein Verbrechen gemacht. Vgl. Seite 179.

Gedanken an Reformen aus dem Kopf schlägt!" Wartkes erwiderte darauf: Also beabsichtigt man das Werk Abdul Hamids fortzusetzen?" Talaat antwortete: „Ja".

Am 21. Mai besuchte Wartkes den Chef der Polizei Bedri Bey, um die in der Redaktion der Zeitung Azatamart beschlagnahmten Gelder in Empfang zu nehmen und ein Wort für die Kranken unter den Verschickten einzulegen. In seiner Abwesenheit drangen 15 Polizisten in sein Haus ein, um dort eine Haussuchung vorzunehmen. Zur selben Zeit wurde der Abgeordnete Sohrab in seinem Hause verhaftet.

Weder Wartkes noch Sohrab kamen zu den Ihrigen zurück. Sie wurden in der Nacht nach Konia abtransportiert.

Von Ajasch richteten die verhafteten Führer der Daschnakzagan an Talaat Bey folgendes Schreiben:

„Die Organisation (der Daschnakzagan), die alle ihre Bemühungen mit den Ihrigen vereinigt hatte, um an der Wohlfahrt und dem Fortschritt des Reiches zu arbeiten, befindet sich heute in einer so befremdlichen und unbegreiflichen Lage, dass diese Tatsache allein für Sie hätte genügen müssen, um diesem beschämenden Zustande ein Ende zu machen. Man sollte bedenken, dass ein derartiges Verhalten der türkischen Regierung gegenüber der Vertretung des armenischen Volkes die Beziehungen zwischen den beiden Nationen stören und die beiden Volkselemente einander entfremden muss. Wir hätten uns nie träumen lassen, dass wir nach unserer gemeinsamen Arbeit eines Tages gezwungen sein würden, von hieraus telegraphisch mit Ihnen zu verhandeln.

Aknuni. Zartarian. Dr. Paschajan."

Die Führer der Daschnakzagan waren immer noch der irrigen Meinung, dass es sich bei all dem, was vorgegangen war, um etwas wie einen Irrtum handeln müsse. Aber die Gründe, mit denen die Daschnakzagan die Regierung von der Unnatürlichkeit und der Unvernunft ihres Vorgehens zu überzeugen suchten, konnten keinerlei Eindruck mehr erzielen. Die Vorstellung, dass „die Beziehungen" zwischen Türken und Armeniern „gestört" werden würden, konnte die Regierung wirklich nicht rühren, da sie ja die Absicht hatte, das ganze armenische Volk zu zerstören, so dass von Beziehungen überhaupt nicht mehr die Rede sein konnte. Es war aber begreiflich, dass die Armenier, da sie sich keiner Illoyalität gegen die Regierung bewusst waren, erst aus ihren Illusionen herausgerissen wurden, als durch die allgemeine Deportation klar geworden war, welchen Sinn die Verschickung der Intellektuellen von Konstantinopel und die gleichzeitigen Verhaftungen von Notabeln in allen Zentren des Innern hatte.

Da man sich von verschiedenen Seiten für Wartkes und Sohrab verwendete, wurde ihren Angehörigen versprochen, beide wieder zurückzurufen. Die Verwendung hatte aber nur die Folge, dass Wartkes und Sohrab von Konia nach Adana, von Adana nach Aleppo und von Aleppo nach Diarbekir weitertransportiert wurden. Eines Tages wurde der Frau von Sohrab telephonisch von der Pforte mitgeteilt, ihr Mann sei gestorben. Von Wartkes wurde behauptet, er habe sich das Leben genommen. Über das Schicksal der übrigen Intellektuellen von Konstantinopel hat man nichts mehr gehört.

Das Damoklesschwert der Verschickung hing über den Armeniern der Hauptstadt.

Am 29. April wurde die armenische Bevölkerung von Konstantinopel aufgefordert, alle Waffen abzuliefern, was ohne Zwischenfall oder Störung der Ordnung innerhalb zehn Tagen geschah. Während des Balkankrieges hatte man nur Gewehre und Revolver abverlangt, jetzt auch alle harmlosen Antiquitäten und Raritäten, Yatagans, Messer und dergleichen. Die Waffen wurden registriert und Quittung dafür erteilt. Trotz gründlichster Haussuchungen wurden nirgends kompromittierende Papiere gefunden und ebenso wenig die eifrig gesuchten Bomben. Doch nein, bei einem Krämer fand man alte Eisenkugeln aus der Zeit Muhammeds des Eroberers, die er als Gewichte für seine Wage gebrauchte. Er wurde sofort wegen des Besitzes von Bomben verhaftet.

Da von Seiten der Botschaften wiederholt der Pforte die ernstesten Vorstellungen wegen der Maßregeln gegen die Armenier gemacht worden waren, nahm man von einer Ausdehnung der Deportationsmaßregel auf die armenische Bevölkerung von Konstantinopel und Smyrna Abstand. In der Stille aber wurde auch die Verschickung von Konstantinopeler Armeniern fortgesetzt. Im Ganzen sollen gegen 10 000 abgeschoben worden sein, von deren Verbleib man nichts erfahren hat.

Auch die Bemühungen, nachträglich Schuldbeweise für die verhafteten Daschnakzagan zu entdecken, wurden fortgesetzt. Man wollte die Führer der Daschnakzagan, da man ihnen sonst nichts vorwerfen konnte, mit den Vorgängen in Wan in Verbindung bringen, von denen sie überhaupt nichts wussten. Da Beweise nicht vorhanden waren, wurde ein armenischer Kaufmann, Aghadjanian aus Erzerum, Protestant, der als Importeur in Konstantinopel lebte und mit nach Ajasch gebracht worden war, nach Konstantinopel zurücktransportiert. Im Gefängnis legte man ihm ein Dokument vor, in dem er aussagen sollte, dass die deportierten Abgeordneten und Daschnakzaganführer Sohrab, Wartkes, Aknuni, Hajak, Minassian, Daghavarian, Djanguljan eine Revolution vorbereitet, Aufstände in Wan und Zeitun organisiert und alle Fäden in ihrer Hand gehabt hätten. Durch die Folter versuchte man ihn zu zwingen, das Dokument zu unterschreiben. Als er sich standhaft weigerte, Aussagen zu unterschreiben, die, wie er wusste, vollständig erlogen waren, wurde die Folterung mehrere Tage fortgesetzt. Endlich soll er nach drei Wochen nach dem er durch die Qualen halb um seinen Verstand gekommen war, ein anderes Schriftstück unterschrieben haben, das Aussagen gegen Sohrab und Wartkes enthielt.

6. Die türkische Darstellung.

Eine Revolution, noch dazu, wie behauptet wird, eine „das ganze armenische Volk umfassende Revolution" konnte nicht improvisiert werden, sie hätte von einer das armenische Volk umfassenden Organisation vorbereitet und ins Werk gesetzt werden müssen. Die beiden Organisationen, die kirchliche und die politische, die hierfür in Frage kamen, haben, weit entfernt an eine Auflehnung gegen die türkische Regierung zu denken, ihr Äußerstes getan, um der Regierung ihre Loyalität zu beweisen und das gemeinsame Vaterland zu verteidigen. Auch der Bericht über die Tatschen hat nirgends den Beweis an die Hand gegeben, dass die Armenier durch ihr Verhalten die Vernichtung ihres Volkstums verschuldet oder Maßregelungen irgendwelcher Art provoziert hätten.

Fragen wir also die Türken selbst, soweit sie sich zur armenischen Sache geäußert haben. Es liegen einige mehr oder weniger offizielle Communiques vor, die durch das Wolffsche Telegraphen Bureau und die Presse verbreitet worden sind. Sie stellen das einzige Material dar, aus dem sich die öffentliche Meinung in Deutschland ein Urteil bilden konnte. Ihre Zahl ist gering. Bis auf das erste begnügen sie sich damit, auf Grund eines oder des anderen Falles, dessen Ursprünge nicht aufgehellt werden, allgemeine Schlüsse zu ziehen. Untersuchen wir die Tatsachen, die von türkischer Seite zur Sprache gebracht worden sind.

Das erste türkische Communiqué.

W.T.B. Konstantinopel, d. 4. Juni 1915

Am 24. Mai hatte die „Agence Havas" folgende, von den Regierungen Frankreichs, Großbritanniens und Russlands im gegenseitigen Einverständnis beschlossenen Erklärungen veröffentlicht:

„Seit ungefähr einem Monat begeht die türkische und kurdische Bevölkerung Armeniens unter Duldung und oft mit Unterstützung der osmanischen Behörden Massenmorde unter den Armeniern. Solche Massenmorde haben um die Mitte des April in Erzerum, Terdschan, Egin, Bitlis, Musch, Sassun, Zeitun und ganz Cilicien stattgefunden. Die Einwohner von ungefähr hundert Dörfern in der Umgebung von Wan sind alle ermordet, und das armenische Viertel ist von den Kurden belagert worden. Zur selben Zeit hat die osmanische Regierung gegen die wehrlose armenische Bevölkerung in Konstantinopel gewütet. In Anbetracht dieses neuen Verbrechens der Türkei gegen Menschlichkeit und Zivilisation geben die alliierten Regierungen der hohen Pforte öffentlich bekannt, dass sie alle Mitglieder der türkischen Regierung sowie diejenigen ihrer Beauftragten, die an solchen Massenmorden beteiligt sind, in Person verantwortlich machen."

Die Antwort der kaiserlich türkischen Regierung (W.T.B. Konstantinopel, 4. Juni) stellt die einzige umfangreichere Kundgebung über die Lage des armenischen Volkes seit dem Kriegsausbruch dar. Sie richtet ihre Spitze nicht gegen das armenische Volk, sondern gegen die Ententemächte. Es wird ausdrücklich erklärt, dass die Maßregeln der türkischen Regierung „keineswegs eine gegen die Armenier gerichtete Bewegung darstellen". Ebenso wird den Armeniern von Erzerum, Terdjan, Egin, Bitlis, Musch und Cilicien das Zeugnis ausgestellt, dass sie keine Handlungen begangen hätten, die die öffentliche Ruhe und Ordnung hätte stören können" und festgestellt, dass diese Armenier (im Gegensatz zur Behauptung der Ententeregierungen) „keinerlei Maßregeln der Kaiserlichen Behörden unterworfen" worden seien. Das Letztere hatte die Note der „Agence Havas" eigentlich nicht gesagt. Sie hatte nur gesagt, dass die türkische und kurdische Bevölkerung Armeniens um die Mitte des April unter Duldung und oft mit Unterstützung der osmanischen Behörden Massenmorde begangen habe, was für gewisse Gebiete der Wilajets Wan und Erzerum zutrifft. Zur Zeit der Abfassung der Note (4. Juni) war aber die Gesamtdeportation bereits angeordnet und in Cilicien schon ausgeführt worden. Stellen wir fest, was die türkische Regierung den Ententeregierungen vorwirft.

Es sind zunächst allgemeine Beschuldigungen: 1. „Dass die Beauftragten des Dreiverbandes insbesondere diejenigen Russlands und Englands jede Gelegenheit benützen, die armenische Bevölkerung zum Aufruhr gegen die kaiserliche Regierung anzustiften."

Diese allgemeine Beschuldigung wird folgendermaßen spezifiziert:

1. Die Konsuln der Ententemächte und andere von ihnen Beauftragte hätten „in Bulgarien und Rumänien junge türkische Armenier über Warna, Sulina, Constantza usw. nach dem Kaukasus geschickt, und die russische Regierung habe sich nicht gescheut, diese jungen türkischen Armenier entweder in ihre Armee einzureihen oder sie, mit Waffen, Bomben und umstürzlerischen Aufrufen und Programmen versehen, in die armenischen Hauptorte der türkischen Reiches zu senden. Sie sollten in diesen Hauptorten eine geheime umstürzlerische Organisation schaffen und die Armenier dieser Gegenden, insbesondere diejenigen von Wan, Schattach, Hawasur, Kewach und Timar aufreizen und sich mit den Waffen in der Hand gegen die kaiserliche Regierung erheben. Zugleich sie dazu verleiten, die Türken und Kurden zu ermorden".

Das Gebiet, das namhaft gemacht wird (Wan, Schattach, Hawasur, Kewach und Timar) ist ein kleiner Winkel an der Südostecke des Wansees. Was dort vorgegangen ist, haben wir geschildert. Die armenischen Dörfer dieses kleinen Gebietes standen, soweit sie politisch organisiert waren, unter der Leitung der Daschnakzagan in Wan. Hätte man hier erst eine Organisation schaffen wollen, (die ja vorhanden war), so hätte man dazu nicht türkische Armenier über Bulgarien und Rumänien kommen lassen. Da hätten es die 1$^1/_2$ Millionen Armenier im benachbarten Kaukasus näher gehabt. Es handelt sich also in der türkischen Mitteilung um eine Kombination weit auseinander liegender Dinge. Die vereinzelten Armenier, die über Bulgarien und Rumänien in den Kaukasus gegangen sind - es waren fast nur **russische** Armenier – zählen unter den 1$^1/_2$ Millionen Kaukasus-Armeniern überhaupt nicht.

Die türkische Mitteilung weiß denn auch von einem Erfolg dieser angeblichen Sendlinge nichts zu berichten. Als Beispiel wird nur

2. die Tätigkeit des früheren Abgeordneten Witoman Karikin Pasdermadschian, bekannt unter dem Namen „Armen Garo" gekennzeichnet, „der in die von den armenischen Bandenführern Tro und Hedscho gebildete Bande eintrat"."An der Spitze von armenischen Freiwilligen, die von Russland bewaffnet waren, zerstörte er, als Bajasid von den Russen besetzt wurde, alle türkischen Dörfer, die er auf seinem Weg fand, und ermordete die Einwohner. Als die Russen aus dieser Gegend verjagt wurden, wurde er verwundet. Gegenwärtig ist er mit seiner Bande an der kaukasischen Grenze tätig. Die in Amerika erscheinende Zeitung Asparez hat seine Photographie veröffentlicht, auf der er zusammen mit Tro und Hedscho abgebildet ist, wie sie eben den feierlichen Eid vor dem Auszug in den Krieg leisten."*)

*) Die Photographie stellt die Fahnenweihe eines russisch-armenischen

Es ist allen türkischen Mitteilungen eigentümlich, dass sie die Öffentlichkeit darüber im Unklaren lassen, dass die anderthalb Millionen russischer Armenier pflichtgemäß auf russischer Seite kämpfen müssen. Es wird der Schein erweckt, dass die in die russische Armee oder in russische Freischaren eintretenden Armenier verräterischer Weise gegen ihr türkisches Vaterland kämpfen, während sie wohl oder übel für ihr russisches Vaterland kämpfen mussten. Nehmen wir selbst an, dass die Angaben über die Tätigkeit von Garo Pasdermadschian, über die wir bereits Seite 152 berichtet haben, richtig seien, so könnten sie billigerweise nur vom russischen Standpunkt aus beurteilt werden. Wenn es mit der Zerstörung türkischer Dörfer im Gebiet von Bajasid seine Richtigkeit hätte, so würde es sich um k r i e g e r i s c h e H a n d l u n g e n d e r r u s s i s c h e n A r m e e h a n d e l n. Die Dörfer dieser Gegend aber sind zum größten Teil von Armeniern bewohnt, und diese armenischen Dörfer waren bereits vor dem Einmarsch der Russen von türkischen und kurdischen Banden geplündert, die Männer massakriert und die Frauen und Mädchen weggeschleppt worden. Es würde sich also um Vergeltungsmaßregeln handeln. Da aber die Türken überall, bevor die Russen kamen, ihre Dörfer verließen und sich hinter die türkische Front zurückzogen, ist nicht anzunehmen, dass hier eine nennenswerte Zahl von Türken umgekommen ist. Der eine Fall Pasdermadschian ist als einziger Beweis für die allgemeine Behauptung der Anstiftung umstürzlerischer Handlungen seitens Ententeregierungen nicht glücklich gewählt, denn es handelt sich um einen wohlhabenden und selbstbewussten Armenier, der für das, was er tat oder nicht tat, keiner Anstiftung bedurfte und für <u>Dollars und</u> Rubel unzugänglich ist.

Freikorps dar, bei der Garo Pasdermadschian zugegen war. Er selbst hat überhaupt nicht mit der Waffe gekämpft sondern das Hilfswerk die armenischen Flüchtlinge organisiert. Ebenso wenig ist er verwundert worden. Vergl. Seite 180f

3. Nachdem im allgemeinen gesagt war, dass die Armenier „von Cilicien überhaupt keine Handlung begangen hatten, die die öffentliche Ordnung und Ruhe hätte stören oder Maßregeln der Regierung erforderlich machen können" (ein Zeugnis des Wohlverhaltens, das um so schwerer wiegt, da zur Zeit seiner Ausstellung, am 4. Juni die armenische Bevölkerung von Cilicien schon so gut wie völlig deportiert war), werden die englischen Behörden von Cypern beschuldigt, „Armenier in die Umgebung von Alexandrette gebracht zu haben, die unter anderem einige Züge zur Entgleisung gebracht hätten". Genannt werden die Armenier „Toros-Oglu und Agop, bei denen Papiere gefunden wurden, die unzweifelhaft den angestrebten verbrecherischen Zweck beweisen". Sodann werden die Kommandanten der englisch-französischen Seestreitkräfte beschuldigt, „mit den Armeniern der Gegend von Adana, Dört-Yol, Jumurtalik, Alexandrette und anderen Küstenorten in Verbindung getreten zu sein und diese zum Aufruhr aufgestachelt zu haben". Dass ihnen dieses gelungen sei, wird nicht behauptet. Zuletzt werden die Armenier von Zeitun erwähnt, „die sich gegen die kaiserlichen Behörden erhoben und die Residenz der Gouverneurs umzingelt hätten". Über die Vorgänge in Zeitun haben wir uns bereits unterrichtet. (Vgl. Seite 4 bis 10) In Zeitun handelte es sich um etwa 20 Armenier, die eines Mädchens wegen mit türkischen Gendarmen in Konflikt gerieten. Dieser Fall wurde mit der Deportation der 27 000 Armenier von Zeitun und Umgebung bestraft. Die völlig vereinzelten Spionageakte im Küstengebiet wurden mit der Deportation der gesamten armenischen Bevölkerung von ilicien in Zahl von mehr als 100 000 Armeniern geahndet. Von der Unterdrückung einer Revolution kann nicht die Rede sein. Die Bevölkerung war längst entwaffnet, die Männer waren ausgehoben. Die Frauen, Kinder und Greise sind wie eine Schafherde in die Wüste getrieben

worden. Die Bestrafung einzelner landesverräterischer Handlungen, noch dazu im Kriege, versteht sich von selbst. Ebenso wie die Bestrafung von Deserteuren, die sich dem Heeresdienst entziehen. Die Deportationen einer Bevölkerung kann man damit nicht begründen. Darum schweigt auch das Communiqué von der bereits erfolgten Deportation.

4. Es folgt der Versuch, einen Beweis zu erbringen, dass von der Entente die Armenier zu einem Aufstande verleitet werden sollten, der unter dem Schutz der französischen und russischen Regierung von revolutionären Komitees im Auslande geplant worden sei. Da hierbei auf den Kongress der Hintschakisten, der vor $2^1/_2$ Jahren in Constantza stattfand, Bezug genommen wird, kann es sich nur um das Komplott der türkischen Opposition handeln, das von Scherif Pascha, Sabaheddin, Oberst Zabit und Ismail von Gümüldschina geplant und bereits vor dem Ausbruch des europäischen Krieges aufgedeckt worden war. In dieses Komplott, dessen Geschichte wir Seite 165 ff. erzählt haben, waren einige Hintschakisten verwickelt. Da die türkischen Hintschakisten die Beschlüsse des Kongresses von Constantza abgelehnt hatten, unterlässt das türkische Communiqué nicht, hinzuzufügen, „dass der Kongress öffentlich den Anschein erwecken wollte, als hätte er auf die aufständische Bewegung verzichtet". Die türkischen Hintschakisten hatten in der Tat darauf verzichtet. Da es sich bei diesem Komplott um ein von der türkischen Opposition gegen die gegenwärtige türkische Regierung geplantes Komplott handelte (und nicht um die Anstiftung einer armenischen Revolution) unterlässt auch das türkische Communiqué nicht, noch das Folgende hinzuzufügen: „Die englischen, französischen und russischen Drahtzieher haben sich nicht damit begnügt, den Aufstand der Armenier (?) auf diese Weise vorzubereiten, sie haben auch versucht, die muselmanischen Be-

völkerungsteile ebenfalls gegen die Regierung Seiner Majestät des Sultans zu empören. Um diesen Zweck zu erreichen, haben sie sogar die Ausführung persönlicher Verbrechen organisiert, wofür die Beweise in den Händen der hohen Pforte sind. Diese unqualifizierbaren Umtriebe sind selbst in den ältesten und von Handlungen der Grausamkeit am meisten befleckten Zeiten nicht mehr beobachtet worden". (Sollte diese Charakteristik nicht zutreffender auf die vernichtenden Maßregeln anzuwenden sein, die die türkische Regierung gegen das armenische Volk zur Ausführung gebracht hat, als auf ein misslungenes von Türken angestiftetes Komplott, dessen „Beweise" unter dem Titel „Eine politische Komödie„ (!) vom Tanin*) veröffentlicht wurden?)

5. Um den Eindruck zu erzeugen, dass etwas wie eine armenische Revolution geplant gewesen sei, wird noch berichtet, dass bei Untersuchungen in den Wohnungen der Revolutionäre Fahnen und wichtige Dokumente über den beabsichtigten Aufstand, sowie über die separatistischen Ziele der Bewegung gefunden seien, und dass in den Provinzen bei den Armeniern Tausende von russischen Gewehren und Bomben entdeckt worden seien. Auf diese Funde von Fahnen (es handelt sich um das bekannte Parteiwappen der Daschnakzagan, das seit Begründung der Konstitution in allen armenischen Klubs öffentlich aushing), Dokumenten und Waffen werden wir noch zurückkommen. Die Pforte versprach „zur geeigneten Zeit alle diese Dokumente einzeln zu veröffentlichen, um die öffentliche Meinung aufzuklären". Mit Ausnahme der Publikation des „Tanin" ist bis jetzt nichts derart geschehen.

Eine besondere Beachtung verdienen diejenigen <u>Ausführungen</u> des türkischen Communiqués, welche sich auf die

---

*) Anmerkung des Hrsg. Tanin = Tageszeitung,

Bestrafung von landesverräterischen Akten und umstürzlerischen gegen die Reichseinheit gerichteten Bewegungen beziehen. Es wird ausdrücklich betont, dass die Verhaftung revolutionärer Armenier, die mit revolutionären Komitees im Auslande und mit Agenten des Dreiverbandes in Verbindung standen, (wie es bei den in das Komplott der türkischen Opposition verwickelten vier Hintschakisten der Fall war), in allen Formen des Rechtes vor sich gingen. Es wird mitgeteilt, dass „gewisse Armenier von ihren Wohnorten weggeschafft werden mussten, weil sie im Kriegsgebiet wohnten und ihre Anwesenheit da selbst der Regierung in Anbetracht der vorgefallenen Ereignisse eine gewisse Unruhe im Hinblick auf die nationale Verteidigung einflösste". Sicherlich ist niemand auf den Gedanken gekommen, dass mit dem Ausdruck „gewisse Armenier" das ganze armenische Volk der Türkei gemeint sei, und dass das „Kriegsgebiet", aus dem die Armenier weggeschafft werden mussten, ganz Kleinasien, Armenien, Cilicien, Nordsyrien und Mesopotamien umfasste. Aber es wird ausdrücklich betont, dass alle diese Maßregeln „ohne die geringste Beteiligung irgendwelcher Elemente der Bevölkerung" durchgeführt worden seien, und dass die Aufstandsbewegung der Armenier, für deren Existenz das Communiqué selbst nur das eine Beispiel der Tätigkeit von Pasdermadschian und den Fall von Zeitun bringt, „unterdrückt wurde, ohne dass Massenmorde stattgefunden hätten". Obwohl die allgemeine Deportation des armenischen Volkes bereits beschlossen war, wird ausdrücklich versichert: „Diese Maßregeln stellen keineswegs eine gegen die Armenier gerichtete Bewegung dar, was schon daraus hervorgeht, dass von den 77 835 Armeniern Konstantinopels nur 235 der Mitschuld an der aufständischen Bewegung bezichtigt und verhaftet worden sind, während die anderen in Ruhe ihren Geschäften nachgehen und sich der größten Sicherheit erfreuen".

Die genannten Zahlen sind interessant. 235 Konstantinopeler Intellektuelle waren bereits in der Nacht vom 24. auf den 25. April verhaftet worden. Die 300 bis 400, die ihnen folgten, werden nicht erwähnt. Auch ist es unrichtig, dass die Konstantinopeler Intellektuellen „der Mitschuld an einer aufständischen Bewegung bezichtigt worden seien". Unter vier Augen gestand man, „dass man keinen bestimmten Verdacht habe, und dass es sich nur um eine Vorsichtsmaßregel handle". Auch nachträglich wurden keine Beweise revolutionärer Absichten oder Handlungen beigebracht. Die Zahl der Armenier in Konstantinopel wird gewöhnlich auf ca. 150 000 Gregorianer, 10 000 Katholiken und 1000 Protestanten angegeben. Dies entspricht einer älteren Statistik des armenischen Patriarchates. Neuerdings wurde die Zahl der Armenier von Konstantinopel auf mindestens 180 000 eingeschätzt. Die Zahl von 77 835 scheint also bereits mit einem Abgang von 100 000 Armeniern gerechnet zu haben. Sollte damit vorweggenommen werden, dass nach der Durchführung der Maßregeln nur noch so viel Armenier in Konstantinopel übrig bleiben würden? Oder handelt es sich nur um ein in der türkischen Statistik übliches Verfahren, die Zahl der den christlichen Nationalitäten angehörigen Untertanen etwa um die Hälfte zu reduzieren und die muhammedanische Bevölkerung dementsprechend zu erhöhen? Die übrigen Ausführungen des Communiqués, die gegenüber den unmenschlichen Grausamkeiten, die sich seinerzeit Engländer, Franzosen und Russen in Ägypten, Indien, Marokko und im Kaukasus hätten zuschulden kommen lassen, die Humanität der Türkei ins hellste Licht rücken, können wir auf sich beruhen lassen. Uns interessiert daran nur, dass die türkische Regierung versichert, dass sie „die Abwehrmaßregeln, zu denen sie sich genötigt sah, mit der größten Mäßigung und Gerechtigkeit angewandt" habe.

Das zweite türkische Communiqué

W.T.B. Konstantinopel, den 17. Juni 1915

enthält eine Bekanntmachung des Platzkommandos von Konstantinopel, die in den Konstantinopeler Blättern veröffentlicht wurde. Die Bekanntmachung betrifft die Hinrichtung der 21 Hintschakisten auf dem Platz vor dem Kriegsministerium. Vier von diesen Hintschakisten waren in das Komplott der türkischen Opposition, dessen Geschichte wir dargestellt haben, verwickelt. Die übrigen wurden als Hintschakisten mitgehenkt. Das türkische Komplott geht auf zwei Jahre zurück, war vor dem Beginn des europäischen Krieges bereits aufgedeckt worden und die vier Hintschakisten saßen bereits vor Kriegsbeginn im Gefängnis (Vergl. Seite 165 ff.). Mit dem armenischen Volke und den Kriegsereignissen hat das Komplott nichts zu tun. Vor dem Kriege war auch die Partei der Hintschakisten in der Türkei geduldet. Nach dem Kriegsausbruch genügte der Nachweis der Parteizugehörigkeit, um ein Todesurteil zu begründen.

Das dritte türkische Communiqué

W.T.B. Konstantinopel, den 29. Juni 1915

berichtet zuerst von einem Vorstoß gegen die kaukasische Front und von einer Vorwärtsbewegung der türkischen Truppen „in der Gegend von Wan". Dass der östliche Zipfel des Wilajets Erzerum und der größere Teil des Wilajets Wan, das Gebiet nördlich, östlich und südlich des Wansees zu der Zeit in den Händen der Russen war, konnte man aus den türkischen Kriegsberichten nicht ersehen. In dem zweiten Abschnitt des Communiqués werden Russen und Armenier einer abscheulichen Schandtat gegen Frauen, die vergewaltigt und ermordet worden seien, beschuldigt. Die Schandtat wird folgendermaßen dargestellt:

„Vor kurzem griffen russische Abteilungen und armenische Banden im Dorfe Assulat, Bezirk Nevruz, eine größere Zahl Auswanderer an, töteten alle Männer und sperrten dann etwa 600 Frauen und Kinder in ein großes Haus ein; von diesen haben die russischen Offiziere zuerst, was sie zur Befriedigung ihrer Gelüste gut fanden, ausgesucht und den Rest von armenischen Banden durch Bajonettstiche ermorden lassen."

Der Bezirk Nevruz (soll heißen Norduz) ist eine kurdische Kasa (Kreis) südöstlich des Wansees. Die „Auswanderer" (Muhadjirs) waren Kurden, die vor den russischen Truppen, die in das obere Zabtal eingedrungen waren, mit der auf dem Rückzug befindlichen türkischen Armee von Chalil Bey geflüchtet waren. Ein Haus, das 600 Menschen fassen kann, gibt es in kurdischen Dörfern nicht. Die Vermutung liegt nahe, dass die Zahl 600 eine Null zu viel hat. In dem Falle handelt es sich, wenn die Sache richtig ist, um eine Schandtat **russischer Offiziere** und, soweit Armenier in Betracht kommen, um **russische Armenier** und um die Ausführung **eines Befehles russischer Offiziere**. Die türkischen Armenier haben mit dieser Sache nichts zu tun. An diesen Bericht schließen sich die folgenden beiden Sätze an:

„Von 180 000 Muselmanen, die das Wilayet Wan bewohnen, haben sich kaum 30 000 retten können. Der Rest blieb den Mordtaten der Russen und Armenier ausgesetzt, ohne dass man bis jetzt über deren Schicksal etwas erfahren konnte."

Dieser Passus ist, obwohl er in der deutschen Presse richtig abgedruckt worden ist, zu einer groben Fälschung benutzt worden. Der letzte Passus wurde dahin abgeändert, es seien 150 000 Muselmanen **von Russen und Armeniern ermordet worden**. In der deutschen Presse verschwinden später auch die Russen. In einem weit verbreiteten Artikel (von einem Berliner Dr.-a Mitarbeiter), der u. a. im neuen Stuttgarter Tageblatt und im Neuen

Leipziger Tageblatt abgedruckt war, ist zu lesen:

„Erwiesenermaßen (!) sind 150 000 Mohammedaner den Armeniern zum Opfer gefallen."

Nun lese man noch einmal die vorsichtig gehaltene türkische Mitteilung. Sie beruht auf einem statistischen Rechenexempel: Das Wilayet Wan zählt 180 000 Muselmanen unter seinen Bewohnern. (ca. 30 000 Türken, der Rest Kurden.) 30 000 von diesen waren aus dem Wilayet Wan geflüchtet. Wie aus dem dritten Absatz des Communiqués hervorgeht, standen damals die Russen „östlich Achlat", also schon jenseits der Westgrenze des Wilayets Wan am Westufer des Wansees. 30 000 Türken hatten sich aus den nördlichen und nordöstlichen von den Russen besetzten Gebieten geflüchtet; 150 000 Kurden befanden sich in den südlichen und südöstlichen Gebieten, die auf der einen Seite bis zum Tigris, auf der anderen über das obere Zab-Tal in das Gebiet der Hakkiari-Kurden hinübergreifen. Es sind die Gebiete der fast unabhängigen Kurdenstämme, die von den Russen nur an ihrer nördlichen Grenze berührt worden waren. Natürlich konnte man von dem Schicksal dieser abgelegenen Gebiete und von den „150 000 Muselmanen", die sie bewohnen, im türkischen Hauptquartier „nichts erfahren". Armenier und Russen wussten ebenso wenig von ihnen. Auch hatten die Russen gar kein Interesse, diese Gebiete zu besetzen, da die Scheiche dieser Kurdenstämme sich um die Türkei herzlich wenig kümmern. Bekannte kurdische Scheiche hatten bereits vor dem Kriege mit den Russen konspiriert und waren in Tiflis und Petersburg liebenswürdig empfangen worden.

Das vierte türkische Communiqué

W.T.B. Nicht amtlich. Konstantinopel, den 12. Juli 1915 wendet sich gegen einen Artikel der „Gazette de Lausanne" vom 19. Juni, in dem behauptet war, die osmanische Regierung leihe den gegen die in der Türkei lebenden Armeniern begangenen Ausschreitungen ihren Schutz und die Ausschreitungen beständen häufig in Metzeleien". Derselbe Artikel stellt die Teilnahme von 50 000 Armeniern am Kriege fest, darunter 10 000 Freiwillige, die auf russischer Seite ständen und ihr Blut für die Sache der Alliierten opferten. Die türkische Telegraphenagentur Agence Milli erklärt dazu:

„Wir halten es für unnütz, solche Sinnlosigkeiten zu dementieren, wir fragen indessen, wie die feindlichen Zeitungen die Handlungsweise ihrer Landsleute bezeichnen würden, die sich gegen ihr Vaterland erheben, zum Feinde übergehen und ihre im Heere des Vaterlandes verbliebenen Brüder bekämpfen. Das ist der Fall bei diesen Armeniern, die als Helden und Märtyrer gefeiert werden, während sie selber Ursache und Mittel grausamer Verbrechen sind, die von ihnen und ihren Religionsgenossen an der muselmanischen Bevölkerung unserer östlichen Provinzen begangen werden. Die osmanische Regierung geht mit großer Umsicht vor, um jeden Schuldigen nach dem Gesetz zu bestrafen, und erstreckt ihren wohlwollenden Schutz auf alle ehrlichen und friedlichen in der Türkei lebenden Christen, von denen eine große Anzahl in den Reihen der türkischen Armee kämpft. Wir stellen mit tiefer Verachtung fest, dass unseren zynischen Feinden alle Waffen recht sind. Sie besitzen die Niedrigkeit, uns unter Umkehrung der Wahrheit Untaten zuzuschreiben, welche die Russen im Kaukasus und in Persien täglich begehen."

Dass es sich hierbei um russische Armenier handelt, wird nicht gesagt. Was würde man dazu sagen, wenn wir Deutsche uns in derselben Weise darüber aufregen wollten, dass Hunderttausende von Polen in der russischen Armee kämpfen? Entweder weiß der türkische Schreiber der obigen Auslassung nichts davon, dass 1$^1/_2$ Millionen Armenier russische Untertanen sind, oder er spekuliert auf die Unwissenheit des Publikums in Fragen der Ethnographie.

Hätte er hinzugefügt, dass es sich um russische Armenier handelt, dann hätte er sein Pathos sparen müssen. Von Untaten der Russen im Kaukasus und in Persien ist nichts bekannt. Dagegen haben türkische Banden im Verein mit russischen Adjaren (muhammedanischen Grusiniern) auf russischem Gebiet in dem Gebiet von Artwin und Ardanusch Massaker veranstaltet. (S. 77)

Das fünfte türkische Communiqué

W.T.B. Konstantinopel, den 16. Juli 1915

bedient sich desselben Kunstgriffs, in dem es darauf hinweist, dass die Armenier fortfahren, „auf russischer Seite gegen die Türkei zu kämpfen". Sodann wird von dem Vorhandensein „eines seit lange vorbereiteten und beschlossenen Planes" geredet, den „die Armenier pünktlich auszuführen fortfahren". Ein Beweis dafür wird aber nicht erbracht, abgesehen von dem Fall Schabin-Karahissar, bei dem es sich um Widerstand gegen ein drohendes Massaker handelte. (Vergl. Seite 63) Hierüber sagt das Communiqué:

„Am 2. Juni a. St. (12. Juni n. St.) überfielen 500 bewaffnete Armenier, welchen sich Fahnenflüchtige desselben Stammes angeschlossen hatten, die Stadt Schabin-Karahissar und griffen die muselmanischen Viertel an, wo sie sämtliche Häuser ausplünderten. Sie barrikadierten sich dann in der Zitadelle der Stadt und beantworteten die väterlichen und versöhnlichen Ratschläge der örtlichen Behörden mit Gewehrfeuer und Bomben, wodurch 150 Zivil- und Militärpersonen getötet wurden. Der letzte Vorschlag der Regierung, der auf die Unterwerfung ohne Blutvergießen abzielte, ist erfolglos geblieben. Unter diesen Umständen sahen sich die Behörden gezwungen, die Geschütze gegen die Zitadelle zu wenden, und dank dieser Zwangsmaßnahmen ist es gelungen, dieser Rebellen am 20. Juni Herr zu werden.

Ähnliche revolutionäre Bewegungen, die hier und da ausbrechen, zwingen uns, an unseren verschiedenen Grenzen unseren Armeen Kräfte zu entnehmen, um sie zu unterdrücken. Um diese Unannehmlichkeit zu vermeiden und die Wiederholung von Ereignissen zu verhindern, bei welchen neben den Schuldigen auch die unschuldige und friedliche Bevölkerung bedauernswerten Schaden erleidet, musste die Kaiserliche Regierung gegen die revolutionären Armenier gewisse vorbeugende und einschränkende Maßnahmen treffen.

Infolge der Ausführung dieser Maßnahmen sind diese Armenier aus den Grenzzonen und den Gebieten, wo Etappenlinien eingerichtet sind, entfernt worden. Somit sind sie dem mehr oder weniger wirksamen Einfluss der Russen entzogen und sind dadurch außerstand gesetzt, den höheren Interessen der Landesverteidigung zu schaden und die innere Sicherheit zu gefährden."

Hier wird zum ersten Male die Deportation, die bereits im größten Stile über das ganze armenische Volk der Türkei verhängt war, angedeutet. Sie wird allerdings als auf die „Grenzzonen" und „die Gebiete, woEtappenlinien eingerichtet sind", beschränkt bezeichnet. Danach müsste die ganze Türkei, abgesehen von den arabischen Wüsten, aus Grenzzonen und Etappenlinien bestehen. Seltsam klingt die Besorgtheit um „die unschuldige und friedliche Bevölkerung, welche neben den Schuldigen bedauernswerten Schaden erleidet".

Diese „unschuldige und friedliche Bevölkerung" war inzwischen durch die Anordnung der Behörden ihrer gesamten Habe beraubt worden. Die Männer waren erschlagen, die unschuldigen Kinder und friedlichen Frauen befanden sich auf dem Wege in die arabische Wüste.

Über die Verteidigung der armenischen Viertel in Wan durch die dortigen Armenier und über die Entsetzung von Wan durch die russischen Truppen hat die türkische Regierung offiziell geschwiegen.

Ergebnis.

Stellen wir die nackten Tatsachen fest, die in den 5 Communiqués der türkischen Regierung mit Anführung von Personen und Ortsnamen als Beweise für eine revolutionäre Erhebung des armenischen Volkes ausgeführt werden. Es sind die Folgenden:

1. Garo Pasdermadschian, der in Tiflis zu Haus ist, begibt sich Ende August 1914, also vor dem Kriege, von Erzerum nachdem Kaukasus und schließt sich bei Ausbruch des Krieges, angeblich einem armenischen Freikorps an. Das übrige, was ihm zugeschrieben wird, geht die russische Kriegführung an.
2. Zwei Armenier, Toros Oglu und Agop, bringen in Cilicien Züge zur Entgleisung.
3. Kommandanten englischer und französischer Schiffe setzen sich mit Armeniern der Küstenorte in Verbindung.
4. Armenier von Zeitun haben den Behörden Widerstand geleistet.
5. Die Führer der türkischen Oppositionspartei zettelten ein Komplott an, in das vier Hintschakisten verwickelt waren. (Das Komplott wurde vor dem Kriege aufgedeckt.)
6. Armenier von Wan, Schattach, Hawasur, Kewach und Timar um die Südostecke des Wansees herum „erheben sich mit der Waffe in der Hand".
7. 500 Armenier von Schabin-Karahisar besetzen den Burgfelsen.

Dies sind die Tatsachen der Communiqués. Für die Beschuldigung einer geplanten armenischen Revolution reichen diese Beweise nicht aus. Die Tatsachen, soweit sie nicht zur Kategorie der zwischen kriegsführenden Mächten üblichen Spionageakte gehören, haben wir bereits in unserer Darstellung der

Geschichte der Deportation klargestellt, so besonders die Vorgänge in Zeitun (Seite 4 ff.). Schabin-Karahissar (Seite 63) und im Wangebiet (Seite 81 ff.).

Durch unsere obige Darstellung haben wir festgestellt, dass weder das Patriarchat noch die Daschnakzutiun sich irgendwelcher vaterlandsfeindlicher Akte schuldig gemacht haben, noch auch daran gedacht haben, solche vorzubereiten. Im Gegenteil muss zugegeben werden, dass beide Organisationen ihr Äußerstes getan haben, um jede Handlung, die von der Regierung missdeutet werden konnte, zu vermeiden, und mit aller Gewissenhaftigkeit ihre nationalen Pflichten erfüllt haben. Die Daschnakzagan insbesondere, als langjährige politische Freunde und Gesinnungsgenossen der Führer des Komitees für Einheit und Fortschritt, waren aufs Äußerste betroffen und überrascht, dass ihre bis zuletzt festgehaltene loyale Gesinnung und Kameradschaftlichkeit von ihren politischen und persönlichen Freunden mit schnödem Undank belohnt wurde, und dass ihr Leben von eben den Männern, denen sie während der Reaktion das Leben gerettet hatten, jetzt bedroht wurde. Die Beteiligung von vier auswärtigen Hintschakisten an dem Komplott, das von den Führern der türkischen Opposition angezettelt war, hatte ebenfalls nichts mit dem armenischen Volke oder einer angeblichen Erhebung desselben zu tun, ganz abgesehen davon, dass dieses Komplott in die Zeit vor dem Kriege fällt und bereits im Mai 1914 aufgedeckt war. Die Versuche, dieses türkische Komplott als Beweisstück für eine geplante armenische Revolution zu verwerten, beweisen nur, dass andere Beweisstücke nicht vorhanden waren.

Da die großen politischen und kirchlichen Organisationen des armenischen Volkes sich völlig loyal verhielten, ja in ihrer Loyalität bitter enttäuscht worden sind, und sonstige Organisationen, die in der Lage gewesen wären, das armenische Volk zu revolutionieren weder vorhanden waren, noch auch von türkischer Seite namhaft gemacht worden sind, müssen tiefer liegende Gründe ausfindig gemacht werden, die imstande sind, den ganzen Verlauf der Ereignisse zu erklären.

7. Das panislamische Programm.

Wir haben bereits darauf aufmerksam gemacht, dass strategische Gründe, die für die Deportation geltend gemacht wurden, in kaum nennenswertem Maße anerkannt werden können. Abgesehen vom Wangebiet, das ja gerade von einer Deportation verschont blieb, weil es von den Russen besetzt wurde, liegen die zwei oder drei Plätze, wo die Armenier Widerstand leisteten, wie in Zeitun und Schabin-Karahissar so sehr abseits von den Kriegsgebieten, dass die Deportation einer Bevölkerung von anderthalb Millionen, die sich über alle Teile des Reiches, auch die dem Kriegsschauplatz entlegensten, erstreckte, nun und nimmermehr durch militärische Interessen gerechtfertigt werden kann.

Die einzige Erklärung, welche die Maßregel der Behörden nicht als eine sinnlose Handlung erscheinen lässt, bietet die Annahme, dass es sich um die Durchführung eines innerpolitischen Programms handele, das sich mit kalter Überlegung und Berechnung die Vernichtung des armenischen Volkselementes zur Aufgabe machte. Sehen wir zu, ob sich hierfür in den vom jungtürkischen Komitee und ihren Führern aufgestellten politischen Richtlinien ausreichende Grundlagen finden und ob insbesondere für die Maßregeln gegen die Armenier Anhaltspunkte, die in dieselbe Richtung weisen, vorhanden sind.

Als im Juli 1908 in Saloniki die Verfassung ausgerufen war, glaubte alle Welt, dass nun auch der Türkei endlich eine Regierung beschieden sei, die die Grundsätze bürgerlicher Freiheit und Gleichheit vor dem Gesetze der aus tausend Wunden blutenden Bevölkerung des türkischen Reiches zugute kommen lassen würde. Es ist nicht zu bezweifeln, dass das Komitee für Einheit und Fortschritt, das damals die politische Macht in Händen hatte, die Absicht gehabt hat, sich von den Grundsätzen europäischer Zivilisation und staatlicher Gerechtigkeit in der Reorganisation des Reiches leiten zu lassen. Ein Freiheitsrausch ergriff alle Teile der Bevölkerung, als die Jungtürken die Verfassung proklamierten. Aber schon die Reaktion vom April 1909, die mit einem Schlage die führenden Männer aus den leitenden Stellungen verdrängte und der ganzen Konstitution den Garaus zu machen schien, führte den Beweis, dass einflussreiche Elemente noch zum alten Regime hielten oder mindestens der Einführung europäischer Grundsätze in das türkische Verfassungsleben widerstrebten. Außer den Kreaturen des Hamidischen Regiments waren es vor allem die geistlichen Führer des Volkes, die Ulemas, Hodschas und Softas, welche das unwissende Volk gegen die europäischen Neuerungen aufzureizen versuchten.

Als durch den Marsch der mazedonischen Truppen gegen Konstantinopel die Jungtürken sich wieder der Herrschaft bemächtigt und Sultan Abdul Hamid abgesetzt hatten, lenkte das Komitee für Einheit und Fortschritt mehr und mehr wieder in die Bahnen der Politik Abdul Hamids ein. Zunächst wurde eine rigorose Parteiherrschaft durchgesetzt. Eine Nebenregierung bekam den offiziellen Verwaltungsapparat in die Hand, und die Wahlen büßten den Charakter der Freiwilligkeit ein. Die Berufung der höchsten Beamten des Reiches und aller wichtigsten Verwaltungsstellen wurde durch Beschlüsse des Komitees geregelt. Alle Gesetzesanträge wurden vom Komitee durchberaten und genehmigt, ehe sie vor die Kammer kamen. Das Regierungsprogramm wurde durch zwei leitende Gesichtspunkte bestimmt. 1. Der zentralistische Gedanke, der der türkischen Rasse nicht nur die Vorherrschaft, sondern die Alleinherrschaft im Reiche zuerkannte, sollte mit allen Konsequenzen durchgeführt werden. 2. Das Reich sollte **auf rein islamischer Grundlage** aufgebaut werden. Der türkische Nationalismus und die panislamische Idee schlossen von vornherein jede Gleichberechtigung der verschiedenen Nationalitäten und Religionen des Reiches aus und jede Bewegung, die das Heil des Reiches in der Dezentralisation oder Selbstverwaltung der verschiedenen Reichsteile erblickte, wurde als Landesverrat gebrandmarkt. Die nationalistische und zentralistische Tendenz richtete sich nicht nur gegen die Verschiedenen nicht-muhammedanischen Nationalitäten, Griechen, Armenier, Syrer und Juden (ehe der Balkan abgetrennt war, auch Bulgarien, Serben und Kutzowalachen), sondern auch gegen die nicht-türkischen Nationen, Araber, muhammedanische Syrer, Kurden und die schiitischen Volkselemente (vor dem Balkankriege auch gegen die Albanesen). Ein Pan-Turkismus wurde als Idol aufgerichtet, und gegen alle nicht-türkischen Volkselemente wurden die schroffsten Maßnahmen ergriffen. Das durch diese Politik vorgezeichnete rigorose Vorgehen gegen die Albanesen, die ja zum größten Teil Muhammedaner und bis dahin durchaus reichstreu waren, hat den Verlust fast der ganzen europäischen Türkei zur Folge gehabt. Ebenso hat es Aufstandsbewegungen in der arabischen Reichshälfte hervorgerufen, die durch verschiedene Feldzüge nicht unterdrückt worden sind. Der Konflikt mit dem arabischen Element besteht heute noch, trotzdem er durch den „heiligen Krieg" bis zu einem gewissen Grade zurückgedrängt wurde. Die halbunabhängigen Kurdenstämme führten ihre Sonderpolitik und konspirierten teilweise mit Russland. Das Reich kam aus den inneren Kriegen nicht heraus, und die Folge der kurzsichtigen Politik war der Verlust der afrikanischen und europäischen Besitzungen bis auf den Rest von Thrazien, der während des zweiten Balkankrieges mit Adrianopel noch zu guter Letzt zurückgewonnen wurde.

Es scheint nicht, dass die führenden Männer des Komitees für Einheit und Fortschritt aus den üblen Erfahrungen, die sie mit ihrer nationalistischen und panislamischen Politik gemacht hatten, gelernt haben. Im Gegenteil, man versteifte sich je mehr und mehr auf die chauvinistischen und intoleranten Prinzipien, die man sich zur Richtschnur gemacht hatte.

Noch im Herbst 1911, als bereits Tripolis verloren und die Aufstände im Jemen jeder Waffengewalt siegreichen Widerstand geleistet hatten, bekannte sich der Parteitag des Komitees für Einheit und Fortschritt, der Anfang Oktober in Saloniki tagte, zu den gleichen radikal zentralistischen und panislamischen Grundsätzen.

Das Komitee für Einheit und Fortschritt, das das Reich regiert, bestand statutengemäß nur aus Türken. Die Wahl auch nur eines einzigen Arabers in das Komitee wurde abgelehnt. Die Grundsätze, die damals in Bezug auf die Behandlung der christlichen Nationalitäten des Balkans, der ja noch unter türkischer Herrschaft stand, aufgestellt wurden, sind zwar heute nach dem Verlust der europäischen Reichsteile gegenstandslos geworden, aber es verlohnt der Mühe, sich dieselben noch einmal ins Gedächtnis zu rufen, weil sie für die christlichen Nationen der asiatischen Türkei in Geltung geblieben und genau so, wie es für den Balkan beabsichtigt war, während des jetzigen Krieges durchgeführt worden sind.

Im Oktober 1911 war auf dem jungtürkischen Kongress in Saloniki das Folgende beschlossen worden:

Die Entwaffnung der Christen in Mazedonien solle durchgeführt werden. Die Muhammedaner sollten im Allgemeinen ihre Waffen behalten; wo sie in der Minorität seien, sollten Waffen unter sie von den Behörden verteilt werden. Verdächtige Personen müssten verschickt und der Gendarmerie und den Truppen freie Hand gegeben werden. Die Militärgerichtshöfe müssten in beständiger Verbindung mit dem Komitee bleiben und in der Bestrafung der Schuldigen müsse rigoroser vorgegangen werden, damit die Delinquenten nicht entwischten. An den griechischen und bulgarischen Grenzen müsse die Ansiedlung von 20 000 Muhammedanern durchgeführt werden, wofür 220 000 türkische Pfund ausgeworfen wurden. Die Einwanderung aus dem Kaukasus und Turkestan solle befördert, Land für die Einwanderer vorgesehen und die Christen verhindert werden, Eigentum zu erwerben. Da der bulgarische Boykott fehlgeschlagen sei, müsse man an seiner Stelle mit der Austreibung von Lehrern, Priestern und Agenten vorgehen. Der griechische Boykott müsse, da ein Krieg mit Griechenland nicht riskiert werden könne, bis die Flotte verstärkt sei, weiter geführt und vom Komitee kontrolliert werden. Die Bildung neuer Parteien in der Kammer und im Lande müsse unterdrückt und das Aufkommen neuer „liberaler Ideen" verhindert werden. Die Türkei müsse ein wesentlich muhammedanisches Land sein, und moslimische Ideen und moslimischer Einfluss müssten das Übergewicht haben. Jede andere religiöse Propaganda müsse unterdrückt werden. Die Existenz des Reiches hänge von der Stärke der jungtürkischen Partei und von der Unterdrückung aller antagonistischen Ideen ab.

In dem Bericht über die Arbeit des Komitees wurde mit Genugtuung festgestellt, dass dem Komitee gelungen sei, nahezu alle wichtigen Stellen im Reich mit seinen Anhängern zu besetzen. Alle noch verbleibenden Ausnahmen müssten geregelt, alle wichtigen Stellen ausschließlich von Muhammedanern besetzt werden und nur die unbedeutendsten Funktionen dürften von Personen anderen Glaubens ausgeübt werden.

Früher oder später müsste die vollkommene Ottomanisierung aller türkischen Untertanen durchgeführt werden, aber es sei klar, dass dies niemals durch Überredung erreicht werden könne, sondern man müsse zur

Waffengewalt Zuflucht nehmen. Der Charakter des Reiches habe muhammedanisch zu sein und muhammedanischen Einrichtungen und Überlieferungen müsse Respekt verschafft werden. Anderen Nationalitäten müsse das Recht der Organisation vorenthalten, denn Dezentralisation und Selbstverwaltung seien Verrat am Türkischen Reich. Die Nationalitäten seien eine quantité négligeable. Sie könnten ihre Religion behalten, aber nicht ihre Sprache. Die Ausbreitung der türkischen Sprache sei eins der Hauptmittel, um die muhammedanische Vorherrschaft zu sichern und die übrigen Elemente zu assimilieren.

So sah das Programm des Komitees für Einheit und Fortschritt schon im Herbst 1911 aus. Man wird finden, dass die darin ausgesprochenen Grundsätze in jeder Beziehung dem Vorgehen gegen die Armenier zugrunde liegen. Bekanntlich wurde die Herrschaft des Komitees im Juli 1912 gestürzt. Vier Jahre lang hatten sich die aufeinander folgenden Kabinette von Kiamil-Pascha, Hilmi-Pascha, Hakki-Pascha und Said-Pascha auf die unbestrittene Majorität der jungtürkischen Partei in der Kammer gestützt. Aber bereits im April 1911 war eine Spaltung im Komitee eingetreten und eine allmählich erstarkte konservative Gruppe hatte die Majorität erlangt. Die Krisis war dadurch gelöst worden, dass Talaat Bey und Dschavid Bey aus dem Ministerium ausschieden.

Aber nach den Wahlen kehrten die jungtürkischen Führer in das Kabinett zurück und schienen fester denn je im Sattel zu sitzen. Erst infolge der unglücklichen Operationen gegen die Albanier, die man durch militärische Strafexpeditionen zum Abfall gereizt hatte, bildete sich in dem mazedonischen Offizierkorps eine Opposition gegen die jung-türkische Herrschaft, die durch den Geheimbund der Militärliga die politische Macht an sich riss. Am 16. Juli demissionierte das jungtürkische Kabinett des greisen Said-Pascha und am 5. August wurde die jungtürkische

Kammer von dem neuen Ministerium der „großen Männer", mit Gahzi Ahmed Muktar Pascha als Großwesir, nach Hause geschickt. Der unglückliche Balkankrieg führte kurz vor seinem Ausgange die Jungtürken, die inzwischen die konservativen Elemente aus dem Komitee ausgeschieden hatten, zur Herrschaft zurück. Die Wiedergewinnung von Adrianopel gab ihnen ein gewisses Prestige und das Komplott der liberalen Opposition, dem am 11. Juni 1913 der Großwesir Machmud Schewket Pascha zum Opfer fiel, wurde mit der rücksichtslosen Verfolgung aller Elemente, die sich der Parteiherrschaft des Komitees widersetzten, beantwortet.

Die Folge der Kämpfe innerhalb des Komitees war eine **Verschärfung der zentralistischen und panislamischen Grundsätze.**

Der europäische Krieg brach aus, und die Frage der Teilnahme der Türkei am Kriege rief neue Gegensätze innerhalb des Komitees hervor. Die Jungtürken waren von Hause aus ententefreundlich. Das konstitutionelle Programm war in Paris geboren und in London getauft worden. Die Grundsätze der französischen Revolution und das Vorbild englischen Parlamentarismus beherrschten die Köpfe der jungtürkischen Revolutionäre. In den ersten Wochen der Verfassung wurde kein Buch in den Buchläden von Konstantinopel so häufig begehrt, als Thiers' Geschichte der französischen Revolution. Es dauerte geraume Zeit, bis der deutsche Einfluss sich in Konstantinopel wieder gegen den englischen und französischen behaupten konnte. Erst das Interesse an der Reorganisation des türkischen Militärs und der Wunsch, sich nach allen Seiten die Unabhängigkeit zu wahren, ließ den deutschen Einfluss wieder erstarken. Aber noch im Herbst 1911 wurde vom jungtürkischen Kongress in Saloniki die Stellung zu den Mächten folgendermaßen präzisiert:

Mit Bezug auf die Großmächte muss sich die Türkei reserviert halten und darf, bis sie militärisch erstarkt ist, kein Bündnis abschließen, weil sonst ihre Unabhängigkeit gefährdet würde. Die Türkei sei dazu bestimmt, auf beiden Kontinenten eine große Rolle zu spielen, wenn es den Muhammedanern gelänge, dass fremde Joch abzuschütteln. Eben dies werde von Großbritannien, Russland und Frankreich befürchtet Zu großes Vertrauen dürfe man auch auf die Mächte des Dreibundes nicht setzen, doch sollte die Türkei freundliche Beziehungen mit ihnen unterhalten, jedenfalls aber ihre Neutralität wahren und von einem förmlichen Bündnis absehen. Zugleich musse man den Versuch machen, die Sympathien der Ententemächte wiederzugewinnen.

Die auswärtige Politik war also genau wie die Abdul Hamids auf die Balancierung der Mächte eingestellt. Gleichwohl gelang es Enver Pascha, den inzwischen allmächtig gewordenen Minister des Innern Talaat Bey und den Kammerpräsidenten Halil Bey für den Eintritt in den Weltkrieg an der Seite Deutschlands zu gewinnen, trotzdem einflussreiche Mitglieder des Komitees wie Djemal Bey, Djavid Bey, und der Scheich ül Islam dagegen waren. Die türkische Gesellschaft von Konstantinopel, deren Sympathien Frankreich gehörten, war ebenso, wie die Masse des Volkes, mit dem Eintritt in den Krieg unzufrieden, aber die panislamische Propaganda und die Militärdiktatur sorgten dafür, dass der Widerspruch verstummte. Die Proklamation des „heiligen Krieges" brachte eine allgemeine Aufstachelung der muhammedanischen gegen die christlichen Elemente des Reiches mit sich, und die christlichen Nationalitäten hatten bald zu der Befürchtung Grund, dass sich der türkische Chauvinismus auch des muhammedanischen Fanatismus bedienen würde, um den Krieg bei der Masse des muhammedanischen Volkes beliebt zu machen.

Die Verstärkung des jungtürkischen Programms kam besonders darin zum Ausdruck, dass der Nachdruck weniger auf die Reorganisation des Reiches als auf die restlose Durchsetzung der Souveränität der Türkei in allen Fragen der inneren Politik gelegt wurde. Die Abschaffung der Kapitulationen, die zu Beginn des Krieges beschlossen wurde, ohne dass man zuvor die Zustimmung der Mächte einholte, eine Maßregel, die u.a. auch die Aufhebung der fremden Posten mit sich führte, wurde das sichtbare Symbol für die politischen Aspirationen der Türkei. Schon im Herbst 1911 wurde auf dem jungtürkischen Kongress betont, „die Abschaffung der Kapitulationen sei wichtiger als die Reorganisation des Justizwesens".

In dem zentralistischen und nationalistischen Programm des jungtürkischen Komitees waren alle auf Dezentralisation und Selbstverwaltung gerichteten Bestrebungen, wie sie auch von der türkischen liberalen Opposition vertreten wurden, mit dem Stempel des „Landesverrats" versehen worden. Gleichwohl hatte noch im Jahre 1913 die jungtürkische Regierung gute Miene dazu gemacht, als von den Mächten die Frage der armenischen Reformen wieder aufs Tapet gebracht worden war. Die weitgehenden russischen Vorschläge, die die Souveränität der Türkei anzutasten schienen, wurden durch die Mitarbeit der deutschen Politik dahin ermäßigt, dass der endgültige Reformplan, der durch eine Note der Pforte vom 26. Januar (8. Februar) 1914 von der Pforte angenommen wurde, sich durchaus in den Grenzen hielt, die der Achtung vor der Souveränität der Türkei und ihrem eignen vitalen Interesse entsprach. Gleichwohl berührte selbst die maßvolle Mitwirkung der Botschafter der Großmächte an dem armenischen Reformplan — eine Mitwirkung, deren berechtigte internationale Grundlage im § 61 des Berliner Vertrages nicht bestritten werden konnte — die Empfindlichkeit der türkischen Machthaber. Wiederholt wurden die Armenier bedroht, dass sie es zu büßen haben würden, wenn sie irgend die Mitwirkung der Mächte für die Durchsetzung des Reformplanes anzurufen wagten. Schon damals verlautete, dass einflussreiche jungtürkische Führer sich öffentlich dahin geäußert hätten, wenn die Armenier nicht von der Reformfrage die Finger ließen, so hätten sie ein Massaker zu besehen, gegen das die Massaker von Abdul Hamid ein Kinderspiel wären. Was die Armenier wünschten, war ja nichts anderes, als die Grundrechte der Sicherheit von Leben und Eigentum und der Gleichheit vor dem Gesetze, die sich für jeden europäischen Staatsbürger von selbst verstehen, die man ihnen aber, trotz der internationalen Verträge der Großmächte mit der Türkei seit Jahrzehnten vorenthalten hatte. War es ein Wunder, dass sie aufatmeten, als ihnen endlich, dank der Mitwirkung der deutschen Politik, von der Pforte die Zugeständnisse gemacht waren, die für eine friedliche Entwicklung ihres Lebens unerlässlich waren und für eine Abwehr der russischen Einmischungsversuche in die inneren Angelegenheiten der Türkei im eignen Lebensinteresse der Türkei lagen. Und sollten sie auf die Anteilnahme der Mächte an ihrem Schicksal, obwohl sie offiziell weder mitzureden hatten noch gefragt wurden, verzichten, wenn ihnen bekannt war, welche Grundsätze die Jungtürken in ihrem Programm für die Behandlung der christlichen Nationalitäten aufgestellt hatten? Gleichwohl wurde den Armeniern noch nachträglich aus ihrer freudigen Aufnahme des Reformplanes ein Verbrechen gemacht. Die Maßregel der Deportation, mit den dazu gehörigen Massakers ist von jungtürkischen Führern ganz offen damit begründet worden, dass man den Armeniern ein für allemal den Gedanken an Reformen austreiben wolle.

Einen charakteristischen Beleg bietet ein Steckbrief, der gegen den Chef einer vom Katholikos der Armenier eingesetzen Deputation, Boghos Nubar Pascha, nach der Durchführung der Deportation erlassen und am 11. August 1915 im „Hilal" veröffentlicht worden ist.

Zum Verständnis desselben muss zuvor gesagt werden,

dass Boghos Nubar Pascha, ein Sohn des hervorragenden Ministers Nubar Pascha, der unter dem Khedive Ismael die ägyptische Politik leitete, keineswegs türkischer, sondern ägyptischer Untertan ist und in Ägypten als Großgrundbesitzer lebt. Der Katholikos aller Armenier hat seinen Sitz in Etschmiadzin bei Eriwan auf russischem Boden. Natürlich stand es dem Katholikos frei, in einer Frage, die die ganze armenische Nation nicht nur in bürgerlicher, sondern auch in kirchlicher und kultureller Beziehung berührt, eine Delegation zu berufen, an deren Spitze Boghos Nubar Pascha trat, um mit den Kabinetten der Großmächte in Bezug auf eine wünschenswerte Lösung der armenischen Reformfrage in Beziehung zu treten. Boghos Nubar Pascha reiste also nach Paris, London, Berlin und Petersburg, um sich über die schwebenden Fragen mit den Kabinetten zu unterhalten. Das Ergebnis der Reformverhandlungen, dessen Zustande-kommen wesentlich dem Auswärtigen Amt in Berlin und dem Botschafter Baron von Wangenheim zu danken war, fand den vollen Beifall von Nubar Pascha. So wenig hatte die Pforte damals gegen die Tätigkeit von Nubar Pascha etwas einzuwenden, dass sie ihn sondierte, ob er nicht selbst das Amt eines Generalinspektors für die ostanatolischen Provinzen übernehmen wollte, ja dass ihm der Großvezier Said Halim Pascha einen Ministerposten anbot.

Jetzt nachträglich wurde Exzellenz Boghos Nubar Pascha aus seiner Tätigkeit ein Verbrechen gemacht, und er wurde beschuldigt, „die frühere Lage der Türkei, die sich aus dem Balkankrieg ergeben und die Kaiserliche Regierung in einen Schwächezustand versetzt habe, benutzt zu haben, um sich an die Spitze von armenischen Komitees zu setzen und in der Eigenschaft eines Delegierten der ganzen armenischen Nation in den Hauptstädten der Länder der Tripleentente Schritte unternommen zu haben, die sich gegen die ottomanische Regierung richteten, um ein autonomes Armenien unter fremder Kontrolle zu schaffen".

Die Beschuldigung ist in doppelter Hinsicht falsch. Nubar Pascha hat sich nicht für einen Delegierten der armenischen Nation, sondern, wie es seiner Berufung entsprach, für den Chef einer vom armenischen Katholikos berufenen Delegation ausgegeben. Auch hat er keineswegs ein autonomes Armenien unter fremder Kontrolle erstrebt — er hat oft genug in öffentlichen Kundgebungen und in der Presse den Gedanken einer Autonomie zurückgewiesen — sondern er hat das Ergebnis der Verhandlungen in der Form, wie es durch die deutsche Diplomatie erzielt wurde, als eine dankenswerte Erfüllung seiner Wünsche begrüßt.

Es ist nun seltsam, dass trotz alledem Boghos Nubar Pascha als ein „flüchtiger Hochverräter" steckbrieflich verfolgt, vor ein für ihn gar nicht zuständiges Kriegsgericht geladen und im Falle des Nichterscheinens mit der Konfiskation seines (in Ägypten (!) befindlichen) beweglichen und unbeweglichen Vermögens und der Entziehung seiner (ägyptischen) Bürgerrechte, Titel und Dekorationen bedroht wird.

Dies Dokument ist insofern charakteristisch, als es beweist, dass genau wie zur Zeit Abdul Hamids jede Beschäftigung mit der armenischen Reformfrage, die ja auch in ihrer letzten Phase von den Kabinetten und Botschaftern der Großmächte, einschließlich Deutschlands, bei der Pforte in Anregung gebracht worden war, als ein Verbrechen gegen die Souveränität des türkischen Staates aufgefasst wird und strafbar sein soll. Da nun die ganze armenische Nation an dieser Reformfrage Anteil genommen hat, die ja nichts mehr als Sicherheit des Lebens und Eigentums verbürgen sollte, so kann sie freilich unter solcher Auslegung internationaler Verträge für eine Nation von „Hochverrätern" ausgegeben werden. Es bedarf nicht erst der Beschuldigung oder Überführung revolutionärer Absichten oder Handlungen. Der Anspruch eines Christen auf Sicherheit des Lebens und Eigentums, auf bürgerliche Gleichberechtigung und die Achtung seiner nationalen Kultur und Sprache, ist schon Hochverrat und muss, wenn die Gelegenheit dazu günstig ist, durch entsprechende Strafen geahndet werden.

8. Die Ausführung.

Seit Beginn des europäischen Krieges und im verstärkten Maße seit Ausbruch des russisch-türkischen Krieges hat man sich im jungtürkischen Komitee mit der Frage beschäftigt, wie man die Gelegenheit des Krieges benützen könne, um die Armenier für ihre Reformbestrebungen zu bestrafen und die armenische Frage ein für allemal aus der Welt zu schaffen. Man kam auf dieselbe Lösung, die ein Minister Abdul Hamids in zynischer Weise definiert hat: „Die armenische Frage schafft man am besten dadurch aus der Welt, dass man die Armenier aus der Welt schafft." Dass man am liebsten mit den Griechen und Syrern in gleicher Weise verfahren wäre, beweist das Vorgehen gegen die griechische Bevölkerung in der Umgegend von Smyrna im Frühjahr 1914 und gegen die syrische Bevölkerung in Nordpersien, in der Umgegend von Urmia, die beim Einbruch der Armee von Halil Bey aus ihren Wohnsitzen vertrieben wurde. Das Gleiche geschah mit den nestorianischen Bergsyrern im oberen Zab-Tal.

Ein türkischer Minister soll während des Krieges geäußert haben: „Am Ende des Krieges wird es keinen Christen mehr in Konstantinopel geben. Es wird so vollständig von Christen gesäubert werden, dass Konstantinopel sein wird wie die Kaaba." Man braucht das Wort, selbst wenn es gesprochen wurde, nicht ernst zu nehmen. Die griechische Bevölkerung wird so lange sicher sein, als sich Griechenland nicht der Entente angeschlossen hat. Dagegen hat man ernstlich an eine Austreibung der 160 000 Armenier aus Konstantinopel gedacht. Der Einspruch Deutschlands hat sie verhindert. Ein Sektionschef im Justizministerium sagte zu einem Armenier: „Es ist in diesem Reich kein Raum für uns und euch, und es würde ein unverantwortlicher Leichtsinn sein, wenn wir diese Gelegenheit nicht benützen würden, um mit euch." Mitglieder des jungtürkischen Komitees sprachen es offen aus, dass alle „Fremden" aus der Türkei verschwinden müssten, erst die Armenier, dann die Griechen, dann die Juden und zuletzt die Europäer." Die Frage, ob ein Armenier schuldig oder unschuldig ist, ob man ihn eines Verbrechens gegen den Staat für verdächtigt hält oder nicht, ob er durch ordentliche Gerichte einer Schuld überführt ist oder nicht, existiert für das Bewusstsein eines Muhammedaners, da es sich um Christen handelt nicht, wenn man ihn aus Gründen der Staatsraison beseitigen will. Andernfalls wäre es nicht möglich, an einer Million von Staatsbürgern einen Massenraub zu begehen, der niemals eine gerichtliche Ahndung finden wird. Das muhammedanische Recht und das Vorbild Muhammeds erlauben solche Dinge. Ein türkischer Minister rühmte sich dessen, dass, was Abdul Hamid in 30 Jahren nicht fertig gebracht habe, er in 3 Wochen zustande bringen würde. Dem Einwande, dass mit den wenigen Schuldigen eine ungeheure Masse Unschuldiger mitbestraft und umgebracht werde, begegnete ein türkischer Offizier mit der Bemerkung: „Dieselbe Frage richtete jemand an unseren Propheten Muhammed — Gottes Friede über Ihm! — und erwiderte: „Wenn du von einem Floh gebissen wirst, tötest du nicht alle?"

Als die Frage der Unterdrückung der christlichen Nationalitäten einmal im Komitee zur Sprache kam, äußerte ein exaltierter Türke: „Der Fehler ist, dass nicht schon Muhammed der Eroberer, das getan hat, was wir jetzt tun." Von einem anderen Komiteemitglied, das etwas mehr geschichtliche Bildung besaß, erhielt er die Antwort: „Dann stünde die Türkei heut noch auf der Kulturstufe von Marokko."

Bei der Mehrheit des Komitees scheint die Absicht, einen vernichtenden Schlag gegen die Armenier zu führen, schon am Anfang des Krieges bestanden zu haben. Natürlich erhob sich auch Widerspruch gegen so eine radikale Politik, die unbedenklich zu den Methoden Abdul Hamids zurückkehrte und ein Hohn war auf die schönen Reden von Freiheit, Brüderlichkeit und Gleichheit, mit denen die Ära der Konstitution eingeleitet worden war. Djemal Bey, der Oberstkommandierende in Syrien, versuchte noch während der Deportation die Bevölkerung von Adana, wo er früher Wali gewesen war, zu retten. Dass verschiedene Walis, Mutessarifs und Kaimakams sich der Maßregel widersetzten, haben wir gesehen. Sobald aber im Zentralkomitee für Einheit und Fortschritt die Entscheidung gefallen war, begann die fieberhafte Tätigkeit, der Zweigkomitees die jeden Widerstand der Regierungsorgane im Innern brach und durch organisierte Banden die allgemeine Deportationsmaßregel in ein allgemeines Massaker verwandelte.

Gewisse psychische Hemmungen mussten auch beim Zentralkomitee und bei der Regierung überwunden werden. Man war sich augenscheinlich dessen bewusst, dass man an den Führern der Daschnakzagan, die gemeinsam mit den Jungtürken den Absolutismus gestürzt und seit Beginn der Konstitution unentwegt zu dem Komitee gehalten hatten, einen schnöden Verrat beging. Verschiedene der Jungtürkischen Führer, die (wie der Auswärtige Minister Halil Bey, der während der Reaktion sich zwei Wochen im Haus von Sohrab versteckt gehalten hatte), ihren armenischen Freunden ihr Leben verdankten, mochten Regungen eines gewissen Anstandsgefühls empfinden, das sie abhielt, ihre Lebensretter ans Messer zu liefern. Um derartige psychische Hemmungen zu überwinden, musste man sich wenigstens einreden, dass möglicherweise die Führer des armenischen Volkes mit dem Gedanken einer nationalen Erhebung umgingen. Der Gedanke konnte ihnen auch dadurch nahe gelegt werden, dass sie den Daschnakzagan gegenüber ein schlechtes Gewissen hatten. Schon vor der Begründung der Verfassung und bei jeder Krise seit der Begründung der Verfassung hatten sie den Führern den Daschnakzagan mündlich und schriftlich Versprechungen gemacht, ihre gerechten Wünsche in Bezug auf die Neuordnung der Zustände im Innern zu erfüllen, und regelmäßig hatten sie diese Versprechungen, sobald sie wieder obenauf waren, gebrochen und dazu noch die Armenier um die Ihnen zukommenden Kammersitze verkürzt. Dass die Daschnakzagan, wie es wirklich der Fall war, ihnen und ihrer politischen Überzeugung trotzdem treu geblieben waren, konnten sich vielleicht die Jungtürken nicht vorstellen und vermuteten, dass sie heimlich auf Vergeltung bedacht wären. Die krampfhaften Bemühungen, nachträglich Schuldbeweise zu finden, und, wenn auch unter der Folter, zu erzwingen, sind ein Ausfluss der moralischen Verlegenheit, in der sich die Regierung gegenüber der Daschnakzagan befand. Um auf die Daschnakzagan den Schein des Vaterlandsverrates zu werfen, bediente sie sich eines merkwürdigen Tricks. Das jedermann Waffen besitzt, ja, dass die Jungtürken selbst noch in den letzten Jahren, als die Gefahr der Reaktion drohte, ihre politischen Freunde und deren Anhang mit Waffen versorgt hatten, war bekannt. Auch bezweifelte niemand, dass aus der Zeit Abdul Hamids noch Bomben vorhanden waren. Da die Bombe in diesem Kriege zu der Würde einer der ehrenhaftesten Waffen avanciert ist, gab es natürlich in den Regierungsarsenalen eine genügende Anzahl von Bomben, die man als bei Armeniern gefunden ausgeben konnte. So wurden denn im Polizeiblatt von Konstantinopel („Polizei-Revue für die intellektuelle Bildung der Polizisten", nennt sich das Blatt) in der Mai-Nummer Haufen von Gewehren und Bomben, die man photographiert hatte, abgebildet. Die Veröffentlichung sollte dazu dienen, die Bevölkerung und die Vertreter der fremden Mächte von den revolutionären Absichten der Armenier zu überzeugen. Um die Beschuldigung, dass die Armenier die Aufrichtung eines armenischen Königreiches geplant hätten, glaubhaft zu machen, wurde auch die Photographie einer „revolutionären Fahne mit dem armenischen Wappen" wiedergegeben. (Auch das offizielle Communiqué vom 4. Juni spricht von diesen „revolutionären Fahnen".) Wie verhält es sich damit?

Die Partei der Daschnakzagan hatte ein Parteiwappen, das in allen armenischen Klubs aushing. Junge Damen machten sich ein Vergnügen daraus, dieses Wappen als Emblem für die Klublokale zu sticken Hundertmal haben die Jungtürken, wenn sie in den Klubs der Daschnakzagan aus -und eingingen, dieses Wappen gesehen. Im Scherz nannten sie es„ *le drapeau du patriotisme ottoman*". Da man keine anderen Beweise hatte, wurde jetzt das Parteiwappen der Daschnakzagan photographiert und für die Fahne der Revolution ausgegeben.

Man kann sich den Verkehr, der früher zwischen den armenischen und jungtürkischen Klubs und ihren Führern bestand, nicht eng genug denken. Man beriet nicht nur, man dinierte und soupierte zusammen. Man veranstaltete gemeinsame Wahlfeldzüge und tauschte freundschaftliche Besuche aus. Als Aknuni krank war, wurde er von Talaat Bey und Djavid Bey besucht. Tags darauf kamen Dr. Nasim und Ömer Nadji. Der letztere ließ sich allwöchentlich auf der Redaktion des Azatamart sehen.

Es ist begreiflich, dass auch im jungtürkischen Komitee lange Zeit eine Majorität für die Maßregeln gegen die

Armenier nicht zustande kam. Über dies schlugen sich die Armenier, wie der Kriegsminister Enver Pascha aus persönlichem Augenschein mündlich und schriftlich bekundet hat, selbst an der Kaukasusfront aufs tapferste. Es blieb daher in den ersten Monaten bei lokalen Maßnahmen, für die sich einigermaßen plausible Gründe aus strategischen Rücksichten geltend machen ließen.

Da kam die Nachricht von den Vorgängen im Wangebiet, die durch das Verhalten von Djewded Bey und durch die Ermordung und Verhaftung der armenischen Führer Ischchan und Wramjan provoziert waren. Am 16. April wurde Ischchan ermordet. Am 20. setzten sich die Armenier von Wan gegen das ihnen drohende Massaker in Verteidigungszustand. Am 24. erfolgte die Verhaftung der Intellektuellen von Konstantinopel. Sie war das Ergebnis eines Beschlusses, der von den Mitgliedern des Komitees für Einheit und Fortschritt gefasst worden war. Seit dem 21. April war die Vernichtung des armenischen Volkes eine beschlossene Sache.

Der Grossvezier Said Halim Pascha, der Kammerpräsident Halil Bey und der Scheich ül Islam waren gegen die Deportation. Da aber Talaat Bey seinen allmächtigen Einfluss für die Vernichtungsmaßregel einsetzte, ging der Beschluss durch.

Von dem Polizeichef Bedri Bey und seinen Gehilfen Dschampolad Bey und Reschad Bey war unter Zuziehung der Polizeimeister von Skutari und Pera der Plan der Verhaftung der Intellektuellen von Konstantinopel und in der Provinz ausgearbeitet worden. Sorgfältige Listen wurden zusammengestellt, um mit einem Schlage aller Führer der Nation habhaft zu werden. Waren die Führer beseitigt, so brauchte man nicht mehr zu befürchten, dass wegen der Maßregeln gegen das armenische Volk Lärm geschlagen würde.

Der Widerstand der Gouverneure im Innern verzögerte die Ausführung der Maßregel in verschiedenen Wilajets um Wochen. Als aber Wan in die Hände der Russen gefallen war, am 19. Mai, erging in alle Provinzen der kategorische Befehl, dafür zu sorgen, dass alle Städte und Dörfer des Reiches von Armeniern ausgeräumt werden sollten, bis nicht ein einziger Armenier mehr zurückbliebe, es sei denn, dass er zum Islam übertrete.

Der Polizeichef Bedri Bey sagte zu dieser Zeit zu dem Armenier Sakarian: „Wenn es ein Massaker gibt, so wird es nicht sein wie zur Zeit Abdul Hamids. Nicht ein einziger Armenier wird übrig bleiben." Der Selch ül Islam soll auch zu dieser Zeit noch seinen Widerspruch gegen die Maßregel aufrechterhalten und seine Demission eingereicht haben.

9. Russische und türkische Zeugnisse.

Die loyale Haltung der Armenier der Türkei und der Daschnakzagan insbesondere lässt sich noch von zwei anderen Seiten her überzeugend beweisen.

Die russische Zensur hatte während des Krieges den Armeniern freigestellt, sich offen über ihre nationalen Wünsche auszusprechen. Eine lebhafte Diskussion fand in der Presse zwischen den Vertretern der großrussischen Expansionspolitik und führenden armenischen Politikern statt. Die russischen Politiker traten ganz offen für die Annexion von Türkisch-Armenien und Einverleibung mindestens der ostanatolischen Wilajets in Russland ein. Gegen diese Pläne brachte die armenische Presse („Horizon", „Arew" u. a.) ihren lebhaften Widerspruch zum Ausdruck. Der linksliberale Dumaabgeordnete Adschemoff, ein namentlich in Südrussland einflussreicher armenischer Politiker, erklärte im „Petrogradski Kurier": Die Türkei könne und dürfe auch nach dem Kriege nicht aufhören zu existieren. Sowohl Russland, das viele Millionen Muhammedaner als Untertanen zählt, als auch England müssten das Khalifat erhalten. Die Armenier seien für ihre nationalen Aufgaben auf die Erhaltung der türkischen Souveränität angewiesen. Der Sekretär des armenischen Komitees in Moskau K. B. Kussikian erklärte, die innere Gestaltung von Türkisch-Armenien sei Sache der türkischen Armenier und könne nicht nach russischen Wünschen geordnet werden. – Zuletzt griff der Kadettenführer Miljukow im „Rjetsch" in die Diskussion ein und machte den armenischen Politikern zum Vorwurf, dass sie keineswegs nur aus taktischen Gründen mit Rücksicht auf ihre armenischen Brüder in der Türkei die Erhaltung der Souveränität der Türkei für Türkisch-Armenien wünschten, es sei vielmehr ersichtlich, dass sie im Interesse ihres nationalen Programms für die Erhaltung der Türkei einträten. „Ich sehe mich zu der Schlussfolgerung gezwungen", sagte Miljukow, „dass die Idee der Erhaltung der türkischen Souveränität kein zufälliger und vorübergehender, sondern ein innerlich begründeter und dauernder Bestandteil des nationalen Programms (der Armenier) ist. Ich sage offen, ich betrachte diesen Standpunkt, sowohl für die armenischen, als auch für die russischen Interessen als schädlich und gefährlich und halte eine entsprechende Revision des nationalen Programms der Armenier für unbedingt notwendig."

Aus diesen Worten ist ersichtlich, dass zwischen den russischen und armenischen Wünschen durchaus kein Einverständnis herrschte. Das nationale Programm der Daschnakzagan wollte und will selbst heute noch die Erhaltung der Türkei unter der Souveränität des Sultans, unter der selbstverständlichen Voraussetzung, dass das zertrümmerte armenische Volk wiederhergestellt wird und seine geraubten Güter zurückempfängt. Das Programm steht dem großrussischen Expansionswillen im Wege; seine Vereitelung ist notwendig, um die russischen Wünsche zu erfüllen. Die Aufgabe der türkischen Politik wäre gewesen, sich das grundsätzliche Widerstreben der türkischen Armenier gegen den Gedanken einer Einverleibung in Russland zunutze zu machen und gerade das armenische Element als starke Grenzwacht gegen den Kaukasus zu benützen. Das zentralistische Programm des Komitees hat genau so wie im Falle Albaniens die vernünftigen Interessen der kleineren Nationalitäten einem fanatischen Panturkismus geopfert und die zuverlässigsten Stützen einer gesunden Reichspolitik zerbrochen, um der Donquichoterie eines panislamischen Weltreiches nachzujagen.

Wie von russischer Seite, so liegen auch von türkischer Seite unwillkürliche Zeugnisse für die Loyalität der Armenier gegenüber der türkischen Regierung vor.

Scherif Pascha, einer der Führer der türkischen Opposition, hat unter dem 10. September einen Brief an die Redaktion des „Journal de Genève" (Nr. vom 18. Sept.) gerichtet. In diesem Brief spricht er seine Entrüstung über die Verfolgung der Armenier aus und beklagt die Vernichtung einer Rasse, die so große kulturelle Leistungen hervorgebracht habe und der Türkei als Träger moderner Zivilisationsbestrebungen unentbehrlich gewesen sei.

„Wenn es eine Rasse gibt", schreibt er, „die durch ihre Treue, durch die Dienste, die ihre talentvollen Staatsmänner und Beamten dem Lande geleistet haben, durch die Intelligenz, die sie auf allen Gebieten, im Handel, in der Industrie, in der Wissenschaft und in den Künsten, bewiesen haben, uns Türken nahe stehen, so sind es die Armenier. Sie sind es, die den Buchdruck und die dramatische Kunst in die Türkei eingeführt haben. Ihre Dichter, ihre Schriftsteller, ihre großen Finanzmänner sind nicht zu zählen, viele unter ihren großen Geistern, wie in alten Zeiten der Historiker Moses von Chorene und der Dichter Aristarch von Lasdiverde, den man mit Jeremias verglichen hat, oder in unseren Tagen Raffi, Sundugiantz, Schirvansadeh, Aharonian, Tschobanian, Novajr und Dutzende von anderen würden jedem westlichen Lande zur Ehre gereichen. War nicht Odian, der Mitarbeiter Midhat

Paschas, des Urhebers der ottomanischen Konstitution, ein Armenier? Jeffrem Khan, „der Garibaldi des Ostens" wurde der Heros der persischen Konstitution, die von einem andern Armenier Malkolm Khan vorbereitet worden war, und gerechterweise muss man anerkennen, dass ebenso wie in Persien, auch in der Türkei die Armenier einen wesentlichen Anteil an dem Sturz des despotischen Regimes und an der Einführung der Konstitution gehabt haben.

Es gibt nicht einen aufgeklärten Türken, der nicht das Urteil, das der bekannte Parlamentarier Lynch vor 13 Jahren gefällt hat, unterschriebe:

„Die Armenier sind ganz besonders dazu befähigt, die Vermittler der neuen Zivilisation zu sein. Sie haben sich mit unseren höchsten Idealen vertraut gemacht und eignen sich alle neuen Errungenschaften der europäischen Kultur so unermüdlich und vollkommen an, dass darin keine andere Nation ihnen gleichkommen konnte."*)

Wenn man nun bedenkt, dass ein so hochbegabtes Volk, das das wohltätigste Ferment in der Erneuerung des Osmanischen Reiches hätte werden können, auf dem Punkte steht, aus der Geschichte zu verschwinden, nicht nur unterdrückt, sondern vernichtet zu werden, so muss das Herz auch des Unempfindlichsten bluten. Ich möchte meinesteils hierdurch dieser geopferten und sterbenden Nation meinen Zorn gegen ihre Henker und mein unendliches Mitleid für ihre Opfer aussprechen."

Nach diesen Äußerungen ergeht sich Scherif Pascha in den heftigsten Vorwürfen gegen die Partei der Daschnakzagan, die sich seit sechs Jahren (d. h. seit der Spaltung der Jungtürken in Itti-

---

*) Es ist nur wenig bekannt, dass die literarische Renaissance, die die Armenier des Kaukasus in der zweiten Hälfte des vorigen Jahrhunderts ihrer Nation geschenkt haben, aufs Stärkste durch den Deutschen Idealismus beeinflusst worden ist. Ihre Führer haben zu den Füßen deutscher Professoren in Dorpat gesessen und unsere klassischen Dichter ins Armenische übersetzt.

had und Ittilaf) „zu Parteigängern und Schildhaltern des jungtürkischen Komitees hergegeben haben". „Wie oft", schließt er „habe ich sie vor den Unionisten (dem Komitee für Einheit und Fortschritt) gewarnt, deren schwarze Seele ich kenne. Mindestens hätten die Massaker von Adana, die auf den Befehl des Komitees veranstaltet wurden, die Daschnakzagan auf den Boden der Wirklichkeit zurückzuführen müssen. Dadurch, dass sie sich mit der Politik des Komitees für Einheit und Fortschritt solidarisch erklärten, haben sie die Sache ihrer Nation, statt sie zu retten, verraten." Gerade damit, das Scherif Pascha den Daschnakzagan ihre Anhänglichkeit an die gegenwärtige Regierung zum Vorwurf macht, beweist er indirekt ihre Loyalität. Eben diese Loyalität, die er als eine Dummheit und als ein Verbrechen charakterisiert, macht er für den Untergang des armenischen Volkes verantwortlich.

Ein anderer Führer der türkischen liberalen Opposition, Ismail Hakki von Gümüldschina, schreibt in der türkischen Zeitung Bejan ül Hakk die gegenwärtig in Saloniki erscheint:

„Jede gewaltsame Unterdrückung, gegen welchen Teil der Bevölkerung sie auch ausgeübt werden möchte, ist unverzeihlich. Verfolgungen, die sich gegen eine friedliche Bevölkerung richten, sind barbarisch und gewissenlos. Solche Dinge stillschweigend mit anzusehen, heißt sich an ihnen mitschuldig machen. Gegen die im osmanischen Reich lebenden Griechen und in besonderem Maße gegen die Armenier werden die schrecklichsten Verbrechen begangen. Die menschliche Sprache und Feder sind unvermögend, auch nur den hundertsten Teil der Tatsachen wiederzugeben. Falsche Patrioten und kurzsichtige Politiker bemühen sich, die in der Türkei herrschenden Zustände zu verschleiern. Aber wir, als wahre Osmanen, rufen heute der Menschheit und dem zivilisierten Europa zu, dass die gegen die Armenier und Griechen verübten Verfolgungen weit entsetzlichere Dimensionen angenommen haben, als es aus den Darstellungen der Presse zu ersehen ist. Die Armenier und Griechen werden unbarmherzig verfolgt. Ihr Leben, Gut und Ehre sind in beständiger Gefahr. Tag für Tag werden Hunderte von Armeniern in entlegenen Gegenden getötet. Wir nehmen mit ganzem Herzen Anteil an dem Unglück unserer Landsleute."

Obwohl Scherif Pascha und Ismail von Gümüldschina der türkischen Opposition angehören, darf man die Bedeutung und den Ernst dieser Kundgebungen nicht unterschätzen. Denn sogar in den osmanischen Vertretungskörpern macht sich in wachsendem Maße die Erregung türkischer Kreise Luft, die die Vernichtung der Armenier verurteilen.

Eine Interpellation des früheren Kammerpräsidenten Achmed Riza, der Begründer des konstitutionellen Regimes, wegen der Armenierverfolgungen rief im Senat einen Sturm hervor. Viele Senatoren stehen auf Seiten Achmed Rizas. Die Interpellation wurde nur unter der Bedingung zurückgezogen, dass die Armenierfrage durch eine besondere Delegation vor die Kammer gebracht werden sollte. Chef der Delegation wurde der offizielle Historiograph Abdurrachmann Bey, der seit kurzem Präsident des Senats ist.

Bei der Eröffnung der Kammer hielt Achmed Riza eine Rede, die sich in den stärksten Vorwürfen gegen die Regierung erging. Er protestierte gegen die Armeniermetzeleien und gegen die Ausplünderung des Volkes, der sich das „Komitee für Nationale Verteidigung" schuldig mache. Talaat Bey, der Minister des Innern, begnügte sich mit der Erklärung, dass die Regierung auf die angeregten Fragen nicht antworten könne, da eine öffentliche Erörterung den Interessen des Reiches schaden würde.

Dritter Teil.

1. Die wirtschaftlichen Folgen.
2. Die Zwangsbekehrungen.
3. Die armenische Frage und die deutsche Presse.
4. Statistik.

1. Die wirtschaftlichen Folgen.

Um sich ein Bild von den Wirtschaftlichen Folgen der Deportation des armenischen Volkes zu machen, muss man sich zunächst darüber klar werden, welchen Bruchteil der Bevölkerung in den hauptsächlich betroffenen Wilajets das armenische Element ausmachte. In den armenischen Stammlanden, d. h. in den ostanatolischen Wilajets und in Cilicien, betrug die armenische Bevölkerung mehr als 25% der Gesamtbevölkerung, in den westanatolischen Distrikten von Brussa (Bursa) und Ismid 10%, in Konstantinopel 15%. Bringt man in den ostanatolischen Provinzen die an der Peripherie liegenden rein kurdischen Bezirke in Abzug und schaltet das Wilajet Trapezunt aus, in dem die Armenier hinter den Griechen zurücktreten, so ist damit das eigentliche „Armenien" (als historisch-ethnographischer Begriff) umschrieben. In diesem hocharmenischen Gebiet machten die Armenier rund 39% der Bevölkerung aus. Rechnet man die syrischen Christen (Nestorianer und Chaldäer) mit 4,6% dazu, so betrug in diesen Gebieten die christliche Bevölkerung nicht weniger als 43,6% der Gesamtbevölkerung. Bei der Beurteilung des wirtschaftlichen Wertes des vernichteten armenischen und syrischen Elementes muss man in Auge behalten, dass die Türken in diesem Gebiet einschließlich der wenig kultivierten Turkmenen nur 25% der Bevölkerung ausmachten, und dass der Rest aus Kurden, Kisilbasch, Lasen, Tscherkessen, Jesidis usw. d. h. aus lauter unkultivierten Volkselementen besteht. Die Vernichtung der armenischen Bevölkerung bedeutet nicht nur den Ausfall von 10 bis 25% der Bevölkerung von Anatolien, sondern was am schwersten ins Gewicht fällt, die Ausscheidung der kulturell wertvollsten und wirtschaftlich entwickelsten Elemente der Bevölkerung.

Die Vorstellungen, die man sich in der deutschen Presse von Charakter und Bedeutung der Armenier in der Türkei zu machen pflegt, sind von der Unwissenheit diktiert. Ein armseliges Sprichwort, das seit 20 Jahren in den deutschen Zeitungen umgeht und das selbst Gebildete nicht nachzubeten verschmähen, ist meist der ganze Fonds an Kenntnissen, über den man verfügt. Im Orient wird das Sprichwort variiert, je nachdem, ob man Juden, Griechen oder Armeniern etwas anhängen will. Da sich Griechen, Armenier und Juden in den Export- und Importhandel teilen, während der Türke niemals über den Kleinhandel hinausgekommen und im übrigen — von der Beamtenkaste abgesehen — Bauer geblieben ist, so bedeutet, kulturgeschichtlich angesehen, die Abneigung der Türken gegen Armenier, Griechen und Juden, soweit sie nicht religiös begründet ist, nichts anders als den natürlichen Gegensatz zwischen Natural- und Geldwirtschaft, zwischen primitiver Agrarkultur und beginnender Industrialisierung des Landes. Als im Jahre 1909 in Cilicien gegen 20 000 Armenier grund- und sinnlos unter Mitwirkung jungtürkischer Truppen totgeschlagen wurden, war das erste, was die türkischen Bauern taten, von den über hundert Dreschmaschinen, die dort arbeiteten, den größten Teil und alle Dampfpflüge zu zerstören, die die armenischen Dorfbewohner zur Bewirtschaftung der cilicischen Ebene aus Europa bezogen hatten.

Reporter, die von den Armeniern als „Betrügern und Gaunern" reden (es sind dieselben, die zur Charakteristik des Serben nur über das Wort "Hammeldiebe" verfügten), beweisen damit nur ihre eigene Unwissenheit und Unkultur. Das armenische Volk in der Türkei bestand zu 80% aus

Bauern; die städtische Bevölkerung befasst sich keineswegs nur mit dem Handel, sondern war ebenso stark im Handwerk und allen freien Berufen vertreten.

Die Türken selbst gestehen freimütig zu, dass ihr Volk kein Talent zum Handel hat. Wenn dagegen europäische Beurteiler behaupten, dass der Türke nur darum im Handel nichts leiste, weil er dem „geriebenen" Armenier, Griechen oder Juden nicht gewachsen sei, und die „gutmütigen" Türken bedauern, die sich seit Jahrhunderten „von Christen und Juden übers Ohr hauen ließen", so scheint man sich nicht klar zu sein, welches Zeugnis man damit der Intelligenz dieses Herrenvolkes ausstellt.

Nicht einmal die Religion kann man für die mangelnde Begabung der Türken für den Handel verantwortlich machen. Da, wo Perser und Araber mit Armeniern und Griechen in Konkurrenz treten, beweist sich ihre Geschäftstüchtigkeit, soweit sie nicht durch mangelnde Sprachkenntnis gehemmt wird, als durchaus konkurrenzfähig. Die Vorstellung, dass die Christenmassaker in der Türkei nach Art der Judenverfolgungen des Mittelalters Auswüchse der Volksleidenschaft seien, die die sich in einer Aufwallung von Wut gegen die Ausbeuter richte, hat in den Tatsachen nicht die geringste Unterlage. Massaker werden in der Türkei von der Regierung veranstaltet und von niemand sonst.

Eher mag der Gedanke, durch Vernichtung des christlichen Handels dem türkischen Handel aufzuhelfen, ein mitwirkendes Motiv für die Maßregeln der Regierung gewesen sein.

Während des Balkankrieges wurde von Mitgliedern des jungtürkischen Komitees der Versuch gemacht, mittels eines Boykotts, der den Schutz der Regierung genoss, den griechischen und armenischen Handel zu schädigen. Gesellschaften wurden gegründet, die sich zur Aufgabe stellten, die bäuerliche Kundschaft, die ihre Einkäufe bei griechischen und armenischen Häusern machte, an sich zu ziehen und mit Freundlichkeiten und Drohungen ihren bisherigen Lieferanten abwendig zu machen. Die Bauern, die in die Städte kamen, wurden abgefangen und in türkische Bureaus geführt, wo sie ihre Einkäufe besorgen sollten. Aber sie bekamen nicht, was sie wünschten, und was sie sich an Waren aufhängen ließen, mussten sie zu ungewöhnlich hohen Preisen bezahlen. Die Bauern kamen zu ihren früheren Lieferanten und klagten ihnen ihre Not und baten um Rat, wie sie sich aus den Händen ihrer Glaubensgenossen erretten könnten. Sie waren froh, als endlich die Zeit des Boykotts vorüber war, und sie wieder bei Griechen und Armeniern kaufen konnten, wo sie gut und preiswert bedient wurden.

Auch in Deutschland begegnet man unter Kaufleuten der Ansicht, dass man besser täte, mit türkischen als mit armenischen und griechischen Häusern zu verkehren. Wenn es nur solche gäbe! Viele Kaufleute sind der Meinung, dass sie mit türkischen Häusern in Geschäftsverbindung stehen, und wissen gar nicht, dass sie es ausschließlich mit armenischen, griechischen und jüdischen Firmen der Türkei zu tun haben, weil sie jeden Fezträger für einen Türken halten. Die Verluste, die sie infolge der Vernichtung des armenischen Elementes betreffen werden, werden ihnen die Augen über die Bedeutung des armenischen Handels öffnen.

Während England nur ziemlich kurzfristige Kredite für seine Verkäufe an die Türkei gewährt, ist der deutsche und österreichische Handel mit der Türkei, mit Ausnahme einzelner Artikel, ein Kreditgeschäft, das in den letzten Jahrzehnten einen von Jahr zu Jahr wachsenden Umfang gewonnen hat. Es waren in erster Linie armenische, sodann griechische und jüdische Firmen, die durch Vermittlung unsrer Banken mit unseren ersten Exportfirmen arbeiteten. Schon der Umfang dieses Kreditgeschäftes beweist, in wie hohem Maße armenische, griechische und jüdische Firmen das Vertrauen unserer Handelswelt besaßen. Ungeachtet der Tatsache, dass diese Firmen ihrerseits durchschnittlich gegen ein Ziel von 6 bis 9 Monaten verkaufen und schwerlich vor einem Jahr zu ihrem Gelde kommen, sind sie mit ganz verschwindenden Ausnahmen ihren Verpflichtungen gegenüber ihren deutschen Kreditgebern nachgekommen. Das Kreditwesen, das diesem Importhandel zugrunde liegt, hat zur Folge, dass der türkische Konsument und Kleinhändler den Importfirmen dauernd größere Summen schuldet, so dass der Armenier bzw. Grieche oder Jude stets Gläubiger des Türken ist. Dem Türken stellt sich dies selbstverständliche Schuldverhältnis (da er vergisst, dass er für das Geld, welches er schuldet, Waren bezogen hat) als ein Abhängigkeitsverhältnis dar und verleitet ihn zu der Vorstellung, dass eine Vernichtung des christlichen und jüdischen Handels ihn von seinen Schulden befreien und in eine wirtschaftlich vorteilhaftere Lage bringen werde. Die Folgen einer Politik, die diesen Unverstand begünstigt, trägt aber nicht nur der armenische Kaufmann, der von der Bildfläche verschwunden ist, sondern auch der deutsche und österreichische Fabrikant und Exporteur und die beteiligten Bankfirmen. Vor uns liegt eine Liste der Kunden einer einzigen Konstantinopeler Importfirma, die ihre Waren hauptsächlich aus Deutschland und Österreich bezieht. Die Außenstände dieser Firma betragen zurzeit zusammen 13 922 türkische Lira (ca. 280 000 Mark) bei 378 Kunden in 42 Städten des Innern. Diese Außenstände sind infolge der Deportation der Armenier uneintreibbar. Die 378 Kunden, samt ihren Angestellten, Waren und Werten sind vom Erdboden verschwunden. Soweit die Inhaber noch leben, befinden sie sich als Bettler am Rande der arabischen Wüste. Die zur Liquidation des Vermögens der Deportierten in verschiedenen Städten seitens der Regierung eingesetzten Kommissionen haben nur den Zweck, die Expropriation des armenischen Volkes durch scheinbare Rechtsformen zu verschleiern.

Die deutsche Einfuhr in die Türkei lag vornehmlich in den Händen der Armenier. Die Griechen haben mehr mit dem Export als mit dem Import zu tun.

Sämtliche Industrieartikel werden in der Türkei vom Ausland importiert. Ja sogar der Fez, der einen wichtigen, beinahe religiös empfundenen Teil der türkischen Nationaltracht bildet, wird in Österreich und seit zwei Jahren auch in Deutschland hergestellt. Zwar existiert in Konstantinopel seit 30 Jahren eine Fezfabrik, die aber bis heute nicht gelernt hat, konkurrenzfähige Ware zu erzeugen.

Von sachkundiger Seite wird über die Lage des Importhandels in der Türkei folgendes ausgeführt:

„Die Hauptartikel des Importes sind die Folgenden: Baumwoll- und Wollstoffe, Baumwollgarne, Trikotagen, Konfektionsartikel und alle Bekleidungsartikel. „Sehen Sie", sagte ein Türke, „alles was ich trage, mit Ausnahme meines Bartes, stammt aus Frengistan (Europa). Wenn diese Frengi (Europäer) nicht wären, müssten wir noch wie zurzeit Adams und Evas nackt herumgehen". Maschinen wurden aus Deutschland, England und Amerika, Eisen- und Stahlwaren aus Deutschland und England, teilweise auch aus Amerika, Bauholz aus Österreich, Rumänien und Schweden, in letzter Zeit auch aus Bulgarien importiert. Zement und Ziegel kamen aus Frankreich, Zucker aus Österreich, Russland und in den letzten Jahren auch aus Deutschland, obwohl die Türkei große für den Rübenbau sehr geeignete brachliegende Bodenflächen besitzt. Selbst das einheimische türkische Mehl ist in den Hafenstädten durch russisches, rumänisches und französisches Mehl verdrängt worden. Die ganze Industrie der Türkei besteht aus einigen Fabriken in Konstantinopel, Smyrna, Tarsus und Mersina; doch auch diese Unternehmungen sind teilweise von Europäern und inländischen Christen finanziert und geleitet. Den Aufschwung der Teppichindustrie verdankt das Land Unternehmern und Exporteuren, die fast ausschließlich Armenier, Griechen, Juden und Europäer sind. Diese Industrie ist jedoch durch die Deportation der Armenier zum großen Teil, in den östlichen Provinzen, ihrer Arbeitskräfte beraubt worden, ebenso die von Deutschland eingeführte Baumwollkultur in Cilicien.

Der größte Teil des Imports liegt in den Händen der Armenier. Die größeren armenischen Häuser haben ihre Einkaufsniederlassungen in den verschiedenen Industriestädten Europas. Mit ganz wenigen Ausnahmen, die niemals im Handel zu vermeiden sind, haben sich die Armenier, im Widerspruch zu ihrem Ruf, in ihren geschäftlichen Beziehungen mit den europäischen Lieferanten als durchaus korrekt und ehrlich erwiesen. Wenn sich heute im deutschen Handel der türkische Kaufmann eines guten Rufes erfreut, so verdankt er dies den armenischen Firmen. Denn abgesehen von einzelnen Salonikier Dönmehs (muhammedanische Juden) und Sesardims (spanische Juden) gibt es in ganz Kleinasien, vielleicht mit ein oder zwei Ausnahmen, keine einzige rein türkische Firma, die mit dem Auslande Handel treibt. Wenn auch bisher die türkische Regierung keine zuverlässigen Handelsstatistiken veröffentlicht, kann doch der Import der größeren türkischen Hafenplätze, mit Ausschluss von Syrien, und zwar Konstantinopel, Smyrna, Trapezunt, Samsun, Mersina, die direkt mit Europa arbeiten, auf 15 Millionen türkische Pfund (ca. 300 Mill. Mark) geschätzt werden. Dieser Import liegt zum größeren Teil in den Händen armenischer Großkaufleute.

Der Export des Landes lag früher fast ausschließlich in den Händen europäischer und griechischer Firmen. Die Armenier spielten dabei nur eine Vermittlerrolle, indem sie die verschiedenen Landesprodukte nach den Handelsplätzen brachten beziehungsweise an griechische und armenische Kommissionshäuser lieferten, die sie ihrerseits an die europäischen Exportfirmen verkauften. Seit etwa 20 Jahren haben auch die Armenier angefangen, sich mit dem Export abzugeben und haben es in kürzer Zeit soweit gebracht, dass vor dem Kriege einzelne Artikel, wie Feigen, Rosinen, Nüsse und Opium zum größten Teil durch armenische Firmen exportiert wurden. Zwei der größten armenische Firmen von Smyrna machen allein einen Umsatz von beinahe 20 Prozent der Ausfuhr von Smyrna, die insgesamt 5 Millionen Lira beträgt. Während der letzten Jahre haben armenische Firmen des Innern angefangen, ihre Waren, hauptsächlich Landesprodukte, ohne Vermittlung der Kommissionshäuser in den Hafenstädten direkt nach Europa und Amerika zu verkaufen oder auf ihre Rechnung zu konsignieren. Zu einer schnellen Entwicklung solcher direkten Verbindungen haben die in den Handelsplätzen Europas und Amerikas etablierten armenischen Firmen viel beigetragen. Es wird nicht übertrieben sein, wenn man sagt, dass vom ganzen türkischen Handel über 60 Proz. des Importes und 40 Proz. des Exportes mit dem Ausland und vom allgemein inländischen Handel wenigstens 80 Proz. in den Händen der Armenier gelegen haben."

Von diesem armenischen Handel sind nur noch die Häuser in Konstantinopel und Smyrna, deren Bevölkerung von der Deportation in der Hauptsache bisher verschont blieb, übrig geblieben. Der gesamte Handel des Innern ist mit allen seinen Warenbeständen und Werten, und, was schlimmer ist, mit allen Werte schaffenden Kräften vernichtet worden. Den wirtschaftlichen Schaden, der sich nicht nur auf die gegenwärtigen ungeheuren Verluste erstreckt, sondern vor allem erst in der Folge in seiner ganzen Größe in Erscheinung treten wird, wird in erster Linie Deutschland und Österreich zu tragen haben. Es ist kaum zuviel gesagt, wenn der amerikanische Konsul von Aleppo seinen Bericht vom 15. August 1915 mit folgenden zusammenfassenden Bemerkungen schließt:

„Da 90 Proz. des Handels des Innern in den Händen der Armenier liegen, ist der Erfolg der, dass das Land dem Ruin gegenüber steht. Da die Große Überzahl der Geschäfte auf Kredit geführt wird, stehen Hunderte von angesehenen Kaufleuten, die nicht Armenier sind, vor dem Bankrott. In den evakuierten Orten wird, mit wenigen Ausnahmen, kein einziger Maurer, Schmied, Schneider, Zimmermann, Töpfer, Zeltmacher, Weber, Schuhmacher, Juwelier, Apotheker, Doktor, Rechtsanwalt oder irgend einer der Berufsleute oder Händler übrig sein, das Land wird tatsächlich in einem hilflosen Zustande sein."

Es ist ein fragwürdiger Gewinn, wenn die gesamten Güter des armenischen Volkes im Innern (Häuser, Liegenschaften, Warenbestände, Hauseinrichtungen, Lebensmittel, selbst Kleidungsstücke und Schuhe nicht ausgeschlossen, ausgenommen die Habe der islamisierten Armenier*) in die Hände der türkischen Regierung oder zu billigem oder gar keinem Preise in den Besitz der türkischen und kurdischen Bevölkerung übergegangen sind. Auf diesem Massenraub, der in der Geschichte kaum seinesgleichen hat und nur unter türkischen Rechtsverhältnissen denkbar ist, kann unmöglich ein Segen ruhen. Man wird nicht dadurch zu einem Kaufmann, dass man einen Kaufmann erschlägt. Man versteht noch kein Handwerk, wenn man Handwerkszeug zerstört. Ein dünn bevölkertes Land wird nicht produktiver, wenn es seine arbeitsamste Bevölkerung vernichtet. Man fördert die kulturelle Entwicklung nicht, wenn man die wirtschaftlich tüchtigsten, in der Schulbildung gefördertsten und in jeder Hinsicht strebsamsten Elemente, die befähigt waren, die Brücke vom Orient zum Occident zu schlagen, als Sündenbock für die Versäumnisse von Jahrzehnten und Jahrhunderten in die Wüste schickt. Man korrumpiert nur das eigene Rechtsbewusstsein, wenn man das Recht anderer mit Füßen tritt. Mag vorübergehend die Volkstümlichkeit des unpopulären Krieges durch die Vernichtung und Beraubung der nichtmuhammedanischen Volksteile, in erster <u>Linie der Arm</u>enier, zum Teil auch Syrer, Griechen, Maroniten

*) Der größte Importeur von Konstantinopel Ipranossian, dessen Geschäft über 40 Filialen in den Städten des Innern hat, konnte, trotzdem er die größten Opfer für den Krieg gebracht hat, aus der Verschickung erst zurückkehren, als er zum Islam übertrat.

und Juden, bei dem türkischen Pöbel gestiegen sein, besonnene Muhammedaner werden, wenn sie den Gesamtschaden ansehen, den das Reich erlitten hat, den wirtschaftlichen Ruin der Türkei aufs schmerzlichste beklagen und zu dem Urteil kommen, dass die türkische Regierung durch den inneren Krieg unvergleichlich mehr verloren hat, als sie durch äußere Siege je gewinnen kann.

2. Zwangsbekehrungen zum Islam.

Eine charakteristische Erscheinung, die sich zur Zeit der Massaker Abdul Hamids von 1895/96 und während der cilicischen Massaker 1909 in derselben Weise abgespielt hat, sind die Massenübertritte zum Islam, die selbstverständlich, auch wo sie dafür ausgegeben werden, nicht freiwillig erfolgt sind. Man begegnet vielfältig der Meinung, dass die Zwangskonversionen nicht als „Christenverfolgungen" beurteilt werden können, weil sie ja politische Zwecke haben, in diesem Falle die Turkifizierung der nicht-türkischen Untertanen der Türkei. Man müsste aber ein schlechter Kenner der Kirchengeschichte sein, wenn man annehmen wollte, dass es je Christenverfolgungen gegeben hätte, die nicht politischen Zwecken dienten. Der Missbrauch der Religion zu politischen Zwecken ist die Wurzel und das Wesen aller Religionsverfolgungen. Darum wird man auch in diesem Falle nicht bestreiten können, dass Zwangsbekehrungen zum Islam alle Merkmale einer Christenverfolgung tragen.

Unter welchen Umständen gingen die Zwangsbekehrungen vor sich?

Die einzige Möglichkeit, der Deportation zu entgehen, war in vielen Fällen der Übertritt zum Islam. Da Deportation meist mit Massaker gleichbedeutend war und mindestens die Männer, sobald sie auf den Weg gebracht waren, in den sicheren Tod gingen, die jüngeren Frauen und die Mädchen von 10 Jahren aufwärts darauf rechnen mussten, in türkische Harems und kurdische Dörfer verschleppt zu werden, wo sie selbstverständlich zum Islam übertreten mussten, so lag die Versuchung sehr nahe, dem Tode und der Schande durch den Übertritt zum Islam zu entgehen. Aus allen Wilajets liegen Nachrichten vor, dass die türkischen Behörden selbst diesen Ausweg anboten, und dass in der Regel alle Christen, die sich bereit erklärten, zum Islam überzutreten, von der Deportation und den Massakern verschont blieben. Es wurden aber auch Pressionen ausgeübt, um den Übertritt zum Islam herbeizuführen, sei es durch Aushungerungen, sei es durch Bedrohung mit dem Tode. Um den Charakter der Zwangsbekehrung zu verschleiern, wurden vielfältig den Übergetretenen Schriftstücke vorgelegt, in denen sie durch ihre Unterschrift zu bezeugen hatten, dass ihr Übertritt freiwillig erfolgt sei. Nach dem Massaker von Adana im Jahre 1909 war durch den Druck der europäischen Mächte die Regierung gezwungen worden, die Rückkehr der islamisierten Christen anzuordnen und sogar die Zurückhaltung christlicher Kinder in muhammedanischen Häusern unter Strafe zu setzen. Daher hat man sich jetzt bemüht, den Zwangscharakter der Übertritte möglichst zu verschleiern und durch systematische Verheiratung christlicher Mädchen und Frauen an muhammedanische Männer, ja durch zwangweisen Austausch von Frauen zwischen Christen und Muhammedanern wie Rückkehr zum christlichen Bekenntnis im Voraus zu hintertreiben. Schändlicherweise wurden auch viele junge armenische Frauen, deren Männer in der türkischen Armee dienten, in deren Abwesenheit gezwungen, sich mit muhammedanischen Männern zu verheiraten. Die muhammedanische Vielweiberei gestattet es, derartige Maßregeln in großem Maßstabe zur Ausführung zu bringen. Die Männer, die zum Islam übertraten, wurden beschnitten und erhielten muhammedanische Namen.

Charakteristische Beispiele, von denen einige schon in unserem Bericht über die Tatsachen erwähnt wurden, mögen das eben Gesagte erläutern.

In Samsun, dem wichtigsten Küstenplatz des Schwarzen Meeres, hat der Mutessarif (Regierungspräsident) die vornehmsten Armenier der Stadt zum Essen eingeladen und sie aufgefordert, zum Islam überzutreten. An dem Tage, an dem der Deportationsbefehl erging, wurde in der Stadt Samsun zwischen dem christlichen und muhammedanischen Stadtvierteln ein Kordon gezogen und durch einen Ausrufer bekannt gemacht, dass, wer den Islam annehme, bleiben könne. Diejenigen, die dazu bereit waren, konnten den Kordon passieren, die übrigen wurden deportiert.

In Mersiwan wurde während der Vorbereitung der Deportation bekannt gemacht, dass, wer den Islam annehme, der Deportation entgehen würde und friedlich zu Haus bleiben dürfe. Die Bureaus der Beamten, die die Gesuche protokollierten, waren dicht gefüllt mit Leuten, die zum Islam übertreten wollten. Sie taten es ihren Frauen und Kindern zuliebe, in der Empfindung, dass es nur eine Frage der Zeit sei, bis ihnen der Rücktritt ermöglicht werden würde.

In Zile versuchte man die Frauen und Kinder, nachdem man ihre Männer getötet, durch Hunger mürbe zu machen. Auf freiem Felde ließ man sie Tage lang ohne Nahrung. Als man bei der Aufforderung, zum Islam überzutreten, dem geschlossenen Widerstand aller Frauen begegnete, erstach man die Mütter mit dem Bajonett vor den Augen ihrer Kinder.

Deutsche Rote Kreuz-Schwestern berichten, dass in Gemerek 30 der hübschesten jungen Frauen und Mädchen gesammelt und vor die Wahl gestellt wurden: „Entweder ihr werdet Moslems oder ihr sterbt!" Auf die Antwort: „Dann sterben wir", wurde an den Wali in Siwas telegraphiert, der die Weisung gab, diese Mädchen und Frauen, deren viele in amerikanischen Schulen erzogen sind, an Moslems zu verteilen.

Derartige Beispiele liegen aus allen Wilajets vor. Des Öfteren wurde der Übertritt einzelner abgelehnt und verlangt, dass sich mindestens hundert gleichzeitig zum Übertritt melden müssten, wenn sie von der Deportation verschont bleiben wollten. Hie und da wurde der Übertritt zwar von den Behörden angenommen, aber die Verschickung erfolgte trotzdem.

Genauere Nachrichten liegen aus den Küstenstädten des Schwarzen Meeres vor.

Verwandte und Freunde von Armeniern der Provinz in Konstantinopel erhielten zur Zeit der Verschickungen aus Trapezunt, Samsun, Unjeh, Ordu, Amasia und anderen Städten Telegramme, die lauteten: „Hak dini kabul etdik (Wir haben den wahren Glauben angenommen)". Briefe und Postkarten kamen von der Post zurück mit der Aufforderung, als Adresse statt des früheren christlichen Namens den neuen muhammedanischen Namen zu schreiben. Aus Samsun kamen die folgenden einzelnen Adressäußerungen:

Mihran Dawidjan heißt Da'ud Zia.
Agop Gjidschian heißt Osman Zureija.
Garabed Kilimedschian heißt Hodi Efendi.
Howsep Dawidjan heißt Zia Tutuoglu.
Aus Unjeh:
Tschakarjan & Söhne heißen Schakir-Zadeh-Fehmi
  me Machdumlar.
Kazarjan heißt Abdul Medschid.

Ein gewisser Tschakirian von Ordu telegrafierte an seinen Bruder: „Ich habe den wahren Glauben angenommen; ich bitte dich, tue das Gleiche. Dein Bruder

Mehemed." Ebenso telegrafierte er an seinen Sohn mit der Unterschrift Schakir-Zadeh.

Als der Kaufmann Harutjun Torikian, ein Protestant, aufgefordert wurde, Muhammedaner zu werden, antwortete er: „Jung habe ich geglaubt, soll ich nun, da ich alt bin, verleugnen? Für diese Stunde habe ich gelebt." Er wurde abgeführt und getötet. Gleich ihm haben Zehntausende Tod oder Verbannung dem Abfall vom Christentum vorgezogen.

Die Zahl der zwangsweisen oder unter dem Druck der Behörden und der Notlage vollzogenen Übertritte wird sich erst nach dem Kriege näher berechnen lassen, wenn aus allen Gebieten der Türkei Informationen eingezogen werden können. Bis jetzt liegen Zahlenangaben nur aus den Küstenstädten des Wilajets Trapezunt vor. So wurden in der Stadt Trapezunt 200, in Kerasuni 160, in Ordu 200, in Samsun 150 Familien islamisiert. In Arabkir soll sich die ganze Bevölkerung durch Übertritt zum Islam der Deportation entzogen haben. Aus dem Wilajet Kharput liegen Nachrichten vor, dass dort die Zahl der Islamisierten besonders groß sein soll. Auch der amerikanische Konsul in Kharput nimmt an, dass alle noch dort verbliebenen Frauen und Kinder gezwungen werden würden, den Islam anzunehmen.

Als zwangsweise islamisiert haben die jungen Frauen, jungen Mädchen und Kinder zu gelten, welche in türkische Harems oder kurdische Dörfer entführt worden sind. Aus allen Berichten, die den Zustand der Karawanen beschreiben, die aus dem Norden nach dem Süden gelangt sind, geht hervor, dass, bis auf die Kinder unter zehn Jahren, alle jungen und Mädchen unterwegs verschwunden, und auch die jüngeren Frauen der Mehrzahl nach geraubt worden sind. In den Städten, die passiert wurden, hat man, wie wiederholt berichtet wird, der muhammedanischen Bevölkerung Gelegenheit gegeben, sich die schönsten unter den Mädchen auszusuchen, ja sogar zuvor durch Ärzte auf ihre Tauglichkeit untersuchen zu lassen. Die Kinder wurden teils von den Gendarmen verkauft, teils von den Müttern weggegeben, um ihr Leben zu retten. Die Karawanen der Deportierten waren wandelnde Sklavenmärkte. Viele Frauen und Mädchen haben sich ihrer Schändung durch den Tod entzogen.

Einzelne heroische Fälle werden erzählt, dass Frauen in den Fluss sprangen oder sich das Leben nahmen, um nicht vergewaltigt zu werden oder den Islam annehmen zu müssen. Ein Armenier zündete eigenhändig sein Haus an und verbrannte sich mit seiner Familie, damit sie nicht geschändet oder konvertiert würden.

Einen Einblick in die Art, wie Frauen und Kinder dem Islam zugeführt werden, gibt der Bericht der armenischen Witwe aus Baiburt auf Seite 40-41. Sie begegnete einem Zuge von 50 bis 60 Wagen mit 30 türkischen Offizierswitwen, deren eine sich den Spaß machte, einen beliebigen Armenier mit dem Revolver zu erschießen. Jede dieser türkischen Frauen hatte aber 5 oder 6 armenische Mädchen von 10 Jahren oder darunter bei sich. Die armenische Witwe konnte ihre Tochter vor dem gleichen Schicksal nur dadurch bewahren, dass sie sich selbst bereit erklärte, mit derselben zum Islam überzutreten. Sie wurde in einen der Wagen aufgenommen, und sogleich änderte man ihre christlichen Namen in muhammedanische um und fing an, sie in den muhammedanischen Gebräuchen zu unterrichten.

Der Druck, der auf die christliche Bevölkerung ausgeübt wurde, um sie zu bewegen, den Islam anzunehmen, kam nirgends von Seiten der muhammedanischen Bevölkerung, ja nicht einmal von muhammedanischen Geistlichen, sondern ausschließlich von Seiten der Regierung. Ebenso sind es die Behörden, die den Versuch machten, die Übertritte zum Islam als freiwillige erscheinen zu lassen. Durch eine vertrauliche Verfügung der kaiserlich ottomanischen Regierung wurden die Lokalbehörden im Innern angewiesen, die Überreste des armenischen Volkes dazu zu bringen, dass sie einen Revers unterzeichnen, in dem um die besondere Gnade gebeten wird, „zur heiligen Religion des Islam überzutreten". Alle sich Weigernden sollen abtransportiert werden.

Die Zahl der im Verlauf der Deportationen zum Islam konvertierten armenischen und syrischen Christen wird sich vor dem Ende des Krieges auch nicht annähernd feststellen lassen. Man wird sie als sehr bedeutend annehmen können, da alle geraubten Mädchen, Frauen und Kinder von den Türken ohne weiteres als Moslems behandelt werden.

In den Städten und Dörfern wurden nach Austreibung der Armenier die christlichen Kirchen in Moscheen verwandelt oder für andere Zwecke verwendet. In Termeh, zwischen Samsun und Unjeh, wurde nach der Verwandlung der Kirche in eine Moschee dem armenischen Priester zum Spott ein Turban umgewickelt. Als dann musste er Namas machen (das mohammedanische Gebet) und den mohammedanischen Gottesdienst halten.

In Erzerum wurde auch die katholische Kirche in eine Moschee verwandelt.

In Erzingjan machte man aus der armenisch-gregorianischen Kirche einen öffentlichen Abort. In Hüssni-Manzur wurde die Kirche geplündert und der Kelch in den Abort geworfen. Die Gendarmen zogen sich die Ornate der Priester an und zelebrierten unter Blasphemien die Messe. Der Priester wurde ins Gefängnis geworfen und gefoltert.

In Angora wurde der Geburtstag des Sultans dadurch gefeiert, dass 100 (meist katholische) zwangsweise konvertierte Christenknaben beschnitten wurden.

Die vorstehenden Tatsachen werden für diejenigen, welche uns in der letzten Zeit die Toleranz des Islam nicht genug rühmen konnten, eine herbe Enttäuschung sein.

3. Die armenische Frage und die deutsche Presse.

Die Presse steht während des Krieges unter der Diktatur der Zensur. Zustände in den Ländern unserer Verbündeten, die uns unbequem sind oder deren Bekanntwerden unserem politischen Interesse widerstreitet, können öffentlich nicht erörtert werden. Die Wahrheit kann nicht immer gesagt werden. Unwahrheiten können nicht widerlegt werden, Halbwahre Dinge zu sagen, hat keinen Wert. Diejenigen, die am besten unterrichtet sind, sind am wenigsten in der Lage, zu reden. Ihre Mitteilungen würden ohne weiteres der Zensur verfallen. Da aber das Publikum von Dingen, über die man nicht reden darf, doch etwas läuten hört, so kann es nicht ausbleiben, dass sich die Phantasie die Möglichkeiten so zurecht legt, wie sie uns am bequemsten sind. Der Wunsch wird der Vater des Gedankens. Vermutungen werden für Informationen, Erfindungen für Tatsachen genommen. Solange der Krieg dauert, muss man diese Übelstände hinnehmen. Durch die natürliche Verstopfung der Quellen und die künstlichen Verschüttungen der Zensur wird der Nachrichtendienst aus dem Auslande in ein schmales Rinnsal eingedämmt, dass oft genug ganz versiegt. Überall aber, wo die Presse auf Selbstzucht hält, wird sie es verschmähen, die Lücken ihrer Kenntnisse phantasievoll auszufüllen und rücksichtslos wird sie der Verbreitung von Lügen, selbst wenn sie unserem politischen Interesse schmeicheln, entgegentreten.

Auch im Kriege erringt man, wie die Presse unserer Gegner zu ihrem Leidwesen erfahren hat, durch Lügen keine Siege.

Was von der Presse gilt, gilt natürlich auch von der Broschürenliteratur.

In der Beurteilung der armenischen Frage stand, wie sich jeder überzeugen konnte, der die deutsche Presse verfolgt hat, den Verfassern von Zeitungsartikeln und Broschüren eigenes Material nicht zur Verfügung. Der einzige Stoff, der verarbeitet wurde, waren die wenigen türkischen Communiqués, von denen von vornherein angenommen werden musste, dass sie in militärischem und politischem Interesse eine lückenhafte und einseitige Darstellung der Vorgänge gaben. Die deutsch Presse hatte keine Möglichkeit, diese Darstellung nachzuprüfen. Von vornherein war sie geneigt, alle für den Bundesgenossen vorteilhaften Nachrichten zu glauben und alle Nachrichten, die weniger schmeichelhaft waren, zu unterdrücken. So war es dem türkischen Press Bureau bequem gemacht, für die Außenwelt einen Schleier über die Vorgänge im eigenen Lande zu werfen und nur diejenigen Auffassungen, die ihr bequem waren, in die Presse der verbündeten Mächte zu lancieren.

Die deutsche Presse hat pflichtschuldigst in den ersten Monaten des Krieges die anerkennenden Urteile und die Loberhebungen der türkischen Presse über die Haltung der Armenier abgedruckt und hat ebenso in den späteren Monaten die türkischen Communiqués (meist ohne Kommentar) wiedergegeben. Die türkischen Communiqués behaupteten zuerst auch nur, dass einzelne Armenier landesverräterische Handlungen begangen hätten, wie das auch bei Mohammedanern vorgekommen sei, zugleich aber bezeugten sie ausdrücklich, dass die Maßnahmen der Türkei „nicht eine gegen die Armenier gerichtete Bewegung darstellen," und „mit der größten Mäßigung und Gerechtigkeit angewendet würden", auch dass die armenische Bevölkerung „in Ruhe ihren Geschäften nachgehe und sich der größten Sicherheit erfreue". Noch am 27. August 1915 setzte der türkische Generalkonsul in Genf allen Nachrichten über Verfolgungen der Armenier in der Türkei ein formelles Dementi entgegen und versicherte, dass „die gesamte armenische Bevölkerung, Männer, Frauen und Kinder, sich in vollständiger Sicherheit des Schutzes der Behörden erfreuen". Natürlich nahm man in der deutschen Presse gern von diesen Versicherungen der befreundeten Macht Kenntnis und schenkte ihnen das gebührende Vertrauen.

Als dann im August und September in Amerika die ersten Berichte über die vernichtenden Maßregeln der türkischen Regierung gegen die Armenier veröffentlicht wurden, fanden sie in der deutschen Presse keinen Glauben. Man gab sie für böswillige Erfindungen aus und beschuldigte in erregter Weise die Amerikaner, sie wollten durch solche Bluffs nur Deutschland Knüttel zwischen die Beine werfen. Natürlich fehlte es auch nicht an solchen, die die Berichte der amerikanischen Presse für englische Lügenfabrikate ausgaben. Hätte man die Berichte gekannt, so hätte man diese Beschuldigungen unterlassen. Die englischen Berichte gaben ausschließlich die amerikanischen Quellen wieder.

Die amerikanischen Berichte sind von einem Komitee herausgegeben worden, dem Männer angehören, die auch Deutschland großes Vertrauen besitzen. Die Berichte enthalten nur Mitteilungen von Augenzeugen, hauptsächlich von Konsuln und Missionaren, und beschränken sich auf die Darstellung von Tatsachen, ohne in die Erörterung der politischen Seite der Frage einzutreten. In den 25 umfangreichen Berichten, die publiziert worden sind, findet sich nur ein einziger Satz (im Bericht des amerikanischen Konsuls von Aleppo), in dem „die Deutschen" getadelt werden, dass sie die Vernichtung der armenischen Rasse zugelassen hätten. Man konnte in Amerika nicht wissen, dass Deutschland wiederholt die schärfsten Proteste gegen das Vorgehen der türkischen Regierung eingelegt hat. Es hat damit ebenso wenig erreicht, wie Amerika durch seine Proteste. Der Grund dieser Misserfolge kann hier nicht erörtert werden. Die unwürdige Verleumdung, dass deutsche Konsuln die armenischen Massaker geleitet oder ermutigt hätten und dass der deutsche Konsul Dr. Rößler in Aleppo sich nach Aintab begeben habe, um dort in eigener Person die Massakers zu leiten, stammt weder aus Amerika noch aus England, sondern geht auf die Aussage eines syrischen Flüchtlings (Mitteilung aus Kairo vom 30. September) zurück, die vom „Temps" am 1. Oktober 1915 veröffentlicht und von der französischen Presse verbreitet wurde. Wir haben bereits oben darauf hingewiesen, dass von armenischer Seite den deutschen Konsuln und speziell Dr. Rößler das beste Zeugnis ausgestellt und vollste Anerkennung für ihre menschenfreundliche Tätigkeit ausgesprochen worden ist.

Die Berichte des amerikanischen Komitees bezweckten ausschließlich eine Hilfeleistung für die deportierten und verhungernden armenischen Frauen und Kinder und sind frei von jeder politischen Tendenz. Es sind auch bereits 200 000 Dollar, die gesammelt wurden, der amerikanischen Botschaft in Konstantinopel für die Notleidenden zur Verfügung gestellt worden. Der amerikanische Botschafter Mr. Morgenthau in Konstantinopel war es, der dem Minister des Innern Talaat Bey und dem Kriegsminister Enver Pascha den Vorschlag machte, die gesamte armenische Bevölkerung der Türkei, einschließlich der Armenier von Konstantinopel, nach den Vereinigten Staaten überzuführen. Es wäre sicherlich besser gewesen, diesen wohlgemeinten Vorschlag anzunehmen, statt die armenische Bevölkerung dem Untergange preiszugeben. Amerika würde sich glücklich geschätzt haben, ein so arbeitsames und strebsames Volk wie die Armenier der Türkei aufzunehmen und es würde von einer solchen ebenso klugen als menschenfreundlichen Handlungsweise denselben Segen gehabt haben, wie Preußen von der Aufnahme der französischen Réfugiés und Salzburger Emigranten. Leider ist die türkische Regierung auf den Vorschlag nicht eingegangen, sondern hat es vorgezogen, die Frauen und Kinder der Armenier zu Hunderttausenden in die Wüste zu schicken.

Auch in Deutschland wurde, nach der ersten unbegründeten Aufregung über die amerikanische Berichte, — die inzwischen in ihrem vollen Umfange durch deutsche Quellen betätigt wurden, — unter der Hand die Wahrheit der Tatsachen bekannt, und die große Presse, die sich auch in der Kriegszeit ihrer Verantwortung gegenüber der Wahrheit bewusst geblieben ist, zog es mit wenigen Ausnahmen vor, über die armenische Frage zu schweigen, weil die Zensur mit Rücksicht auf die Türkei die öffentliche Erörterung der Frage nicht gestatten konnte.

Auch die Broschürenliteratur hat sich in Bezug auf die armenische Frage Zurückhaltung auferlegt. Nur ein Pamphlet, das unverdiente Beachtung gefunden hat, bedarf der Widerlegung. Es ist dies die Broschüre von C.A. Bratter: *Die armenische Frage.* Berlin SW. 11, Concordia, Deutsche Verlagsanstalt. 1915. Auf dem Umschlage wird Herr Bratter als „Angehöriger eines neutralen Staates und als deutscher Journalist" charakterisiert. Er ist amerikanischer Untertan.

Zu anderen Zeiten würde es nicht verlohnen, von dieser Broschüre Kenntnis zu nehmen, denn nach dem Kriege werden ohnehin alle derartigen Augenblicksprodukte Makulatur sein. Es hat höchstens ein gewisses psychologisches Interesse, an einem kleinen Musterbeispiel zu zeigen, wie man es macht, um mit der Miene eines Sachkenners über Dinge zu schreiben, von denen man nichts weiß.

Offenbar ist der Verfasser zu seinem Elaborat durch den in den großen Schweizer Blättern Mitte Oktober veröffentlichten Aufruf zugunsten der Armenier, den er auf Seite 18 abdruckt, gereizt worden, denn die kurze Broschüre (38 Seiten Text) beschäftigt sich auf 3 Seiten mit diesem Aufruf und läuft in eine Apostrophe an „die Schweizer Herren" aus. Der Schweizer Aufruf enthält sich jeder politischen Parteinahme und jeder Anspielung auf eine Mitverantwortlichkeit Deutschlands, wie sie sonst in der Ententepresse geflissentlich betont wird, und vertritt ausschließlich die Interessen der Menschlichkeit. Er lautet:

„Während der Krieg die Aufmerksamkeit der ganzen Welt beschäftigt und alle Kräfte der europäischen Großmächte in Anspruch nimmt, gehen in der Türkei Dinge vor sich, die selbst in unserer an das Schreckliche gewöhnten Zeit furchtbar sind und das, was früher schon dort geschah, noch hinter sich lassen.

Es handelt sich um nichts weniger als die systematische Ausrottung eines ganzen christlichen Volkes, der Armenier, welche jetzt ins Werk gesetzt wird, weil die vollständige Herrschaft des Islam im türkischen Reich durchgeführt werden soll.

Schon Hunderttausende von Armeniern sind entweder hingemordet oder müssen aus ihrer Heimat verschleppt, in den Steppen Mesopotamiens oder anderer Gegenden elend verderben. Eine große Zahl namentlich von Frauen und Kindern ist gezwungen worden, den Islam anzunehmen.

Diese Tatsachen sind festgestellt durch bestimmte Aussagen und Berichte von in jeder Hinsicht einwandfreien Personen, welche ihre Kenntnisse aus eigner Anschauung haben.

Die Unterzeichneten wollen nicht nur das Schweizervolk um Gewährung tatkräftiger Hilfe bitten zur Linderung der Not, welche unter den Überlebenden des unglücklichen armenischen Volk herrscht. Sie fühlen sich auch verpflichtet, vor aller Welt auf diese Vorgänge aufmerksam zu machen und sich an die öffentliche Meinung aller Länder zu wenden, damit zum Schutz der überlebenden Armenier unverzüglich getan wird, was gegenwärtig in Konstantinopel noch getan werden kann."

Um die Tendenz des Aufrufs als deutschfeindlich zu verdächtigen, schreibt Herr Bratter: „Der Aufruf trägt die Unterschrift von hundert Personen, zumeist Professoren und Geistlichen aus der Schweiz, der Mehrzahl nach allerdings aus der uns feindlich gesinnten Westschweiz." Hierauf erwidert Dr. H. Christ-Socin in den „Baseler Nachrichten" vom 18. Dezember 1915:

„Seltsam berührt es, dass der Verfasser behauptet, von den hundert Unterschriften des Aufrufs stamme die Mehrzahl „aus der uns feindlichen Westschweiz". Abgesehen davon, dass in Wahrheit bloß deren 30 der Westschweiz, 32 der Ostschweiz und der Rest der Zentral- und Nordschweiz angehören, ist der durch diese Bemerkung vom Verfasser betonte Zusammenhang der schweizerischen Sympathien für die leidenden Armenier mit irgendwelcher Deutschfeindlichkeit eine glatte Erfindung, denn nichts lag den allen möglichen politischen Schattierungen angehörenden Unterzeichnern des Aufrufs ferner, als gegen Deutschland zu demonstrieren."

Analysieren wir die Schrift von Bratter.

Die Substanz derselben sind 10 Zeitungsausschnitte.

Die ersten 4 betreffen die gegenwärtigen Vorgänge in der Türkei. Es sind die folgenden:

1. Das Interview des Jungägypters Dr. Rifaat aus dem Kopenhagener „Extrabladet" vom 14. Oktober. Das Interview ist ohne Angabe des Verfassers und der Quelle wörtlich ausgeschrieben, als handle es sich um eigenes Wissen des Verfassers.
2. Das erste türkische Communiqué (Konstantinopel, den 4. Juni) ohne Angabe des Datums.
3. Das dritte türkische Communiqué, Konstantinopel, den 16. Juni 1915.

4. Auszug aus dem Steckbrief gegen Boghos Nubar Pascha. Wörtliche Wiedergabe einer Konstantinopeler Korrespondenz, ohne Angabe der Quelle. S. Neues Wiener Tageblatt von 4. Aug. 1915.

Es folgen zwei Zeitungsausschnitte, die eine Verdächtigung der „englischen" Missionen in Armenien bezwecken:

5. Ausschnitt aus dem „Newyork Herald", ohne Angabe des Datums.
6. Ausschnitt aus dem Bericht eines angeblich „kundigen deutschen Beobachters", ohne Angabe von Quelle, Namen und Datum.

Sodann zwei Ausschnitte zur Charakteristik der armenischen Hintschakisten:

7. Ausschnitt aus einem Artikel von Referent Cyrus Hamlin aus dem Bostoner Missionsorgan „The Congregationalist", aus dem Anfang der neunziger Jahre.
8. Ausschnitt aus dem Organ der Hintschakisten „Hajk", drei Wochen vor dem Armeniergemetzel von 1895.

Eine besondere Bewandtnis hat es mit einem

9. Auszug aus einer ungedruckten „analytischen Geschichte Abdul Hamids".

Dazu kommt noch:

10. Aufruf des Schweizer Komitees.

Diese 10 Ausschnitte umfassen, 16 Seiten von den 38 der Broschüre.

Die ersten vier beweisen, dass dem Verfasser über die Ereignisse in der Türkei während des Krieges k e i n e a n d e r e n N a c h r i c h t e n z u r V e r f ü g u n g s t a n d e n, als die, w e l c h e j e d e m d e u t s c h e n Z e i t u n g s l e s e r b e k a n n t w a r e n, nämlich das Interview von Dr. Rifaat und die türkischen Communiqués. M e h r M a t e r i a l b e s i t z t d e r V e r f a s s e r n i c h t. Wie benützt er dieses Material?

Seiner Darstellung legt er in wörtlicher Entlehnung, aber ohne Angabe der Quelle das Interview des Jungägypters Dr. Rifaat zugrunde, das wir Seite 137/138 bereits charakterisiert haben. Vielleicht war der unorientierte Herr Bratter nicht in der Lage, zu erkennen, dass Dr. Rifaat ein Komplott der türkischen Opposition und einen „arabischen" Aufstand für eine „allgemeine armenische Revolution" ausgegeben hat. Umso weniger hätte er den Inhalt des Interviews als eigene Weisheit auftischen dürfen. Es ist ihm auch unbekannt, dass das von Dr. Rifaat umgefälschte Komplott der türkischen Opposition auf das Jahr 1912 zurückgeht, also auf eine Zeit, in der die Entente noch in guten Beziehungen zu den Jungtürken stand, und dass jenes Komplott bereits vor dem Ausbruch des europäischen Krieges von der Polizei in Konstantinopel aufgedeckt worden ist. Ebenso ist ihm unbekannt, dass „die aktenmäßige Darstellung" dieses Komplotts bereits einige Monate vor dem Erscheinen seiner Broschüre im „Tanin" veröffentlicht worden ist.

Eine Gegenüberstellung des Interviews von Dr. Rifaat*) und der Darstellung von Herrn Bratter wird deutlicher zeigen, wie die Sache gemacht ist. Die wörtlichen Entlehnungen sind Fett, die Zusätze von Herrn Bratter klein gedruckt.

Dr. Rifaat:	Herr Bratter:
„Ich kann hinzufügen, dass die türkische Regierung jederzeit gewillt ist, der neutralen Öffentlichkeit die Dokumente vorzulegen, die Englands Schuld beweisen."**)	„Es wird in nicht allzu Ferner Zeit aktenmäßig dargelegt werden, dass England mit Russlands und Frankreichs in Armenien..............

---

*) Vossische Zeitung Drahtmeldung Kopenhagen, 14. Oktober 1915
**) Bei Rifaat ist dies der Schlusssatz

Die Massaker werden nicht aus rücksichtloser Lust an der Ausrottung der armenischen Nation vorgenommen, sondern, weil England eine weitverzweigte, sozusagen alle in der Türkei wohnenden Armenier umfassende Verschwörung zu dem Zwecke angestiftet hat, einen großen Aufstand in dem Augenblick hervorzurufen, sobald die Flotten der Alliierten in die Dardanellen eingedrungen wären....

Die Engländer hatten den Aufruhr sehr sorgfältig vorbereitet. Die Armenier waren mit Waffen und Munition in Mengen, ja sogar mit Polizeiuniformen für die provisorische von den Armeniern zu errichtende Regierung versehen.

Zahlreiche .... Dokumente erwiesen klar, dass die Engländer den größten in der Geschichte der Türkei bekannten Aufruhr organisiert hatten.

eine weitverzweigte

Verschwörung angelegt hat zu dem Zwecke, einen allgemeinen Aufstand in dem Augenblick hervorzurufen, in dem die verbündeten in die Dardanellen eingedrungen wären.

Die Engländer hatten den Aufruhr sehr sorgfältig vorbereitet. Die Armenier waren mit Waffen und Munition in großen Mengen, ja, sogar mit Polizeiuniformen für die von den Armeniern zu errichtende provisorische Regierung versehen.

Es war die größte Verschwörung, die England je im Orient angezettelt hat, und das will viel sagen.

Es handelt sich nicht um eine lokale Verschwörung, sondern um eine Verschwörung, die die eigentliche Existenz des Landes bedrohte und Konstantinopel den Alliierten in die Hände spielen sollte.	Es war eine Verschwörung, die den Bestand des türkischen Reiches bedrohte, denn ihr Zweck war, Konstantinopel den Verbündeten in die Hände zu spielen.
Zum Unglück für die Armenier brach der Aufstand zu zeitig los, gleichzeitig verriet der Haupteingeweihte in Konstantinopel die ganze Verschwörung an die Regierung.	Zum Unglück für die Armenier brach der Aufstand vorzeitig los; gleichzeitig wurde die Verschwörung der türkischen Regierung verraten.
Zahlreiche Verschworene wurden verhaftet und bestraft,	Das Strafgericht war furchtbar, traf aber nicht ausschließlich die armenischen Verschwörer.
darunter der Hauptleiter des Aufruhrs in Arabien Scheich Abdul Kerim. Obwohl er und seine Anhänger Muhammedaner waren, wurden dennoch einundzwanzig davon gehängt, hundert zu schweren Gefängnisstrafen verurteilt.	Die Führer des Aufstandes in Arabien, sämtlich Muhammedaner, wurden wurden ebenso grausam bestraft. Der Scheich Abdul Kerim und einundzwanzig seiner Anhänger wurden gehängt, hundert andere gepeitscht und zu schweren Gefängnissrafen verurteilt.

Man braucht keine philologisch geschulten Augen zu haben, um zu erkennen, dass die grundlegenden Ausführungen Bratters, die er sich den Anschein gibt aus eigenem Wissen beizubringen, aus dem verlogenen Interview von Dr. Rifaat ausgeschrieben sind. Wir mussten das Interview von Rifaat zerlegen und umstellen, um die Übereinstimmung mit dem Plagiat von Herrn Bratter ersichtlich zu machen.

Herr Bratter gönnte England die alleinige Urheberschaft der angeblich „alle Armenier, umfassenden Verschwörung" nicht, sondern machte mit einem Federstrich Russland und Frankreich zu Mitschuldigen. Auch die „Mengen von Waffen und Munition" reichten ihm noch nicht aus, er macht „große" Mengen daraus. Herr Bratter scheint auch einen Hang zur Grausamkeit zu haben, denn er macht das Stratgericht zu einem „furchtbaren" und lässt die Hundert zu schweren Gefängnisstrafen verurteilten Araber noch vorher „peitschen".

Wir wissen nicht, was an der arabischen Verschwörung des Scheichs Abdul Kerim ist. Nach einer anderen Wiedergabe eines Interviews von Dr. Rifaat sind die Mengen von Waffen und Munition und die Polizeiuniformen nicht bei Armeniern, sondern bei dem Araberscheich Abdul Kerim gefunden worden. Die einundzwanzig Gehenkten dagegen sind nicht Anhänger von Abdul Kerim, sondern die 21 Hintschakisten, die in Konstantinopel vor dem Seraskierat aufgeknüpft wurden. (Vgl. Seite 168 ff.) Vier von ihnen waren in das Komplott der türkisch-liberalen Opposition, das vor dem Kriege aufgedeckt wurde, verwickelt. Dieses mit einem arabischen Aufstand kombinierte türkische Komplott ist der einzige Beweis, den Dr. Rifaat und sein Nachschreiber Herr Bratter für die erdichtete „alle in der Türkei wohnenden Armenier umfassende Verschwörung" beibringt.

So also ist die Grundlage der Bratterschen Beweisführung beschaffen.

Der Eingang, mit dem Bratter sein Plagiat aus dem Interview von Dr. Rifaat versehen hat: „Es wird in nicht allzu ferner Zeit aktenmäßig dargelegt werden", hat ihm so gut gefallen, dass er ihn noch zweimal zur Beglaubigung weiterer Behauptungen verwendet. Er schreibt:

„Es wird in nicht allzu ferner Zeit gleichfalls bewiesen werden, 1. dass armenische Revolutionäre in diesem jetzigen Kriege eine Zeitlang die größten Städte des armenischen Hochlandes besetzten und sie den Russen auslieferten, 2. dass diese armenischen Banden überall mit russischen Waffen ausgerüstet waren, am Wansee mit russischen Truppen gegen die Türken kämpften, so dass diese Kämpfe sogar in den amtlichen Petersburger Kriegsberichten als „Siege" verzeichnet wurden, 3. dass die Mehrzahl der armenischen Bevölkerung in der asiatischen Türkei sich in diesem Kriege neutral erklärte (!), anstatt für die Türkei gegen Russland zu kämpfen."

Hierzu ist zu sagen. 1. Es bedarf nicht erst eines Beweises, dass (zwar nicht armenische Revolutionäre, aber) Armenier sich in Wan verteidigt und in Schabin Karahissar den Burgfelsen besetzt haben, denn das ist in den offiziellen türkischen Communiqués zu lesen. Es handelt sich zwar nicht „um die größten Städte des armenischen Hochlandes", aber um eine der größten Städte und um den Burgfelsen einer kleineren Stadt. Wie die auf den Burgfelsen von Schabin Karahissar geflüchteten 500 Armenier es hätten machen sollen, die „Stadt an Russland auszuliefern", das scheint sich Herr Bratter nicht überlegt zu haben. Wan ist nicht von den belagerten Armeniern „den Russen ausgeliefert" worden, sondern die Russen haben nach dem Abzug der Türken ohne Zutun der belagerten Armenier Wan und das ganze Wilajet Wan besetzt.

2. Auch die selbstverständliche Tatsache, dass die russischen Armenier mit russischen Waffen ausgerüstet und mit russischen Truppen gegen die Türken kämpften und dass diese Kämpfe in den amtlichen Petersburger Kriegsberichten als „Siege" bezeichnet wurden, braucht nicht erst „in nicht allzu ferner Zeit bewiesen zu werden", denn

jedermann außer Herr Bratter weiß, dass 1^1/$_2$ Millionen Armenier im Kaukasus wohnen, und dass diese russischen Armenier so gut wie die russischen Polen auf russischer Seite zu kämpfen hatten. Selbstverständlich sind Siege, die russische Armenier mit russischen Truppen zusammen erfochten haben, „russische Siege".

3. Dass die Mehrzahl der armenischen Bevölkerung in der asiatischen Türkei sich in diesem Kriege neutral erklärt hätte (!), ist eine so kindliche Vorstellung, dass sie keiner Widerlegung bedarf. Man stelle sich vor, dass sich die Mehrzahl der preußischen Polen „für neutral erklärt hätten".

„Es wird unter Beweis gestellt werden", hebt Herr Bratter zum dritten Mal an, „dass der englische Konsul in Mersina den Armenieraufstand im Wilajet Adana im April 1909 angezettelt hat. Ebenso dass einige Jahre zuvor 40 000 Armenier, die an einem Aufstande beteiligt waren, mit Erlaubnis und Hilfeleistung der russischen Regierung nach Kaukasien flüchteten". Man weiß nicht, welche von diesen beiden Behauptungen eine dreistere Erfindung ist. Einen Aufstand in Armenien hat es „einige Jahre vor 1909" überhaupt nicht gegeben. Die „40 000 Armenier", die sich zu der Zeit nach Kaukasien geflüchtet haben sollen, sind ebenso wie die angebliche Anzettelung des Massaker von Adana durch den englischen Konsul glatt erfunden. Die Wahrheit über das Massaker in Adana vom April 1909 kann jeder, der sie zu wissen wünscht, aus den Berichten von Dr. Paul Rohrbach erfahren, der nach dem Massaker Cilicien bereist hat.*) Das Massaker in Adana ist auf türkisches Anstiften unter Mitwirkung jung-türkischer Truppen veranstaltet worden. Die türkischen Anstifter

---

*) Dr. Paul Rohrbach, Die Wahrheit über Adana. Christl. Orient, Oktober 1909 S. 145 ff – Die Hilfe, Nr. 46, 14. Nov. 1909. – Weltpolitisches Wanderbuch. K.R. Langewische, Königstein u. Leipzig. 1916. S. 113 ff.

wurden unter dem Druck der Großmächte wenigstens teilweise von der türkischen Regierung bestraft. Für England, das seine intimen Beziehungen zu der jungtürkischen Regierung damals nicht trüben wollte, war die Sache im Gegenteil sehr unbequem, so dass sie möglichst ignoriert wurde.

Die türkischen Communiqués, die Bratter abdruckt, haben wir bereits analysiert. Ebenso haben wir die türkischen Angaben über die Mission von Boghos Nubar Pascha richtig gestellt. (S. 226-229) Alles, was Herr Bratter erzählt, dass Boghos Nubar Pascha sich „in den Dienst der Mächte des Dreiverbandes gestellt habe", dass er „Geldsammlungen zur Anwerbung armenischer Freiwilliger für die im Kaukasus operierende russische Armee veranstaltet" habe, dass er in amerikanischen Blättern Aufrufe zum Aufstande der armenischen Nation veröffentlicht habe, dass er „ein unabhängiges Armenien unter ausländischer Kontrolle habe schaffen" wollen usw., ist wörtlich aus der Konstantinopeler Korrespondenz ausgeschrieben, und entbehrt der Wahrheit. Wenn Herr Bratter aus seinem Eigenen hinzufügt, dass Boghos Nubar Pascha (der als ägyptischer Großgrundbesitzer zu der konservativen Schicht des armenischen Volkes gehört) „einer der Hauprädelsführer der revolutionären Armenier" sei, und schließt: „dass die Fäden der von Boghos Nubar geleiteten Verschwörung im russischen Gouverneurspalast zu Tiflis zusammenlaufen, ist längst erwiesen", so ist die Leichtfertigkeit, mit der derartige lächerliche Erfindungen mangels jeder Beweise als „längst erwiesen" ausgegeben werden, höchlichst zu bedauern.

Mit den Zeitungsausschnitten, die die Tätigkeit „einer Legion von Missionaren, die England nach Kleinasien entsandte" beleuchten sollen, ist Herrn Bratter ein arges Missgeschick begegnet. Er will nämlich durch sie beweisen, dass England in Kleinasien „allenthalben protestantische Schulen und Kirchen gründen ließ, die nach außen hin der religiösen, in Wahrheit der politischen Propaganda unter den Armeniern dienten", und einen „Seelenfang mit ausgesprochen politischer Tendenz" betrieb, um „die christlichen Völkerschaften in der Türkei als gebrauchsfertige Werkzeuge zur Hand zu haben, wenn England sie einmal gegen die Türken benötigen sollte". Zwar weiß jedermann, dass England seit dem Krimkriege das politische Interesse gehabt hat, die asiatische Türkei als Pufferstaat gegen Russland zu erhalten, dass es nur notgedrungen seit Beginn dieses Krieges von seiner früheren Politik abgewichen ist. Nach diesem Kriege wird es vermutlich durch seine Mittelmeerpolitik und zum Schutz des Suezkanals gezwungen sein, seine alte Politik weiterzuführen. Das Missgeschick, das Herrn Bratter begegnet ist, besteht aber darin, dass es **in Armenien überhaupt keine englischen Missionen gibt,** sondern lediglich amerikanische, denen er selbst das Zeugnis ausstellt, dass sie ohne politische Absichten in die Türkei kamen. Natürlich gefallen ihm auch die amerikanischen Missionare nicht, denn er weiß von ihnen ebensoviel als von den englischen. Wo er es brauchen kann, beruft er sich zwar auf das Zeugnis eines amerikanischen Missionars „des hochangesehenen Geistlichen Cyrus Hamlin", aber zuvor lässt er sich vom „Newyork Herald", dem er ein besonderes Maß von Glaubwürdigkeit für deutsche Leser beizumessen scheint, ein nettes Leumundszeugnis über amerikanische Missionare ausstellen. „Enthusiastische, halbgebildete und unerfahrene Männer, die imstande sind, jedes Land der Welt in Verwirrung zu bringen." Will man sich über die grandiosen Werke der amerikanischen Schul-Missionen in der Türkei ein Urteil bilden, so tut ein Deutscher sicherlich besser, deutsche Sachkenner, z. B. Prof. D. Jul. Richter von Berliner Universität, zu befragen,[*] als den „Newyork Herald. Dann wird man nicht solche Böcke

[*] Allgemeine evangelische Missionsgeschichte II. Band. Mission und Evangelisation im Orient. Gütersloh, 1908.

schießen, dass man nicht existierende englische Missionen politischer Umtriebe in Armenien bezichtigt. Das Unglück will noch, dass die vom „Newyork Herald" übelbeleumdeten Missionare, die „ihre Bureaus in Newyork haben", Presbyterianer sind, die in Armenien gar keine Arbeit haben. Die amerikanischen Missionare in Armenien sind Kongregationalisten, die ihre Bureaus in Boston haben.

Noch schlimmer geht es Herrn Bratter mit seinem „kundigen deutschen Beobachter, der die Verhältnisse an Ort und Stelle kennen lernte". Auch dieser kundige Thebaner ist auf England geladen. Auch er regt sich über englische Missionare und Schulen in Anatolien auf, die im Interesse „der englischen Politik" armenische Kinder „in Siwas, Kharput, Diarbekir" durch ihre Erziehung auf die „Bahnen des Anarchismus" getrieben haben. Hierfür solle man nicht das armenische Volk anklagen, „das sonst die meisten Eigenschaften besitzt, die einen ruhigen Staatsbürger auszuzeichnen pflegen" und „nicht bloß die revolutionäre Jugend verantwortlich machen", sondern solle „jene **Engländer** (die Missionare nämlich) schonungslos an den Pranger stellen, welche in die Seele des armenischen Volkes das Gift geträufelt haben, das nun dem unglücklichen Volke Not und Tod bringt".

Der „kundige deutsche Beobachter" muss „an Ort und Stelle" Visionen gehabt haben, denn **an all den genannten Orten und in ganz Armenien hat es niemals einen englischen Missionar gegeben.**

Als Beweis dafür, dass englische Missionare in Mersiwan (wo es nie englische Missionare gegeben hat) und in Kumkapu (wo es ebenfalls keine englischen Missionare gibt) vom Hintschak veranstaltete Tumulte angestiftet hätten, wird eine amerikanische Enquete ins Feld geführt.

Den „Hintschakisten", einer revolutionären Partei, die vor 20 Jahren im Kaukasus eine Bedeutung hatte, aber seitdem so gut wie verschollen ist, widmet Herr Bratter (da er nichts anderes über Armenien zu berichten weiß) auf 5 Seiten seine besondere Aufmerksamkeit. Was er darüber weiß, entnimmt er zwei längeren Zitaten, die aus dem Anfang der neunziger Jahre stammen, also mehr als zwanzig Jahre alt sind. Das eine ist dem Bostoner Missionsorgan Bostoner Missionsorgan der Kongregationalisten entnommen, also dem Organ derselben Missionare, die angeblich Anarchisten erziehen und in einem ihrer Kollegs in Mersiwan angeblich Hintschakisten- tumulte veranlasst und geschürt haben. Dieser Artikel des kongregationalistischen Blattes, geschrieben von dem Missionar Rev. Cyrus Hamlin, in dem „hochangesehenen" Zeugen Bratters, verurteilt in der schärfsten Weise eben jene Hintschakisten, vor denen das armenische Volk aufs eindringlichste gewarnt wird. Herr Bratter scheint nicht bemerkt zu haben, dass dieser kongregationalistische Missionar, Rev. Hamlin, in dem von ihm zitierten Zeitungsausschnitt die Hintschakisten beschuldigt, die Türken gegen die protestantischen Missionare und die protestantischen Armenier aufzuhetzen, und dass er ihnen die Unruhen von Mersiwan in die Schuhe schiebt, während Herr Bratter dieselben Unruhen in Mersiwan eben denselben kongregationalistischen Missionaren, in deren Namen Rev. Hamlin spricht, auf Rechnung setzt. Es ergibt sich dabei folgendes Bild: Die Hintschakisten hetzen gegen die protestantischen Missionare von Mersiwan, und die protestantischen Missionare von Mersiwan schüren die Hetzereien der Hintschakisten. Wenn amerikanische Missionare so handeln, dann sind sie allerdings „Männer, die", wie der Newyork Herald sagt, „jedes Land der Welt in Verwirrung bringen können". Sie würden nach dem Worte Jesu handeln: „Setzt sich nun der Satan wider sich selbst, so kann er nicht bestehen, sondern es ist aus mit ihm". Aber solche Narren sind die amerikanischen Missionare wirklich nicht. Herr Bratter wird allerdings sagen, er habe nicht die amerikanischen Missionare von Mersiwan, sondern die englischen Missionare gemeint (die es dort niemals gab).

Was haben nun diese ganzen Deklamationen gegen die Hintschakisten, ein kleines Grüppchen revolutionärer Auslandarmenier, die unter den Armeniern der Türkei längst jeden Einfluss verloren haben, mit dem gegenwärtigen Stande der armenischen Frage zu tun? — Nichts. Nur der Mangel an Stoff kann es begreiflich machen, dass sich Herr Bratter so lebhaft für sie interessiert und noch einen Artikel ausdem „Hajk" vom Jahre 1895 ausschreibt. Dem „berüchtigten" Hamparzum, einen ihrer früheren Führer, der elf Jahre in türkischen Gefängnissen schmachtete und erst von den Jungtürken freigelassen worden ist, werden dabei die unglaublichen Schändlichkeiten angedichtet. Entweder man verurteilt jede Revolution, oder man hat sich Revolutionäre darauf anzusehen, aus welchen Motiven sie handeln, und ob die Not ihres Volkes ihr Vorgehen rechtfertigt. Dann wird man zu einem billigen Urteil gelangen. Man vergesse doch nicht, dass die Jungtürken, die gegenwärtig unsere Bundesgenossen sind, zu jener Zeit Gesinnungsgenossen und Kameraden der Hintschakisten waren; beide wandten sich gegen die terroristische Regierung Abdul Hamids. Die revolutionären Bestrebungen der Jungtürken sind geglückt, die der Hintschakisten nicht. Das ist der Unterschied. Wer anders urteilt, macht sich der Heuchelei schuldig. Über das Massaker in Sassun sind ebenso wie über die großen Massaker, die Abdul Hamid veranstaltet hat, die Akten geschlossen. Wer mit dem Urteil, das alle Welt gewonnen hat, nicht übereinstimmt, soll erst die Bände von Konsular- und Botschaftsberichten aller Mächte, die darüber vorliegen, widerlegen und sich mit Männern wie Dr. Paul Rohrbach und anderen, die die Zustände in Armenien und ihre jüngste Geschichte aus eigener Anschauung kennen, auseinandersetzen.

Zur Charakteristik der Hamidischen Massaker, von denen Herr Bratter aus eigenen Quellen nichts weiß, zitiert er eine ungedruckte „analytische Geschichte der Regierung Abdul Hamids" von einem „dem Jungtürkentum feindlich gesinnten freisinnigen albanischen Türken". Ob ein Historiker, der die Regierung Abdul Hamids behandeln will, über die Dutzende von europäischen Schriften vorliegen, sich gerade dem Urteil eines ungedruckten Albanesen anvertrauen würde, ist uns zweifelhaft. Immerhin lässt der zitierte Albanese dem armenischen Volk noch mehr Gerechtigkeit widerfahren, als Herr Bratter, denn augenscheinlich verurteilt er, dass Abdul Hamid „die Schuld einiger bestochener armenischer Fanatiker und Halunken....", das ganze armenische Volk, das früher im osmanischen Reich fast das herrschende war, da es die meisten hohen Stellen und die größten Reichtümer besaß", habe entgelten lassen. Auch lehnt sich das Gerechtigkeitsgefühl des Albanesen dagegen auf, dass „das ganze armenische Volk mit den paar Verbrechern identifiziert wird und unter schrecklichen Verfolgern leiden" musste.

Völlig schief ist bei dem Albanesen die Beurteilung des Zwecks, den die armenischen Revolutionäre mit Besetzung der Ottomanbank verfolgten. Selbstverständlich waren die Armenier nicht so töricht, zu glauben, dass sie „eine Revolution in Konstantinopel würden anzetteln" können. Der Zweck der Besetzung der Ottomanbank war eine Demonstration an die Adresse der sechs Großmächte, die den § 61 des Berliner Vertrages unterschrieben und vor der Tatsache kapituliert hatten, dass Abdul Hamid ihre Reformbestrebungen für das unglückliche Armenien mit einer Abschlachtung von 80 bis 100 000 Armenier beantwortete. Darum ist die Frage des Albanesen, ob die Armenier mit der Besetzung der Ottomanbank „irgend welche verständliche Zwecke verfolgten", unangebracht. Abdul Hamid wusste von dem Vorhaben und seinem Zweck, aber statt dem Anschlag vorzubeugen, ließ er die Revolutionäre gewähren und bereitete als Antwort auf die im übrigen unschädlich verlaufene Demonstration in aller Stille ein Massaker der Armenier von Konstantinopel vor, das dann unter den Augen der Botschafter der Großmächte vor sich ging. Nach dem offiziellen Bericht für den Palast zählten die Opfer 8750 Ermordete, nach dem Botschafterbericht 5 – 6000.

Ebenso unrichtig ist die Behauptung des Albanesen, „dass England die armenische Frage aus dem Nichts künstlich hervorgerufen habe zur Zeit, als der britische Einfluss in der Türkei stark gesunken war und das Ansehen Deutschlands zu steigen begann". Die armenische Frage datiert vom Jahre 1878, aus der Zeit nach dem Russisch-Türkischen Kriege. Die Deutsche Orientpolitik setzt 20 Jahre später ein. Wenn jemand die armenische Frage „geschaffen" hat, so ist es nicht England, sondern Russland, das in dem Vertrag von San Stefano den § 16 aufnahm, der die Grundlage des § 61 des Berliner Vertrages bildet. Nicht England allein, sondern alle sechs Großmächte, Deutschland eingeschlossen, haben sich als Unterzeichner des Berliner Vertrages für das Schicksal des armenischen Volkes verantwortlich gemacht. Ihre löbliche Absicht ging nach dem Buchstaben des Vertrages dahin, den Armenier Schutz des Lebens und Eigentums gegen Kurden und Tscherkessen zu verbürgen. Bald genug wurde die armenische Frage ein Spiel der internationalen Diplomatie, die durch den Gegensatz der russischen und englischen Interessen in der Türkei bestimmt war. Als in den Jahren 1893 – 95 das armenische Reformprogramm entsprechend den Verpflichtungen des Berliner Vertrages von den Botschaftern Englands, Frankreichs und Russlands unterschrieben und von Abdul Hamit unterzeichnet war, untersiegelte Abdul Hamid den Reformplan mit dem Blut von 100 000 Armeniern. Die jungtürkische Regierung ist seinem Beispiel gefolgt. Sie hat die russisch - deutschen Reformverhandlungen vom Jahre

1913/14 mit der Vernichtung des armenischen Volkes beantwortet. Ob zum Heile der Türkei, das wird die Zukunft lehren.

Soviel zur Richtigstellung der Urteile des Albanesen, der zwar über armenische Dinge schlecht unterrichtet ist, aber sich immerhin eines unparteilicheren Urteils befleißigt, als Herr Bratter.

Mit den Zitaten des Herren Bratter aus dem Werk des Albanesen hat es aber noch eine eigene Bewandtnis, die für die Art, wie Herr Bratter zitiert, charakteristisch ist. Er gibt sich nämlich den Anschein, als ob er seine Zitate dem „Manuskript gebliebenen" Geschichtswerk des Albanesen entnommen habe und bemerkt, dass in diesem Werk „natürlich auch die armenische Frage einen breiten Raum einnimmt". In Wahrheit hat Herr Bratter die „analytische Geschichte der Regierung Abdul Hamids" niemals gesehen und ebenso wenig stammen seine Zitate aus diesem Werke, denn die Anführungen von Bratter sind ein Plagiat aus dem Buch „Der erlöschende Halbmond, Türkische Enthüllungen von Alexander Ular und Enrico Insabato", Verlag der Literarischen Anstalt Rütten & Loening, Frankfurt a. R. 1909.

Die Verfasser, die vielen bösartigen Klatsch zusammengetragen haben, mit der Absicht, die deutsche Orientpolitik zu verdächtigen, machen über das Manuskript des Albanesen die folgenden Angaben, denen wir das Plagiat des Herrn Bratter gegenüberstellen; die Änderungen von Bratter sind Fett gedruckt, Zusätze klein.

Ular und Insabato:	Bratter:
„Als Einleitung zu unserer Darstellung seiner (Abdul Hamids) Herrschaft .... glauben wir nichts besseres geben zu können, als eine kurze uns auf albanesisch	

— 281 —

in die Feder diktierte Darstellung*) einiger wesentlicher Momente der Hamidischen Regierung, deren Autor, einen freisinnigen, der verfassungsmäßigen Regierung zugeneigten albanischen Fürsten, wir einstweilen nicht nennen dürfen, da er gerade jetzt in seinem Lande von den Jungtürken mit Meuchelmord bedroht wird. Dieser ausgezeichnete Mann hat jahrelang als erster Mitarbeiter Hilmi Paschas in Mazedonien zur Aufrechterhal-tung der Ruhe ….mehr als irgendein Anderer getan …. Er hat in türkischer Sprache eine ….groß-angelegte Geschichte Abdul Hamids verfasst; doch wurde ihm im September 1908 das Manuskript dieses Werkes, des-sen Titel „Analytische Geschichte der Regierung Abdul Hamids" lautete, durch einen ungeheuerlichen Gewaltstreiche der Jungtürken entrissen. Die folgenden nicht nur geschichtlich sondern auch	„Ein dem Sultan Abdul Hamid nicht minder als dem Jungtürkentum feindlich gesinnter streitsinniger albanischer Fürst, der jahrelang Mitarbeiter des mazedonischen General-gouverneurs Hilmi Pascha war, hat eine „Analytische Geschichte der Regierung Abdul Hamids" geschrieben, in der natürlich die armenische Frage einen breiten Raum einnimmt. Dieses großangelegte Geschichtswerk ist bis jetzt Manuskript geblieben, da seine Veröffentlichung aus politischen Gründen nicht opportun erschien."

---

*) Dieses Zitat füllt die Seiten 113 bis 132 in dem Buch von Ular und Insabato und enthält weiter nichts als klatsch und Verleumdungen über die besuche des deutschen Kaisers in Konstantinopel.

anekdotisch höchst

interessanten Sätze stellen die Zusammenfassung einiger Kapitel dieses Werkes dar."

Wie man sieht, stammen die von Bratter angeführten Zitate nicht aus dem Geschichtswerk, das niemand gesehen hat, da es angeblich von den Jungtürken geraubt wurde, sondern aus Reminiszenzen aus diesem Werke, die der Albanese den Herren Ular und Insabato in die Feder diktierte. Dies verschweigt Herr Bratter, wie er auch die Quelle seiner Zitate, den „Erlöschenden Halbmond" verschweigt. Der „breite Raum", den die armenische Frage in diesen Reminiszenzen einnimmt, beträgt 1 1/2 Seiten. Es ist das ungefähr alles, was Herr Bratter anführt, mit sehr charakteristischen Auslassungen und Zusätzen. Stellen wir Original und Kopie gegenüber:

Ular und Insabato:

„Als man in London von dem Besuche Wilhelms und seiner Freundschaft zu Abdul Hamid erfuhr, stellte sich Britannien ein für alle mal auf die feindliche Seite; und so erhob sich plötzlich aus dem Nichts die armenische Frage.

Durch die Schuld einiger weniger bestochener Fanatiker und Hallunken musste nun bald das ganze armenische Volk, das früher im osnmanischen Reich fast das herrschende war, da es die

Bratter:

Auch dieser Geschichtsschreiber stellt fest, dass England die „armenische Frage aus dem Nichts künstlich hervorgerufen hat zur Zeit, als der britische Einfluss in der Türkei stark ge-sunken war und das An-sehen Deutschlands zu steigen be-gann. Er schreibt sodann:

„Durch die Schuld einiger .... bestochener Fanatiker und Hallunken musste nun bald das ganze armenische Volk, das früher im osmanischen Reiche fast das herrschende war, da es die gehörten identifiziert werden, und unter den schrecklichsten Verfolgungen und Gemetzeln leiden, von denen Europa in Entsetzen erstarrte.

Wir müssen uns Vorurteilslos fragen: hatten denn die Armenier irgendwelche Gründe, verfolgten sie irgendwelche verständlichen Zwecke, besaßen sie irgendwelche Vorwände, um in Konstantinopel eine Revolution anzuzetteln?

Sicherlich nicht. Denn in Konstantinopel waren sie höchstens einer gegen zwanzig und sie durften nicht die geringste Hoffnung hegen, sich der Stadt als eines ihren revolutionären Handstreichen offenstehenden Manöverfeldes zu bedienen, und schließlich konnte man ihnen doch wirklich nicht gestatten, den Palast der Ottomanischen

schrecklichen Verfolgern leiden.

Wir müssen uns, angesichts des Angriffs auf die Ottoman-Bank (der ja nur einen Teil einer großen Verschwörung bildete) vorurteilslos fragen: Hatten denn die Armenier irgendwelche Gründe, verfolgten sie irgend-welche verständlichen Zwecke, besaßen sie irgendwelche Vor-wände, um in Konstantinopel eine Revolution anzuzetteln?

Sicherlich nicht. Denn in Konstantinopel waren sie höchstens einer gegen zwanzig und sie durften nicht die geringste Hoffnung hegen, sich der Stadt als eines ihren revolutionären Hand-streichen offenstehenden Manöverfeldes zu bedienen. Und schließlich konnte man ihnen doch wirklich nicht gestatten, den Palast der Ottomanischen

Bank mitten in der Hauptstadt in eine revolutionäre Festung zu verwandeln.

Das größte Unglück bei ihrer verwerflichen Unternehmung aber war, dass die Häuptlinge, die die Unruhen hervorgerufen, persönlich unter dem Schutze der Ausländer, die sie bzahlt hatten, unversehrt gerettet wurden, während zahllose Unschuldige sich an ihrer Stelle jammervoll dahinmorden lassen mussten.

Und wer weiß nicht, dass die Zahl dieser unflücklichen Opfer der Revolutionäre und der britischen Provokatoren sich noch verdoppelt oder verdreifacht hätten, wenn nicht ehrliche entsetzte Muselmanen, in Übereinstimmung mit dem heiligen Gesetz Mohammeds, unzählige Armenier in ihren Häusern und in ihren Moscheen vor den tödlichen Knüppeln Kütschük Saids geschützt hätten?

Bank mitten in der Hauptstadt in eine revolutionäre Festung zu verwandeln.

Das größte Unglück bei ihrer verwerflichen Unternehmung war aber, dass die Häuptlinge, die die Unruhen hervorgerufen, persönlich unter dem Schutze der Ausländer, die sie bezahlt hatten, unversehrt gerettet wurden, während zahllose Unschuldige an ihrer Stelle untergingen.

Und wer weiß, ob die Zahl dieser unglücklichen Opfer der Revolutionäre und der britischen Provokatoren sich nicht verdoppelt und verdreifacht hätte, wenn nicht ehrliche Muselmanen in ihrem Entsetzen, dem heiligen Gesetz Mohammeds gehorchend, unzählige Armenier in ihren Häusern und in ihren Moscheen vor den todbringenden Knüppeln Kütschük-Saids geschützt hätten?

Man sieht, dass Herr Bratter, wie er oben den „Mordanschlag" der Jungtürken auf den albanesischen Fürsten und die Tatsache, dass ihm sein Manuskript „durch einen ungeheuerlichen Gewaltstreich der Jungtürken" entrissen wurde, unterdrückte, auch die Ausführungen seines angeblichen Gewährmannes abzuschwächen sucht, in dem er die

„Verfolgungen und Gemetzel, vor denen Europa in Entsetzen erstarrte" unterdrückt und das „sich jammervoll dahinmorden lassen" zu einem „untergehen" abschwächt. Auch die Änderung von „und wer weiß nicht, dass" in „wer weiß, ob" ist charakteristisch.

Wir wollen nun aber auch noch „den breiten Raum", den angeblich „die armenische Frage" in der „Analytischen Geschichte" einnimmt, (die Herr Bratter niemals gesehen hat), ausfüllen, indem wir den Rest der Reminiszenzen aus dem Buch von Ular und Insabato hinzufügen:

„Diese Gemetzel haben nicht nur die Armenier fürchterlich mitgenommen, sondern auch der türkischen Regierung entsetzlichen Schaden gebracht. Sie hatten nämlich zur unmittelbaren Folge nicht nur einen äußerst nachteiligen Stillstand des ganzen Wirtschaftlichen Lebens und vor allem des Handels, der zum großen Teil in armenischen Händen war, sondern auch die Auswanderung sehr vieler reicher Armenier, Großhändler und Finanzleute, die sich in alle möglichen fremden Länder zerstreuten, sich in Ägypten, Westeuropa und sogar in Amerika niederließen, und die nie wieder zurückgekehrt sind. Der türkische Fiskus hat dadurch jährlich wenigstens 10 bis 15 Millionen Franken an Steuern eingebüßt! ... Und da erscheint auf dem Plane wieder Wilhelm II., der den Sultan gegen die reichsbedrohlichen Wutausbrüche der armenischen Freunde in westländischen Regierungen in Schutz nimmt, seine Haltung gut heißt und aus dem plötzlichen Verfall des armenischen Handels und der armenischen Finanz Nutzen zieht, indem er an die Stelle der Getöteten und ausgewanderten armenischen Großhändler deutsche Firmen setzt."

Das ist alles, was der Albanese den Herren Ular und Insabato über die armenische Frage in die Feder diktiert hat. Herr Bratter weiß wohl, warum er den Rest unterdrückt, denn erstens wollte er sich den Anschein geben, als ob in seiner „Analytischen Geschichte" noch mehr wissenswerte Dinge über die armenische Frage zu lesen wären, zweitens konnte er nicht wohl wagen, einem deutschen Publikum die niederträchtige Verleumdung des deutschen Kaisers, auf die es seinem Gewährsmann in erster Linie ankam, vorzusetzen. Sein Gewährsmann hätte damit sofort jedes Vertrauen für alles, was Herr Bratter von ihm abschreibt, verloren.

Zur Sache ist noch zu bemerken, dass die Beschuldigung, der Angriff auf die Ottoman Bank sei auf englisches Anstiften und mit englischem Gelde erfolgt, vollkommen aus der Luft gegriffen ist. Die Armenier wünschten im Gegenteil gerade die öffentliche Meinung in England gegen die englische Regierung mobil zu machen, die die Massaker Abdul Hamids lediglich mit papiernen Noten beantwortete und den armenischen Reformplan ein für alle mal fallen ließ. Hätte England den Sultan Abdul Hamid bedrohen wollen, so hätte es andere Mittel zur Verfügung gehabt, als die Demonstration einer Handvoll Armenier.

Mit besonderer Kunst umgeht Herr Bratter die hamidischen Massaker aus dem Jahre 1895/96. Es gab ja eine Zeit, wo manche Leute davon lieber schwiegen. Nach dem Sturz von Abdul Hamid war dies anders geworden. Seit dem Siege der jungtürkischen Revolution gab jedermann dem toten Löwen Fußtritte. Auch in der deutschen Presse wurde Abdul Hamid nur noch der „rote" oder der „blutige" Sultan genannt. Die Armenier nennen nach ihren jüngsten Erfahrungen den Sultan Abdul Hamid jetzt ironisch „ihren Wohltäter", da ihnen die Schläge, die er ihrer Nation versetzt hat, gegen ihr jetziges Schicksal erträglich erscheinen. Mögen die Armenier zu dieser „Rettung" Abdul Hamids berechtigt sein, Herr Bratter ist es nicht. In keinem Falle aber ist ihm eine Geschichtsfälschung erlaubt, wie er sie auf Seite 28, 29 und 30 in seiner Schilderung der Massaker von 1894/95/96 begeht. Ich ziehe es vor, anzunehmen, dass auch hier Herr Bratter, wie im Falle der Ausschreibung des Dr. Rifaat und Herren Ular und Insabato, ein

Plagiat begangen hat. Denn ein so gehäuftes Maß von Lügen zu erdichten, wie sie auf diesen drei Seiten zusammengedrängt sind, kann ich ihn nicht für fähig halten.

Über das Massaker von Sassun 1894 liegen ausführliche Berichte des Untersuchungsausschusses vor, der an Ort und Stelle die Tatsachen festgestellt hat. Bei Bratter haben nicht die Kurden das Massaker veranstaltet, sondern „der berüchtigte Hamparzum" nebst 3000 armenischen Bauern.

Die Mordbrennereien von 3000 armenischen Bauern desgleichen die „englische Hilfe", sind frei erfunden.

Die Armenier-Massakers unter Abdul Hamid werden von Bratter in Türken-Massakers umgedichtet. Die Geschichte der Hamidischen Massakers ist der Welt bekannt.*) Es genügt daher, diese grobe Fälschung niedriger zu hängen.

Man höre: „Der blutig unterdrückten Revolte von Zeitun**) folgte im Herbste 1895 die bewaffnete***) Kundgebung der Armenier in Konstantinopel und dieser die Aufstände (!) in Trapezunt im Wilajet Hundawendigiar †) im Wilajet (lies Sandschak) Ismid,

---

*) Über die Armenier-Massakers von 1895/96, die mit dem 2. Oktober 1895 in Trapezunt einsetzten, liegt der jedermann zugängliche Botschafterbericht vor, der am 4. Februar 1896 durch eine Kollektivnote der Botschafter der sechs Großmächte (auch Deutschlands) an die hohe Pforte überreicht wurde. Er ist abgedruckt in: Lepsius, Armenien und Europa (Sechste Auflage Berlin 1897). Wenn jemand über die Wahrheit noch im Zweifel sein sollte, so lege er den Botschafterbericht neben die Darstellung von Herrn Bratter, und er wird über die groteske Verlogenheit (seiner, wie ich annehme kritiklos benutzten ungenannten Quelle) erstaunt sein.

**) Bekanntlich wurde von den europäischen Konsuln ausgerechnet den Leuten von Zeitun eine Amnestie erwirkt, so dass sie von einem Massaker verschont blieben.

***) Bekanntlich war diese Kundgebung unbewaffnet.

†) Europäer pflegen dieses Wilajet „Brussa" zu nennen. Der Umstand, dass Herr Bratter die türkische Bezeichnung (lies: „Khodawendighiar") gebraucht, lässt wohl drauf schließen, dass sich Bratter einer türkischen Quelle bedient.

im Wilajet Bitlis, im Wilajet Siwas, im Wilajet Diarbekir, im Wilajet Aleppo und eine nochmalige Revolte in Zeitun. (?) Fast überall setzen die Aufstände mit der Ermordung von Türken und Überfällen auf die Moscheen ein. Mit Bomben und Petroleum vollendeten die Revolutionäre, was sie mit Flinten und Dolchen begonnen hatten. In Trapezunt, in Aka Hissar (lies Akhissar), bei Erzerum führten sie förmliche Kriege gegen die muhammedanische Bevölkerung. Die Führer ließen im Wilajet Erzerum alle Armenier, die den Aufstand nicht unterstützen wollten, ermorden. Den armenischen Notabeln wurde bei Todesstrafe verboten, in die von dem türkischen Gouverneur zusammengerufenen Reformausschüsse einzutreten. In Bitlis hetzt der englische (?) Missionar Georges die Armenier öffentlich gegen die Regierung auf. Im Wilajet Diarbekir ist es das englische Konsulat, das die Revolte führt. In beiden Fällen behaupten die Engländer, wenn die Aufstände siegreich seien, werde die britische Regierung dafür sorgen, dass die Türkei gezwungen werde, die sechs armenischen Wilajets an den armenischen Zukunftsstaat abzutreten. In Serwet (gibt es nicht, soll wohl heißen Sört) zündeten die Armenier den Bazar an, so dass alle Türken, die sich in dem Gebäude befanden, bei lebendigem Leibe verbrannten. In Alexandrette gingen die Hintschakisten im britischen Konsulat ein und aus. ... Die Stadt Marasch wurde im November 1895 von den Armeniern gleichzeitig an drei Stellen angezündet. Über hundert Muhammedaner kamen in den Flammen um. Alle diese Schandtaten werden aber tief in den Schatten gestellt durch die beispiellosen Greuel, die die Armenier um dieselbe Zeit in Zeitun verübten und die allerdings von den Türken bitter gerächt wurden."*)

So lautet bei Bratter die Darstellung der Blutbäder Abdul <u>Hamids.</u>

*) Im Gegenteil, die europäischen Konsuln erwirkten den Armeniern von Zeitun volle Amnestie.

In dieser Darstellung ist jeder Satz eine Lüge.

Man weiß nicht, was man sagen soll, wenn offenkundige geschichtliche Tatsachen so dreist in ihr Gegenteil umgedichtet werden. Aus der Massakrierung wehrloser entwaffneter Armenier werden Aufstände von Armeniern und Abschlachtungen von Türken gemacht. Die Brandschatzung christlicher Stadtviertel und Kirchen wird in Einäscherung türkischer Bazars und Überfälle auf Moscheen verwandelt usw. Natürlich muss als Kinderschreck hinter allem England stecken. Die Behauptung, dass England Aufstände angestiftet habe, ist genau so erlogen, wie die Aufstände selbst erlogen sind. Natürlich müssen wieder englische Missionare, die es gar nicht gab, ihre Hand im Spiel haben. Wie erklärt es wohl Herr Bratter, dass bei diesen angeblichen Türken-Massakers nur eine Handvoll Türken und Kurden umkam, während in allen armenischen Städten und Distrikten die Opfer zu Tausenden zählten, so dass die Gesamtzahl der Getöteten 80 bis 100 000 betrug?

Wie groß muss die Vergesslichkeit und Kritiklosigkeit der Leser sein, denen man derartige Lügen vorsetzen kann.

Was bleibt noch von dem Inhalt der Bratterschen Broschüre übrig, wenn wir die Zeitungsausschnitte und die vom Verfasser benutzten „Manuskripte" abziehen? Erstens, ein sinnloser Geschimpfe auf England bei jeder Gelegenheit, die sich bei den erlogenen Tatsachen zu bieten scheint. Zweitens, grundlose Verdächtigungen amerikanischer und gar nicht vorhandener englischer Missionare. Drittens, einige dürftige kritiklose Ausführungen ethnographischer und geschichtlicher Natur. (Seite 20 bis 26.) Der Verfasser unterlässt hierbei nicht seine Unparteilichkeit zu bezeugen, er wolle „selbstverständlich kein Verdammungsurteil über das ganze armenische Volk" aussprechen, „das zu einem sehr großen Teile aus friedlichen, arbeitsamen und tüchtigen Elementen besteht.**) „Die Armenier in dem Gebiet des Wansees, in dem Quellgebiet des Euphrat und Tigris, in den Tälern des Taurusgebirges", nennt er sogar „die intelligentesten und fleißigsten Ackerbauer der Türkei". Leider hat die türkische Regierung gerade diese „friedlichen, arbeitsamen und tüchtigen Elemente" aus ihren Wohnsitzen ausgetrieben und „die intelligentsten und fleißigsten Ackerbauer der Türkei" vernichtet. In den 6 östlichen Wilajets beträgt das armenische Element nicht, wie Bratter angibt, 16 sondern 25 %. Im eigentlichen „Armenien", wenn man von den kurdischen Randgebieten dieser Wilajets absieht, 39 % (zusammen mit den ebenfalls vernichteten Syrern 43,6 %) der Bevölkerung. Die Unglücksgeschichte von Jahrhunderten ist keineswegs in den „inneren Streitigkeiten" des armenischen Volkes begründet, sondern, wie schon ein flüchtiger Überblick über die Geschichte lehrt, von der geographischen Lage bedingt. Zwischen mächtigen Weltreichen eingekeilt und abwechselnd unterjocht, von Mongolen- und Tartarenfällen überschwemmt, hat Armenien niemals gute Tage gesehen. Die Behauptung, dass „die hartnäckigsten Feinde der armenischen Reformen die Armenier selbst seien" und „dass der ganze große Anhang der Revolutions- komitees sich heftig jedem Reformversuch widersetze und im Volke, teilweise durch Todesdrohungen, gegen jeden solchen Versuch Stimmung mache", ist eine lächerliche Er-

**)Natürlich fehlen auch bei Bratter „die vielfach als Betrüger und Wucherer verschrieenen armenischen Kaufleute" nicht. Die Tatsache, dass unsere Großbanken und Exporteure ihr Hauptgeschäft in der Türkei mit armenischen Kaufleuten machen und ihnen die größten Kredite einräumen, sollte eigentlich genügen, diese Reporterlegende aus der Welt zu schaffen. Da die „serbischen Hammeldiebe" und die „armenischen Gauner" schon seit Jahrzehnten den eisernen Bestand der Orientkenntnisse unwissender Reporter bilden, wäre es an der Zeit, dass diese unwürdigen Beschimpfungen ganzer Nationen endlich aus der Presse verschwinden.

findung. Das hundertmal ausgesprochene Motiv der revolutionären Gruppen, die vor der Einführung der Konstitution Hand in Hand mit den Jungtürken am Sturz des absolutistischen Regimes arbeiteten, war die Durchsetzung des von Großmächten im Berliner Vertrage gegebenen Reformversprechens. Nach Einführung der Konstitution verwandelte sich die früher revolutionäre Partei der Daschnakzagan, die einzige, die für das armenische Volk eine Bedeutung hat, in eine konstitutionelle Vertretung der Nation. Den russisch-deutschen Reformverhandlungen von 1913 lag das von den Daschnakzagan ausgearbeitete Programm zugrunde. Boghos Nubar Pascha, den Bratter „einen der Hauprädelsführer der revolutionären Armenier" nennt, hat sich bei den Kabinetten von Berlin, Paris, London und Petersburg um nichts anderes als um die Durchsetzung des Reformprogrammes bemüht, eben in derjenigen Form, die von Deutschland der Pforte empfohlen und am 8. Februar 1914 von der Pforte angenommen wurde.

„Die zahlreichen armenischen Aufstände der letzten 25 Jahre" (Seite 23) sind eine **freie Erfindung von Herrn Bratter**, und darum ist die Formel („der unheilvolle Kreislauf: Aufstände der Armenier, - Unterdrückung der Empörung, - Strenge Bestrafung der Rädelsführer, - Raub- und Mordzüge der Kurden, - Ermordung Unschuldiger und dadurch hervorgerufene neue Aufstandsbewegung"), auf die Bratter die armenische Frage bringt, unbrauchbar.

Niemand, weder die Hintschakisten, noch die Daschnakzagan, noch die amerikanischen Missionare, noch europäische Diplomaten, noch Boghos Nubar Pascha haben je von einem „**selbständigen Königreich Armenien**" geredet oder geträumt, sondern, wie die geschichtlichen Dokumente von 35 Jahren beweisen, niemals etwas anderes als Reformen erstrebt und befürwortet, die den Armeniern das Mindestmaß bürgerlicher Rechte und Freiheiten sichern sollten, das für jeden europäischen Staatsbürger selbstverständlich ist. Dass für Russland ein „Königreich Armenien" völlig undenkbar ist, braucht nicht erst gesagt zu werden. Alle armenischen Politiker haben die Erhaltung der Souveränität der Türkei als eine Lebensfrage für das armenische Volkstum angesehen, ja selbst heute noch, nach der Vernichtung des halben Volkes und der völligen Ausplünderung der Überlebenden, lehnen russische und türkische Armenier eine Annexion durch Russland ab und verlangen lediglich die Erhaltung und Wiederherstellung ihres Volkstums in einer nach den Grundsätzen der Gerechtigkeit und Freiheit reorganisierten Türkei.

Herr Bratter kommt noch besonders auf die katholischen Armenier zu sprechen, deren Streitigkeiten mit den gregorianischen Armeniern er eine völlig überflüssige*) Ausführung widmet, denn diese betreffen nicht das Schicksal der jetzigen armenischen Katholiken, die das Los ihrer gregorianischen und protestantischen Brüder geteilt haben.**) Nicht den lebenden katholischen Armeniern wendet er sein Mitleid zu, wie es der Papst bei seiner letzten Kundgebung für den Weltfrieden und durch energische Schritte bei der hohen Pforte getan hat, sondern 12 000 längst verstorbenen katholischen Armeniern, die im Jahre 1828 aus der Umgebung von Angora gezwungen wurden, nach Angora <u>zurückzukehren.</u>

*) Überflüssig ist es auch, dass Bratter eine angebliche Beschimpfung des römischen Papstes durch einen armenischen Patriarchen aus dem Jahre 1828 der Vergessenheit entreißt. (Seite 25)

**) Die für die „armenische Frage" völlig belanglosen konfessionellen Streitigkeiten zwischen den gregorianischen und den mit Rom unierten katholischen Armeniern „eine gegenseitige Zerfleischung" der Nation zu nennen ist sinnlos. Die Gregorianer zählen insgesamt rund 3 800 000, die katholischen Armenier 140 000, die protestantischen 60 000; also Gregorianer 95 %, Katholiken $3^{1}/_{2}$ %, Protestanten $1^{1}/_{2}$ %. Auch von katholischer Seite wurde eine Eingabe an den Reichskanzler wegen der Vernichtung ihrer armenischen Glaubensbrüder gerichtet.

Und nun ein Wort über die Apostrophen des Herrn Bratter an die Unterzeichner des Schweizer Aufrufes.***)

„Woher wissen diese Herren das, was sie öffentlich behaupten? Wer und wo sind die einwandfreien Personen, die alles erzählen? Haben die Unterzeichneten sich die Mühe genommen oder auch nur die Gelegenheit gehabt, sich von der Einwandfreiheit dieser Personen zu überzeugen?"

Wir können Herrn Bratter versichern, dass sich die Unterzeichner die Mühe genommen haben, die er selbst sich nicht nahm. Diese Herren sind nicht so unwissend, wie Herr Bratter. Eine große Zahl von ihnen hat bis in die jüngste Zeit eine Fülle von Beziehungen auch zu entlegenen Teilen der Türkei. Es sind Männer darunter, die die Türkei nach allen Richtungen bereist haben und die Jahre und Jahrzehnte für das unglückliche armenische Volk große finanzielle Opfer gebracht und persönlich unter ihm gewirkt haben.

„Was wissen sie von diesen Dingen? Und warum faseln sie von einem Vernichtungskampf der Türken gegen die christlichen Armenier?"

Es gehört ein trauriger Mut dazu, Hundert der angesehensten und gebildetsten Schweizer der „Faselei" zu beschuldigen, nachdem man seinen Namen auf eine Schrift gesetzt hat, wie die, welche wir leider genötigt waren, unter die Lupe zu nehmen.

Aufrichtig gesagt, wir würden nicht das Papier verschwendet haben, um uns mit der Schrift von Herrn Bratter zu befassen, aber leider ist Kritiklosigkeit ansteckend und Männer, denen man ein besseres Urteil zutrauen sollte, sind auf sein Pamphlet hereingefallen. Ich nenne zum Be-

---

***) Auf den Anwurf wegen der Burenfrage hat er im Baseler „Kirchenfreund", Nr. 2, 14. Januar 1916, S. 30 die gebührende Abfertigung erhalten.

weis dessen nur den Artikel von Graf Ernst Reventlow „Das Wesen der armenischen Greuel" in Nr. 636 der „Deutschen Tageszeitung" vom 19. Dezember 1915, die Nr. 49 der allgemeinen evangel. Luther. Kirchenzeitung vom 3. Dezember 1915, das evangelische Kirchenblatt für Württemberg Nr. 48 und eine Presseäußerung des allgemeinen Positiven Verbandes. Die Analyse des Bratterschen Pamphletes wird ja die Verfasser dieser Artikel in die Lage setzen, ihr Urteil zu berichtigen.

Ergebnis.

Die Tatsachen, die wir ermitteln konnten, ergeben das folgende Bild:

Die Zahl der Armenier in der Türkei betrug vor dem Kriege nach der Statistik des Patriarchats ca. 1 845 000. Von der Maßregel der Deportation wurden alle von Armeniern bewohnten Wilajets in Ost- und West-Anatolien, Cilicien und Mesopotamien betroffen. Verschont blieb außer Konstantinopel, Bagdad und Jerusalem nur das Wilajet Aidin mit Smyrna. Der Deportation entgingen die Armenier des Wilajets Wan und der angrenzenden Bezirke, die, soweit sie nicht von den Kurden getötet wurden, teils über die Grenze flohen, teils von den Russen ausquartiert wurden. Als verschont können auch die Familien gelten, die sich unter dem Druck der Behörden durch den Übertritt zum Islam der Deportation entzogen und die zahllosen Mädchen, jungen Frauen und Kinder, die in türkische Harems verkauft und in kurdische Dörfer abgeführt wurden.

Höchstens ein Drittel der Bevölkerung mag durch Flucht, Islamisierung oder durch Belassung in ihren Wohnsitzen der Deportation entgangen sein. Zwei Drittel der Bevölkerung (ca. 1 200 000) sind von der Deportation betroffen worden. In den östlichen Provinzen waren die Deportationen meist von systematischen Massakern begleitet, durch die hauptsächlich die männliche Bevölkerung, zum nicht geringen Teil auch Frauen und Kinder vernichtet wurden.

Von offizieller türkischer Seite ist die Zahl der getöteten Armenier auf 300 000 angegeben worden. Rechnet man hinzu, was von den Massen der Deportierten unterwegs und am Verschickungsziel durch Hunger und Krankheit umgekommen ist, so muss der Verlust an Menschenleben weit höher veranschlagt werden.

Nimmt man an, dass von den acht- bis neunhunderttausend Deportierten noch ein Drittel auf der Landstraße liegt, in mohammedanische Dörfer versprengt oder in die Berge geflüchtet ist, so bleiben sechshunderttausend, zumeist Frauen und Kinder, die am Ziel der Verschickung in der mesopotamischen Wüste angekommen sein müssten.

Von der türkischen Regierung wurde die Maßregel der Deportation als „Ansiedlung nicht einwandfreier Familien in Mesopotamien" charakterisiert. Eine Ansiedlung würde erfordern, dass den Deportierten Land, Häuser, Vieh, Ackergerät, Saatgut usw. zugewiesen würde. Nichts dergleichen ist geschehen.

Die Expropriation betraf anderthalb Millionen Untertanen der Türkei, die Äcker, Häuser, Werkstätten, Kaufläden, Hausrat usw. besaßen. Sie mussten alles zurücklassen. Auf Entschädigung können sie nicht hoffen. Für einen Unterhalt der Überlebenden wird, von geringen Ausnahmen abgesehen, nicht gesorgt, so dass sie auf den Bettel angewiesen sind und in steigender Zahl dem Tode durch Hunger und Krankheit verfallen.

Da 80 Prozent des armenischen Volkes Ackerbauer waren, bleibt ein beträchtlicher Teil der sonst bebauten Bodenfläche der Türkei unbestellt, so dass auch die mohammedanische Bevölkerung dieser Gebiete von einer Hungersnot bedroht ist.

Den Schaden der Vernichtung des Wohlstandes der armenischen Nation trägt außer dem osmanischen Reich auch der deutsche Handel. Die Armenier hatten über 60 Prozent des Imports, 40 Prozent des Exports, wenigstens 80 Prozent des inländischen Handels und den größten Teil der Handwerke und freien Berufe in Händen. Die Arbeiter und Angestellten der deutschen Firmen in der Türkei waren größtenteils Armenier.

Gregorianer, Katholiken und Protestanten wurden gleichermaßen betroffen. Die Organisation der Kirche ist zerstört. Dem Patriarchat wurde die geistliche Versorgung der Deportierten nicht gestattet. Über tausend Kirchen stehen leer. Sie werden, wenn nicht zu profanen Zwecken verwendet, in Moscheen verwandelt oder dem Verfall überlassen.

Das blühende Schulwesen des armenischen Volkes, das mehr als 120 000 Volksschüler*) zählte, ist vernichtet. Schulgebäude und Schulmittel sind konfisziert, die Lehrer vielfach getötet, die Lehrerinnen verschleppt oder verschickt.

Selbst die Familien hat man auseinander gerissen und die Männer von den Frauen, die Kinder von den Eltern getrennt.

Die politischen Folgen der Vernichtung der armenischen Nation treten jetzt schon zutage. Die russischen Armenier des Kaukasus, ca. 1¹/₂ Millionen, hatten bisher keinen Grund, sich mit Russland zu identifizieren. Sie wünschten vielmehr die Erhaltung der Türkei, die ihrer Nation mehr Bürgschaften für den Fortbestand ihrer Kirche, Schule, Sprache und nationalen Sitte zu gewähren schien als Russland. Durch die Verfolgung der Armenier in der Türkei wurden die russischen Armenier

---

*) Die Gesamtzahl der Schüler in den türkischen Regierungsvolksschulen beträgt nach offizieller türkischer Statistik nur 242 069 Schüler und Schülerinnen.

genötigt, sich Russland in die Arme zu werfen. Von den syrischen Nestorianern gilt das gleiche.

Die moralischen Folgen der armenischen Massakers und Deportationen werden erst nach dem Kriege fühlbar werden. Die Welt wird sich nicht davon überzeugen lassen, dass strategische Rücksichten die Deportation einer halben Million von Frauen und Kindern, Massenkonversionen zum Islam und die Vernichtung Hunderttausender von Wehrlosen erforderten.

Alle Bemühungen, die Türkei wirtschaftlich und kulturell zu heben, werden durch die Expropriierung des intelligenten und fleißigen armenischen Volkes und durch die Vernichtung der wertvollsten Arbeitskräfte der Türkei aufs schwerste geschädigt werden.

Die politischen Führer des armenischen Volkes hatten sich nicht nur aller illoyalen Handlungen gegen die türkische Regierung enthalten, sondern schon seit Begründung der Verfassung die gegenwärtig herrschende jungtürkische Partei unterstützt. Die armenischen Intellektuellen werden nicht unterlassen, die völlige Aufklärung der Vorgänge herbeizuführen, denn sie sind der Überzeugung, dass die vernichtenden Maßregeln, die ihr Volk betroffen haben, in den panislamischen Tendenzen der gegenwärtigen türkischen Regierung und nicht in illoyalen Handlungen des armenischen Volkes begründet sind.

Der Verfasser ist für jede Berichtigung und Vervollständigung des Materials dankbar.

4. Statistik der armenischen

Wilajet Name	Provinz Bev.-Zahl	Sprengel Name
1. Cilicien und Nordsyrien		
Adana	79 600	Sis ....
		Adana ....
		Hadjin ....
		Payas ....
Aleppo	163 350	Aleppo ....
		Marasch ......
		Furnus ....
		Zeitun ....
		Aintep ....
		Urfa ....
		Antiochia ......
	242 950	
2. Ost-Anatolien		
Trapezunt	53 500	Trapezunt .....
		Samsun ....
Erzerum	203 400	Erzerum ......
		Erzingian ......
		Baiburt ....
		Hassankale ....
		Terdjan ....
		Kemach ....
		Khortzian .....
		Bajasid ....
Siwas	200 000	Siwas ....
		Tokat ....
		Amasia ....
Übertrag:	456 900	

Bevölkerung der Türkei

Gregor:	Kathol.	Protest.	Gesamt-zahl	Ver-schont	Geflüchtet	Deportiert oder getötet
9 000		500	9 500			9 500
35 000	2 000	900	37 900			37 900
20 000	1 000	200	21 200			21 200
11 000			11 000			11 000
15 000	5 000	2 000	22 000			22 000
30 000	4 000	3 500	37 500			37 500
7 000			7 000			7 000
20 000	500	550	21 050			21 050
30 000	1 000	4 000	35 000			35 000
24 000	1 000	800	25 800			25 800
12 000	2 000	1 000	15 000		4 000	11 000
213 000	**16 500**	**13 450**	**242 950**		**4 000**	**238 950**
30 000	2 000	700	32 700			32 700
20 000	500	300	20 800			20 800
75 000	8 000	2 000	85 000		25 000	60 000
25 000		500	25 500			25 500
17 000			17 000			17 000
10 000	500		10 500			10 500
15 000			15 000			15 000
10 000		200	10 200			10 200
24 000	1 000		25 000			25 000
14 000	1 000	200	15 200		15 200	
80 000	5 000	1 000	86 000			86 000
21 000	2 000	500	23 500			23 500
25 000	500	3 000	28 500			28 500
366 000	20 500	8 400	394 900		40 200	354 700

Wilajet Name	Provinz Bev.-Zahl	Sprengel Name
Übertrag:	456 900	
Kharput (Mamuret ül Asis)	131 200	Nekopolis .... Dewrigh .... Gurun Darende .... Kharput .... Egin .... Arabkir .... Tschimischkesek Tscharsandjak ...... Malatia ....
Diarbekir (Diyarbakir) ...	81 700	Diarbekir .... Palu .... Argana .... Tschingusch ....
Wan	192 200	Wan .... Lim u. Ktutz .... Baschkale .... Achtamar ....
Bitlis	196 000	Bitlis .... Musch .... Selert .... Khizan ....
	1 058 000	
3. West-Anatolien Ismid	71 100	Nikomedien ....
Brussa (Khodawendigiar)	91 200	Armasch .... Brussa .... Biledjik .... Panderma .... Kutahia ....
Übertrag:	162 300	

Gregoria- ner.	Ka- tholiken	Protes- tanten	Gesamt- zahl	Ver- schont	Ge- flüchtet	Depor- tiert oder getötet
366 000	20 500	8 400	394 900		40 200	354 700
25 000		200	25 200			25 200
11 000		300	11 300			11 300
17 000	500	1 000	18 500			18 500
7 000			7 000			7 000
45 000	2 000	4 000	51 000			51 000
10 000		200	10 200			10 200
18 000	500	1 000	19 500			19 500
9 000			9 000			9 000
18 000		500	18 500			18 500
20 000	2 000	1 000	23 000			23 000
45 000	1 000	1 000	47 000			47 000
22 000		300	22 300			22 300
6 000	500	200	6 700			6 700
5 000		700	5 700			5 700
100 000	500	200	100 700		100 700	
11 000			11 000		11 000	
10 000			10 000		10 000	
70 000		500	70 500		70 500	
50 000	500	1 000	51 500		8 000	43 500
90 000	3 000	1 000	94 000			94 000
25 000	500		25 500			25 500
25 000			25 000			25 000
1 005 000	**31 500**	**21 500**	**1 058 000**		**240 400**	**817 600**
65 000	500	600	66 100			66 100
5000			5 000			5 000
35 000	3 000	500	38 500			38 500
17 000	1 000		18 000			18 000
15 000	500		15 500			15 500
18 000	200		19 200			19 200
155 000	6 000	1 300	162 300			162 300

Wilajet Name	Provinz Bev.-Zahl	Sprengel Name
Übertrag:	162 300	
Smyrna (Aidin)	27 200	Smyrna ....
Angora	14 000	Kastamuni ......
	108 500	Angora ....
		Kaisarje ....
Konia		Josgad ....
	25 000	Konia ....
4. Europäische Türkei	**337 000**	
Konstantinopel		
Adrianopel		Konstantinopel ..
	161 000	Adrianopel ......
	33 000	Rodosto ....
5. Syrien, Palastina, Bagdad	**194 000**	
Jerusalem		
	4 200	Jerusalem ....
Syrien		Jaffa ....
Beyrut	2 000	Damaskus ....
Bagdad	1 000	Beyrut ....
	6 000	Bagdad ....
	13 500	

Zusammenstellung

1. Cilicien und Nordsyrien	242 950
2. Ost – Anatolien	1 058 000
3. West – Anatolien	337 000
4. Konstantinopel und Adrianopel	194 000
5. Syrien, Palästine, Bagdad	13 500
	1 845 450

In der Zahl der aus den Wilajets Erzerum Erzerum, Wan, und Bitlis Geflüchteten (vorumgekommen sind, eingeschlossen. In der Zahl der Deportierten

Gregorianer.	Katholiken	Protestanten	Gesamtzahl	Verschont	Geflüchtet	Deportiert oder getötet
155 000	6 000	1 300	162 300			162 300
25 000	2 000	200	27 200	27 200		
14 000			14 000			14 000
16 000	7 000	500	23 500			23 500
40 000	2 000	2 000	44 000			44 000
40 000		1 000	41 000			41 000
25 000			25 000			25 000
315 000	**17 000**	**5 000**	**337 000**	**27 200**		**309 800**
150 000	10 000	1 000	161 000	151 000		10 000
8 000			8 000	4 000		4 000
25 000			25 000	9 000		16 000
183 000	**10 000**	**1 000**	**194 000**	**164 000**		**30 000**
3 000	200		3 200	3 200		
1 000			1 000	1 000		
2 000			2 000	2 000		
1 000	300		1 300	1 300		
5 000	1 000		6 000	6 000		
12 000	**1 500**		**13 500**	**13 500**		

obiger Statistik

213 000	16 500	13 450	242 950		4 000	238 950
1 005 000	31 500	21 500	1 058 000		240 400	817 600
315 000	17 000	5 000	337 000	27 200		309 800
183 000	10 000	1 000	194 000	164 000		30 000
12 000	1 500		13 500	13 500		
1 728 000	**76 500**	**40 950**	**1 845 450**	**204 700**	**244 400**	**1 396 350**

letzte Spalte) sind die, die von Kurden massakriert wurden oder auf der Flucht oder Getöteten (letzte Spalte) sind die Massakriert mit enthalten.

Liste mit den aktuellen Namen der Städte/Begriffe

Adiaman (Adiyaman)
Adrianopel (Edirne)
Aintab (Antep)
Alexandrette (Iskenderun
Aleppo (Halep)
Angora (Ankara)
Bagtschetschik (Bardezak)
Biledjik (Bilecik
Brussa (Bursa)
Brussagebiet (Bursagebiet)
Cilicien (Kilikya
Erzerum (Erzurum)
Erzingjan (Erzincan)
Eskischeher (Eskisehir)
Josgad (Yozgat)
Kaisarije (Kayseri
Kastamuni (Kastamonu)
Kerasunt (Giresun)
Konia (Konya)
Konstantionopel (Istanbul)
Kutahia (Kütahya)
Malatia (Malatya
Mersina (Mersin)
Mersiwan (Merzifon)
Muhammeds des Eroberers (Fatih Sultan Mehmet)
Namas (Namaz)
Nikomedien (Izmid)
Panderma (Bandirma)
Pera (Beyoglu)
Psamatia (Samatya)
Saloniki (Selanik, griechisch Thesaloniki)
Sassun (Sason)
Schabin Karahissar (Sabin Karahisar)
Skutari (Üsküdar)
Smyrna (Izmir)
Tanin (Tageszeitung in Istanbul)
Termeh (Terme)
Thrazien (Trakya),
Trapezunt (Trabzon)
Tschangri (Cankiri)
Tschorum (Corum)
Unjeh (Ünye)